解读
西方管理哲学

Western Management
Philosophy

谢庆绵 著

上海三联书店

目录 | Contents

第一章 引　　论

一、从管理说起

本章要着重讨论的问题是关于西方管理哲学的问题。为了讨论这个问题，有必要先从什么是管理这个问题说起。这里，不妨让我们引用加拿大学者克里斯托弗·霍金森（Christopher Hodgkinson，见本书第十七章）的一段论述。他说，人是群居的动物，有组织的动物。亚里士多德说得好，离群索居的要么是神，要么是野兽。我们生活在组织中。我们出生在一个叫做家庭和民族国家的组织里。我们作为这些组织的成员死去。在生与死之间，我们不是管理者就是被管理者。在人类社会中管理是不可避免的。就是说，只要有人群就一定有管理，管理的存在是必然而普遍的。

那么，什么是管理呢？关于管理的定义，现在，在中外管理界已经有许多。各种见解，仁者见仁，智者见智。不过，我们可以从众多管理定义中，理出一些共同点来。第一点，一般都认为管理是一种有目的的活动。为管理而管理的管理是不存在的。第二点，有管理便有管理者和被管理者。管理者总是通过被管理者来实现管理的目的的。这两点连起来，就是说，管理是一种有目的的活动，管理者总是通过被管理者去实现管理的目的的。

接着，我们从西方管理学家的管理定义中，找出一个较为精准的定义来，作为讨论的依据。被誉为"现代管理学之父"的彼得·德鲁克（Peter F. Drucker，见本书第十章）的管理定义是这样的："管理就是界定企业的使命，并激励和组织人力资源去实现这个使命，界定使命是企业家的任务，而激励与组织人力资源是领导力的范畴，二者的结合就是管理。"[1]这个定义是比较完整和准确的。只要

---

〔1〕［美］彼得·德鲁克：《管理：任务、责任和实践》，刘勃译，北京：华夏出版社，2008年，第50页。

把"企业"换成"组织"（因为管理不限于企业），只要是组织便有管理，换一个说法，管理就是管理者确定任务，并激励和组织被管理者去完成任务。这个定义已被较多的管理学者所接受。

如果用上述管理的定义（内涵）去推及管理的外延：正如前面所说，人类社会中凡是有组织的地方便有管理，就是说，任何组织只要存在着由一些人确定任务，并由这些人推动另一些人去完成任务，这种行为就是管理。虽然西方管理学家论述的重点一般都是放在企业管理上面，但是他们也都认为所谓管理并不只限于企业管理。例如，科学管理的创始人泰勒认为，科学管理的原则适用于所有的社会行为：在家庭管理上，农场管理上，在大小商人、教育、慈善机构、大学和政府各部门的业务管理上。[2] 工业管理与一般管理理论的创始人法约尔就明确指出，他所谓的"一般管理"就是指在工厂、军队、家庭和国家都存在着的管理。[3] 管理大师德鲁克的著作重点是论述企业管理，但他的管理咨询活动，远远超出企业管理领域，他曾为美国、加拿大和日本的各种政府机构担任咨询顾问。他还为各种非营利组织进行过无偿咨询。可见，管理学家们所关注的管理是具有普遍意义的管理。

二、关于管理哲学

自从上世纪 80 年代以来，管理哲学已经成为国内外哲学界和管理学界研究的一个热点，有关论著如雨后春笋，各种见解，百家争鸣，其中关于管理哲学的定义也是丰富多彩，少说也有二三十种，不胜枚举。这里，选择影响较大的几种（包括我国海峡两岸以及西方）评介于下：

其一，认为哲学是关于世界观和方法论的理论体系，而"管理哲学则是管理中的世界观、认识论和方法论，是从思维和存在关系的角度，对管理的本质及其发展规律所作的哲学概括"。在我国国内，较早的管理哲学研究者和不少后来的研究者都持这种观点或者类似这种观点。

其二，在以上观点的基础上进一步具体化和确定化，认为，"所谓管理哲学，

---

〔2〕参见[美]F. W. 泰勒：《科学管理原理》，胡隆昶等译，北京：中国社会科学出版社，1984 年，第156 页。

〔3〕参见[法]H. 法约尔：《工业管理与一般管理》，周安华等译，北京：中国社会科学出版社，1998 年，第18 页。

就是管理人(有的还具体化为"管理实践者和研究者")的世界观的理论和系统化"。

其三,我国台湾学者研究管理哲学较早,其中最有影响的观点是认为,"所谓管理哲学是指事业最高主管为人处世之基本信仰、观念及价值偏好"。

其四,认为管理哲学是指"统治整个管理实践的目的、发展路线和原则"。——这是西方最早(1923)的《管理哲学》的作者谢尔登的观点,这种观点对后来西方管理哲学学者和管理学者有着深刻影响。

其五,认为"管理是一种行动的哲学","管理哲学是对管理的反思";"管理哲学是对管理与组织的元价值——逻辑和理性的一般性理解"。——这是加拿大学者霍金森在他的著作《走向管理的哲学》(1978)所提出的关于管理哲学的见解。

以上观点虽说是仁者见仁,智者见智,但都给人以有益的启发,并且实质上有着基本的共同点。在这里,笔者无意作概念之争,只是试图在综合前人合理见解基础上,进一步探讨一种更为确切的管理哲学定义。

毫无疑义,管理哲学是体现于管理理论与实践中的世界观和方法论。那么,它是怎么体现的呢?笔者认为,它集中体现在管理的基本关系上。什么是管理的基本关系?为了说明这个问题,必须从"管理一般"说起。

正如前面所说:"管理就是管理者确定任务,并通过被管理者去完成任务。"换言之,管理就是作为管理者的人,通过被管理者的人,去做成特定的事。这里,还应当包括管理者(主体)如何处理组织和环境(客体)的关系。作为管理者的人成为"管理主体"的一方,而作为被管理者的人和事以及环境成为"管理客体"(管理对象)的一方。这样就构成了管理主体和管理客体之间的关系。这个关系最普遍地蕴含于一切管理活动之中,成为一切管理的基本关系和内在本质,因而成为管理哲学的基本问题。如果说,管理哲学是对管理(理论和实践)的反思,那么,管理哲学就是把管理(理论和实践)中的问题提高到管理主体和管理客体的关系这个基本问题的高度来进行反思。管理哲学的全部内容也正是围绕着这个问题而展开的。进一步说,管理哲学就是管理者(也包括管理学者)对待和处理管理基本关系的态度(立场)、观点和方法。管理者的世界观和方法论正是集中体现在他(或他们)如何看待和解决管理主体和管理客体的关系问题,这里,既包括他(或他们)如何看待和处理他(或他们)和被管理者(包括人和事以及环境)的关系,又包括他(或他们)如何看待和处理管理客体中的人和事以及环境的关系。

管理哲学的内容也正是围绕着管理基本问题而展开。

由于种种原因,人们对待这个管理哲学基本问题的态度、观点和方法历来就存在着种种差异,因而历来就存在着种种不同的管理哲学观点。不同的管理哲学所涉及的内容也有所不同。例如,有的认为,管理哲学应当包括管理价值和管理逻辑两个方面。有的则主张,管理哲学应当包括管理本质论、管理价值论和管理方法论。另外,有的则侧重于管理中的人性观和组织观,等等,不一而足。不过,不管内容如何不同,有一点却是相同的,即,它们都是围绕着管理哲学基本问题而展开。

三、关于西方管理哲学

西方管理哲学所指为何?这里所谓的西方管理哲学是指 20 世纪初以来产生和发展于西欧、北美的各种形态的管理哲学思想和体系。

第一,关于西方管理哲学的表现形态。就表现形态而言,西方管理哲学的表现形态可以归为两类:一类是直接把自己的理论体系命名为"管理哲学",另一类则以它自身理论体系的内容来命名。

最早以管理哲学命名的理论,是 1923 年,英国管理学家谢尔登发表的《管理哲学》,被认为是现代西方第一部以"管理哲学"命名的著作。他在这部著作中写道:"如果工业的根本性问题可以简化为一个问题的话,那就是:我们如何最好地实现和保持生产中的物(机器、厂房、原料、物质系统)与生产中的人(工人、领班、经理和股东)之间的合理平衡?"谢尔登的管理哲学正是牢牢地抓住工业(企业)中人和物的关系(矛盾)这个根本性(基本)问题来加以认识和解决的。(参见本书第五章)

73 年以后(1996 年),加拿大学者克里斯托弗·霍金森发表了一本同名著作《管理哲学》。书中指出,管理是一种行动哲学,"行动哲学就意味着把价值转变成一个价值与事实相结合的世界"。他认为"管理哲学是对现代组织事物中的权力的一种理性理解并使之文明的企图,是对现代组织把效率和效用作为元价值而丧失了人的意义的彻底反思"。这里,霍金森指出的管理哲学所反思的问题即人的价值与事的价值的关系问题,归根结底,也是对管理主体和管理客体关系的一种反思。(参见本书第十七章)

但是,西方更多的涉及管理哲学的著作,并不直接用管理哲学来命名。例如,被称为科学管理之父的泰勒,他并没有把他的管理理论直接命名为管理哲学。他把他的著作称为《科学管理原理》。英国管理学家林德尔·厄威克(Lyndall F. Urwick)对此评价说:泰勒"使一系列无条理的首创事物和实验有了一个哲学的体系,称之为科学管理"。[4] 泰勒自己也表示他的"科学管理包括某种广泛的一般原则和可以应用于众多方面的某种哲理"。

泰勒再三强调:"不应对科学管理的实质或基本哲理产生误解。"在他看来,科学管理的实质或基本哲理是什么呢? 他说,科学管理的本质不是一种(一批或一组)效率措施。"不是一种新的成本核算制度;不是一种新的工资制度;不是时间研究;不是动作研究;不是……"总之,不是这些具体的措施。他说,科学管理的实质或基本哲理就是在劳资双方进行一次"伟大的思想革命",这个"思想革命"表现在两个方面:一是劳资双方关系的转变——化"斗争"为"和平",化"对立"为"合作"。另一方面是工人的劳动生产方式的转变,用科学的方式代替凭个人经验的方式。这两个方面,一个是劳资关系,是人与人的关系;另一个方面是工人与劳动生产的关系,即人与事的关系。二者综合起来就是管理主体和管理客体的关系。表明泰勒的科学管理的"基本哲理"就是一种管理哲学,因为所要解决的正是管理哲学的基本问题。(参见本书第二章)

再譬如,被定位为连接古典管理理论与行为科学理论的桥梁的玛丽·福列特,她一生致力于建立一种管理哲学。虽然她的著作并未以管理哲学命名,但是她提出人的群体性理念,以及协作就是群体的规律,整合统一的原则是企业管理者处理管理与被管理以及内外部人与人的关系的根本原则。这些理念和命题都是围绕管理哲学基本问题的高度而展开的。(参见本书第六章)

接着是人际关系理论和行为科学的产生管理中人的问题。人与人的合作和交往问题,被尖锐地提出来了,开启了"社会人"的时代。梅奥等人正是从社会人的特性出发,引申到管理中的主客体关系上,从而提出一条管理哲学新原理:管理人员必须具备一种新的领导能力,这种能力就在于提高职工的满足度,以提高职工的士气,从而提高劳动生产率。(参见本书第七章)

再来看社会系统组织理论的创始人巴纳德,他的组织理论的代表作是《经理人员的职能》,他在这部著作中,围绕着个人和组织的关系问题建立起他的组织

---

[4] Lyndall F. Urwick, ed., *The Golden Book of Management*: *An Historical Record of Seventy Pioneers*, London: Newman Neame, Ltd., 1956.

理论的概念框架,在这个概念框架中,贯穿着关于自由意志和决定论的对立问题,这个问题体现于组织理论的各个方面。这个自由意志和决定论的对立问题实质上就是主体和客体关系在组织问题上的表现。巴纳德用充满哲学智慧的语言为他的著作写出结语:"我的信念是,具有自由意志的人的协作的力量,能够使人自由地协作。……我认为协作的扩张和个人的发展是相互依存的,他们之间的恰当比例或平衡是实现人类幸福的必要条件。……我认为这种比例无法由科学来确定。这是一个哲学和宗教的问题。"(参见本书第八章)

还有,被誉为"大师中的大师"的彼得·德鲁克,说他在阐述管理理论时,从不轻易地谈论哲学,但是,当他在阐述目标管理与自我控制时,却认为把它称为"管理哲学"倒是合理的。为什么?因为"目标管理和自我控制代表真正的自由,合法的自由"。在这里,被控制的客体,完全处于行动主体的控制之中,行动的主体管理者和员工是以"自由人"的身份进行行动的。他认为所谓管理就是目标管理。那么,依照他的意思,目标管理就是对管理基本问题的最佳答案。(参见本书第十章)

再来,有必要提及 X 理论- Y 理论的提出者麦格雷戈,他认为,X 理论和 Y 理论的对立是两种(管理)哲学的对立。对立的焦点就在于管理者用什么人性假设来看待被管理者的问题。这一下子就把问题提到主客体关系这个基本问题上来了。(参见本书第十二章)

还有,威廉·大内提出了 Z 理论和企业文化概念,其研究的内容涉及人与企业、人与工作的关系以及人们的共同价值观等问题。(参见本书第十四章)随之,埃德加·沙因提出了人性复杂性的假设并且创立了组织文化理论,这些有关文化层次的研究,揭示了人与人、人与事关系的假设等哲学问题,它在文化中处于核心的地位。(参见本书第十五章)

最后,需要提及的是《第五项修炼》的作者彼得·圣吉,他提倡一种以人为本的系统思维。强调管理者和组织变革思维模式的重要性,他所倡导的这种学习型组织理论实质上是一种着眼于管理主体心智模式的自我管理。他的理论被称为"现代管理哲学的杰作"。(参见本书第十六章)

以上种种,说明西方管理哲学的理论、学说,无论采取何种形态,总是从不同的侧面、不同程度地将管理中的问题提到主体和客体的基本关系的高度上来加以反思。

第二,关于西方管理哲学的实践性。其次,西方管理哲学的一个特点就是它的实践性。这些理论的提出者不少就是置身于管理实践之中。他们的理论可以说是来自实践又受到实践的检验。例如,科学管理理论的创始人泰勒,他一生从学徒到总工程师从未离开过工厂的实践,他一生从事发明创造,获得 40 多项专利。他强调任何改革都要先从实验做起。

再看古典管理理论的另一位创始人法国的法约尔,在他一生中六十年从未离开企业管理的实践,他担任一个矿业公司的工程师,直至总经理,并且在担任总经理期间按照他的管理思想把一个濒临破产的公司整顿成为欣欣向荣的企业。

被称为社会系统组织理论的创始人的巴纳德,他担任美国 AT&T 新泽西贝尔公司的总经理达 20 年之久,所以,他说他的著作《经理人员的职能》是表现了概括经验的一种观点。

许多管理学家是著名的管理咨询专家,如被誉为"大师中的大师"的彼得·德鲁克,在他漫长的咨询生涯中,受他服务过的对象,不乏许多大公司,如通用电气、花旗集团、国际商用机器(IBM)、英特尔等。

再如,《第五项修炼》的作者彼得·圣吉,他创立的组织学习中心和协会经常对一些国际知名的的企业,如微软、福特、克莱斯勒、壳牌等公司进行创建学习型组织的辅导、咨询和策划。

以上事例说明他们提出的管理理论和思想与管理实践有着密切的联系,丝毫没有纸上谈兵之习气。

第三,关于西方管理哲学的文化背景。管理思想史家雷恩说:"管理是文化的产儿。"德鲁克也说:"管理不只是一门学问,而且还是一种文化,他有自己的价值观、工具和语言。"西方管理哲学在西方文化的大背景的哺育下形成和演变,主要有如下两条线索:(1)西方管理哲学在西方理性主义传统的熏陶下,深深地打上理性主义的烙印。(2)现代西方哲学中人本主义和科学主义两大思潮的影响,表现为管理哲学中人本管理和科学管理两种不同理念的分歧和争论。另外,随着经济全球化的进展,在跨文化管理的实践中,东西文化互相碰撞、交融,东方文化开始渗透到西方管理哲学之中。

四、研究西方管理哲学的意义和方法

当今世界随着经济的全球化,出现了不同文化之间的交流、碰撞和融合。在管理领域,随着跨国经济活动的频繁进行以及跨国公司的产生和发展,一个新的课题摆在人们的面前:跨文化管理。如何进行跨文化管理?文化是管理的外衣,管理哲学是管理文化的核心。为了跨文化管理,必须弄清不同文化下的不同管理哲学。在这方面,威廉·大内所做的事业起到了很好的启示作用。正是那时代日本企业的强劲竞争力引发了大内探究日本管理模式秘密的动机。当他透过日美双方不同文化背景接触到深层次时,发现不同的管理模式的背后是价值观和人与人关系模式的不同。因此他在构思Z理论时,就不是简单地照搬照抄日本的管理模式,而是着手于树立以顾客为本、重视产品的价值观,树立人与人相互信任、亲密合作的人际关系氛围。他在关于从A型组织到Z型组织转变步骤的设计上,始终抓住建立新型(管理)哲学观这个核心问题。这个实例告诉我们,研究西方管理哲学,无论对于跨文化管理、或是借鉴西方管理有益成分,都是不可缺少的环节。

研究西方管理哲学的方针是洋为中用。方法应该有多种,而本书采取的方法是"解读"。所谓"解读",就是从原著出发,揭示隐含其中的"精义",然后进行评析,即分析、评论。对于每一个管理学家,都选择一部(少数涉及两部,如梅奥、沙因、霍金森)代表作,通过反复阅读,理出其思想内容和基本观点,然后找到它们内在联系,从而揭示蕴含其中的精神实质。举个例子,譬如对于泰勒的《科学管理原理》,理出原著中的主要内容有三项典型实验、五条原理、四项原则、两大"革命"。然后从整体上把握,找出它们的内在联系,例如从五条原理、四项原则中,可以看出,第一,他所反复强调的提高劳动生产率是科学管理原理的核心内容。第二,重视用科学方法代替个人凭经验办事的老方法是关键,三项著名的实验就是试图用实例证明这种科学方法的优越性。科学管理所以谓之"科学管理"理由就在于此。这也是泰勒和他的同伴们引以为傲的劳作成果。第三,强调劳资利益一致,实行劳资合作是科学管理的前提,这一点,泰勒说得多么清楚:"资方和工人的紧密、亲切和个人之间的协作,是现代科学或责任管理的精髓。"(参见本书第二章)以上三点就是贯穿于五条原理、四项原则、三项实验、两大"革命"的基本精神。从这里我们就可以看出泰勒怎样解决管理哲学的基本问题。用这个实例就是想说明本书所说的"解读"就是这样一种功夫。

第二章　泰勒科学管理的效率哲学

科学管理只不过是一种关于工人和工作系统的哲学。总的来说，它可能是继联邦宪法之后，美国对西方思想作出的最持久的一项贡献。

——彼得·德鲁克

一、泰勒和他的合作者

科学管理理论的创始人弗里德利克·泰勒（Frederick Winslow Taylor，1856－1915)生于美国费城的一个富有的律师家庭，父亲是个律师，出自老式贵格派（Quakerism）家庭；母亲生于清教徒家庭。泰勒从小就受着家中清教徒的勤奋节俭和社会责任感的伦理观念的熏陶，使他具备了以后工作的思想素质和心理气质。泰勒年轻时曾受教于法国和德国，后来，他考上了哈佛大学法律系，但因夜读过度，视力受损而未能入学。1880—1883 年期间，泰勒在工作之余，花了 3 年时间在新泽西州斯蒂芬斯理工学院夜校学习机械工程学，并获得学位。

泰勒一生从未离开工厂的生产劳动和技术革新的实践，他经历了从学徒到总工程师的磨练过程。在米德维尔钢铁公司的 6 年中，他做过工具间保管员、助理工头、工头、技工主管、研究总监，最后才成为整个工厂的总工程师。工作中，他从未放弃学习，他有着不可思议的坚持科学实验的毅力，他从 25 岁起就从事劳动时间和工作方法的研究，历时 30 余年。他还是一个发明家，一生从事发明创造，获得了 40 多项（一说 100 多项）专利，其中最著名的是他和冶金专家莫瑟尔·怀特（Maunsel White）共同合作发明了泰勒-怀特工艺流程。

泰勒的出身和经历造就了他成为发明家和解决问题专家的品质。他后来专心从事无偿的管理咨询工作，被认为是现代第一位管理咨询专家。1898 年，他承担了伯利恒钢铁公司的咨询项目，推广科学管理，进行一系列改革和试验，后来因遭到了该公司管理层的反对，于1901年离开该公司。此后，他开始总结管理实践经验，进行演讲。他多年在哈佛大学讲课，进一步阐释和宣传他的科学管理思想。管理思想史家雷恩说他是"到处讲学的哲学家"。他的信条是：将最先进的分析工具用于解决企业问题。1906年，他被宾夕法尼亚大学授予理学荣誉博士学位，同年，他担任了声誉崇高的美国机械工程师协会的主席。

泰勒逝世时只有59岁，人们在他的墓碑上刻着："科学管理之父：弗里德利克·温斯洛·泰勒"。泰勒的主要著作有《计件工资制》、《工场管理》、《科学管理原理》、《在美国国会的证词》等。

科学管理是由一个群体发起和推行的一场管理改革运动。泰勒的科学管理事业有一批忠诚热情的合作者，他们形成一个志同道合的群体，这个群体的特点是对事业的坚定信念和共同的科学精神，他们共同发起和推进了科学管理运动。

这些人中最著名的有：发明了巴思计算尺，利用这种计算尺和公式很快地解决进刀和金属切削的速度的卡尔·巴思（Carl G. Barth，1860-1939），他还帮助泰勒进行工时研究和疲劳研究。甘特图即生产计划进度图的发明者亨利·甘特（Henry L. Gantt，1860-1919），他非常重视工业中人的因素，是人际关系理论的先驱者之一。吉尔布雷斯夫妇（Frank & Lillian Gilbreth）亦是重要人物，其中，工程师弗兰克·吉尔布雷斯（Frank B. Gillbreth，1868-1924）在动作研究、疲劳研究、工作环境研究以及制度管理等方面都有突出的成就。莉莲·吉尔布雷斯（Lillian M. Gilbreth，1878-1972）是弗兰克的妻子，她是美国第一位获得心理学博士学位的女性，被人称为"管理的第一夫人"。他俩对管理中人的因素也都比较重视。还有《效率的12条原则》等管理学著作的作者哈林顿·埃莫森（Harrington Emerson，1858-1931），他还是直线—参谋组织理论的创始者。还有一位是莫里斯·库克（Morris Cooke，1872-1960），1911年，他受泰勒的委托，在新组成的费城市市政府担任公共工程局局长的四年时间中，采用了一些效率高的新方法进行了多项改革，并建立了"职能管理"组织。他的成效说明，科学管理不但能应用于工业部门，也适用于大学、市政等非工业部门。

二、科学管理的基本原理

泰勒在他的《科学管理原理》一书中从两个方面论述他的科学管理理论：一个是科学管理的基本原理，另一个是科学管理的原则。关于基本原理，他提出了下列五条。

第一，"管理的主要目的应该是使雇主实现最大限度的富裕，也联系着使每个雇员实现最大限度的富裕"。[1] 按照泰勒的说法，"最大限度的富裕"这个词，从它广义的意义去使用，不仅意味着为公司或老板取得红利，而且还意味着把各行各业的经营引向最佳状态，这样才能使富裕永存。同样道理，最大限度的富裕对每个雇员来说，不仅意味着他比其他同级别的人取得更高的工资，更重要的是，还意味着能使每个人充分发挥他的最佳能力干出最佳等级的活计来。

第二，绝大多数人"都相信雇主和雇员的根本利益必然是对立的。科学管理恰恰相反，它的真正基础在于相信两者的利益是一致的"。[2] 泰勒说，当时在整个工业界，雇主组织也好，雇员组织也好，大部分是为了斗争，而不是为了和平；任何一方的绝大多数都不相信他们的相互关系会有可能协调到利益均等的地步。泰勒认为，除非雇员也一样富裕起来，否则雇主的富裕是不会长久的，反之亦然；给工人以他最需要的高工资和给雇主以他所需要产品的低劳工费用，也是完全可能的。

第三，"工人和经理人员双方最重要的目的应该是培训和发掘企业中每一个工人的才干，使每一个人尽他天赋之所能，干出最高档的工作——以最快的速度达到最高的效率"。[3] 就是说，实现雇主和雇员双方最大限度富裕的根本途径就是最大限度地提高劳动生产率。然而，实际情况却完全相反，当时企业中的工人普遍存在着"磨洋工"现象，这种现象正构成最大的时弊。根据泰勒的分析，"磨洋工"现象之所以普遍存在主要有以下三方面的原因：（一）绝大部分工人依然相信，如果他们用最佳速度干活，那么他们对全行业来说就是做了件极不公正的事，因为他们使一大部分工人失了业；（二）现行管理体制上的缺陷，没有明确体现出工人做出最佳工作时对自己的益处；（三）各行各业几乎仍在沿用单凭经验行事的低效办法，使得人们浪费了他们大部分劳动。[4]

第四，用科学方法代替单凭经验方法。"一旦用科学的方法取代了单凭经验的方法，就会给雇主和雇员双方带来巨大的收益。"[5] 要发现和发展各行各业中

---

[1]〔美〕F. W. 泰罗：《科学管理原理》，胡隆昶等译，北京：中国社会科学出版社，1984年，第157页。
[2]同上。
[3]同上书，第159页。
[4]参见同上书，第160—161页。
[5]同上书，第162页。

使用的最佳办法和最佳工具对它们进行科学的研究和分析,结合进行准确的动作研究和工时研究,这就意味着以科学替代单凭经验的办法。泰勒的科学管理就是建立在一连串实验的基础上。

第五,为了使工人按科学法则干活,就有必要在资方和工人之间推行一种比任何正常的管理模式中现有的责任制更加均等的责任制。[6] 这条原理要求,要按科学法则办事,资方必须从现在留给工人的活计中,收回其大部分,并付之实施。工人们操作时的几乎每项动作,都应以资方准备的一两项或更多项的动作要求为先导,这样才能使工人们干得比他们原来所能干的更好些和更快些。每个工人每天应从领导他们的人那里接受指导,并得到最友善的帮助,而不是像过去那样,一个极端是受尽老板的驱使和压迫,另一个极端是老板对工人听之任之,不提供任何帮助。这条原理的意义简单说来就是,"资方和工人的紧密、亲切和个人之间的协作,是现代科学或责任管理的精髓"。[7]

三、科学管理的原则

比起通常的管理来,科学管理的原则有哪些特点呢?泰勒说,广义地讲,对通常所采用的最佳管理模式可以这样下定义:在这种(传统)管理体制下,工人们发挥最大程度的积极性,作为回报,则从他们的雇主那里获得特殊的刺激。这种管理模式被称为"积极性加刺激性"的管理,或称任务管理,现在要对它进行比较分析。要用一种有充分说服力的办法,"证明还有另一种管理模式即科学管理的模式,要比'积极性加刺激性'的管理好得多,好出许多倍"。[8]

泰勒指出,在老的管理模式下,要取得什么成就几乎完全有赖于赢得工人的"积极性",而真正赢得这种积极性的情况却是很罕见的。科学管理比起老的制度来,有可能在更大范围内以绝对的一致性去争得工人的"积极性"(这就是他们在工作上的殷勤、好意和聪明才智);除了工人方面的这种改进之外,经理们也承担了新的重负:把过去工人所有的传统知识汇集起来,并进行分类、列表,以及将其改编成规章制度和准则等,这些都有助于工人们的日常操作。除了发展这一门科学外,资方还承担了其他三项任务,给自己安排了新的更重的担子。这些

---

[6] 同上书,第163页。

[7] 同上书,第164页。

[8] 同上书,第169页。

新任务可以归纳成以下四个方面：

第一，对工人操作的每一个动作进行科学研究，用以替代老的单凭经验的办法。

第二，科学地挑选工人，并进行培训和教育，使之成长；而在过去，则是由工人任意挑选自己的工作，并根据各自的可能进行自我培训。

第三，与工人们亲密协作，以保证一切工作都已按发展起来的科学原则去办。

第四，资方和工人之间在工作和职责上几乎是均分的，资方把自己比工人更胜任的那部分工作承揽下来；而在过去，几乎所有的工作和大部分的职责都推到了工人们的身上。[9] 在老体制下，所有的工作程序都由工人凭其个人的经验去干，而在新体制下，则由资方按科学规律去办事了。因为即使工人能十分适应于科学数据的使用，但要同时在机器和写字桌上工作，实际上是不可能的。在大多数情况下，需要有一种人去预先作计划，而由另一种人去处理工作，这是不言自明的。总起来说，在"积极性加刺激性"（即旧体制）的管理下，实际上全部问题"由工人决定"，而在科学管理下，问题的一半由资方决定。

以上四个方面，就是泰勒所说的"资方四大根本原则"，也就是"管理人员担负的四项责任"；他也把它叫做科学管理的"四项基本原则"或"四项原理"。

泰勒重申，他不想仅仅通过宣告新型管理的存在来使读者信服它是有价值的。他期望的是通过一系列的实例去证明这四个方面的巨大力量和效果，以此使人信服。"这些实例首先将表明的是，新型管理完全适用于从最基本的到最复杂的所有工作；第二，一旦它得到应用，那比起在'积极性加刺激性'管理下所可能取得的成果，必然会大得多。"[10]

这些实例的第一个是搬运生铁。1898 年泰勒给伯利恒钢铁公司介绍科学管理时所做的第一件工作就是把搬运生铁改为计件工。之所以挑选这项工作，是因为它是工人操作中最原始、最初步形式的劳动。工作从深入反复调查开始，发现原来一个搬运小组平均每人每天装货 12.5 吨。而按照实地科学测算，一个头等的生铁搬运工每天应能搬运 47～48 吨生铁。经确认这个数字对一个头等生铁搬运工说来是一天恰当的工作量后，摆在现代科学计划下的经理面前的任

─────────────

[9] 同上书，第 169—170 页。

[10] 同上书，第 172 页。

13

务就是要使 8 万吨生铁的装车速度达到每人每天 47 吨,而不是 12.5 吨。而且要求在执行任务时,要使工人不致因活计过重而发生罢工,以及工人不致发生任何争吵,并使工人们在以新的 47 吨的速度干活时比过去装 12.5 吨时感到更高兴更满足。

具体做法就是按照科学管理资方四项基本原则进行,第一步就是科学地挑选工人。然后在甘特的协助下将工人一个个挑出来加以训练,经过训练和实践,让工人知道尽管搬生铁是很原始、很简单的粗活,但其实这里面干好干坏大有讲究,有很深的科学。实验的结果是使每人每天都能以 47.5 吨速度搬运生铁,直到全部生铁都按这个速度进行搬运。这样,这里的工人就得到比他们周围的其他工人多 60％的工资。工人也感到满意。

第二项实验是铁砂和煤炭的铲掘实验。泰勒研究发现,当工人平均负荷量大致是每铲 21 磅时,就能达到最大的工作量。因此,他在进行实验时不让工人自己带铲子,而是准备了几种大小不同的标准铲。然后把适合各自工作的铲子分配给 600 个工人,这些工作需要有专人负责,预先作好计划,这就需要增加管理人员,并且明确管理的职责。事实上,实行新方法后,所获得的收益大大超过增加人员的开支。

第三项是金属切削实验。这项实验非常复杂和困难,原来预计时长 6 个月,结果花了 26 年,并花费了大量资金,耗用了钢材 80 万吨。最后,在巴思等 10 多名专家的帮助下取得了重大成果——形成了金属加工方面的操作规范,并且获得了一项重要副产品——高速钢的发明,取得了专利。

另外,还有吉尔布雷斯指导的把科学管理的原理应用到砌砖工艺。他进行了砌砖的动作研究,把砌每块砖的 18 个动作压缩为 5 个,还对砌砖的工具及其摆放位置进行合理的改进。结果是经过挑选和训练的砌砖工每人每小时能砌砖 350 块;而农村来的工人按老方法操作的平均速度是每人每小时 120 块。按科学方法操作的工人每天都得到 6.5 元工资,而过去他们每天只得 5 元。

泰勒总结说,"这就是科学管理的原理(原则),它要求工人按科学方法改变他们的工作方法,从而使他们得到增加百分之三十到百分之一百的收入。这些收入增加的幅度按工人的不同行业而变化"。[11]

---

[11] 同上书,第 263 页。

四、科学管理的哲理

泰勒在他的《科学管理原理》中强调,他的"科学管理包括某种广泛的一般原则和可以应用于众多方面的某种哲理"。

可以说,他的科学管理的哲理,首先是蕴含在他提出的科学管理的五项基本原理之中,他强调对科学管理原理必须从整体上把握它的实质。这些原理有着其内在关系。总的来说,在这五条基本原理中,实现雇主和雇员最大限度的富裕是科学管理的目的;承认雇主和雇员双方利益一致是前提;最大限度地提高劳动生产率是根本途径,是关键;用科学方法代替单凭经验的方法是科学管理在劳动方式上的根本变革;实行资方和工人的分工协作则是管理体制方面的变革。后面这两项都是为了最大限度地提高劳动生产率。由此可见,科学管理基本原理的中心就是效率问题,也就是最大限度地提高劳动生产率问题。可见,效率是科学管理的核心价值,或元价值。科学管理的哲学就是一种效率哲学。

要真正了解科学管理所蕴含的哲理,还必须进一步深入了解它的实质。1911 年 10 月,泰勒本人在其于美国国会所做的证词中,再三地强调,必须正确理解科学管理的本质。他说,科学管理的本质不是一种(一批或一组)效率措施。不是一种新的成本核算制度;不是一种新的工资制度;不是时间研究;不是动作研究;不是工长分工制;也不是职能分工制……他说,"我不轻视成本会计制度、时间研究、职能工资制,也不轻视任何效率措施。但我强调指出这些措施都不是科学管理,他们是科学管理的有用附件,因而也是其他管理制度的有用附件"。

泰勒宣称:"不应对科学管理的实质或基本哲理产生误解。"他说,"科学管理的实质是在一切企业或机构中的工人们的一次完全的思想革命——也就是这些工人,在对待他们的工作责任,对待他们的同事,对待他们的雇主的一次完全的思想革命。同时,也是管理方面的工长、厂长、雇主、董事会,在对他们的同事、他们的工人和对所有的日常工作问题责任上的一次完全的思想革命。没有工人和管理人员双方在思想上的一次完全的革命,科学管理就不会存在"。[12]

泰勒指出,"这个伟大的思想革命就是科学管理的实质"。[13] 那么,究竟这

---

[12] 同上书,第 238 页。

[13] 同上。

个"伟大的思想革命"的内容是什么呢？他说,在科学管理中,劳资双方的思想大革命的内容,首先是劳资双方不再把注意力放在盈余分配上,不再把盈余分配看作是最重要的事情。他们将注意力转向增加盈余的数量上,使盈余增加到使如何分配盈余的争论成为不必要。[14]

"另一个思想转变对科学管理的存在是绝对重要的。那就是:无论工人还是工长,双方都必须承认,对工厂内的一切事情,要用准确的科学研究和知识来代替旧式的个人判断或个人意见。这包括每项工作所采用的方法和完成每项工作所需要的时间。"[15]

总的来说,"在一切企业中,劳资双方必须实现这样的思想态度的改变:双方合作尽到生产最大盈利的责任;必须用科学知识代替个人的见解或个人的经验知识。否则,就谈不上科学管理"。"这就是科学管理的两个绝对需要具备的要素。"[16]

这就是科学管理的实质、它的伟大意义以及它的深刻的哲理性所在。在这个"伟大的思想革命"中,泰勒所提倡的"思想态度的完全变革"就是要劳资双方"用和平代替斗争",也就是"用合作与和平的新见解来代替旧的对立与斗争的观点"。[17] 这样,他就把问题联系到"和平与斗争""合作与对立"这对哲学范畴。所以,管理史家丹尼尔·雷恩(Daniel A. Wren, 1932 –)说:"在泰勒之前,没有任何人像他那样,把管理问题发展为如此程度的一种系统方法,并同时把管理问题同哲学范畴结合在一起。"

管理中主客体关系是管理哲学所关注的问题,也可以说是管理哲学的基本问题。按照彼得·德鲁克(见本书第十章)的说法:"科学管理只不过是一种关于工人和工作系统的哲学。"[18]德鲁克指出,科学管理是美国产业界实际拿来管理员工和工作的根本概念。"科学管理把焦点放在工作上。"[19]有组织地研究工作,把工作分解成最简单的元素,以及针对每一个元素,有系统地改善员工的绩效,才是科学管理的核心做法。牢牢地抓住工作这个核心,着眼于解决员工的工作绩效,在人与事的关系上,泰勒牢牢抓住事这个核心。所以说,它是关于工人

[14] 同上书,第239页。
[15] 同上书,第240页。
[16] 同上。
[17] 同上。
[18] [美]彼得·德鲁克:《管理的实践》,齐若兰译,北京:机械工业出版社,2010年,第226页。
[19] 同本章注[1],第240页。

和工作系统的哲学。德鲁克评价说，"这就是科学管理留给后人的宝贵遗产"。他说，尽管科学管理所下的结论暧昧不明，但其根本见解却为这个领域奠定了重要的基石。

　　泰勒科学管理哲学的局限性也是很明显的，首先在人与事的关系上他忽视了人的主体性。在他的所有实验中，工人"只是机械工具"（德鲁克语）。他眼中的工人也只是一种追求经济利益的"经济人"。例如，在实验中，他对挑选出来的工人说，"施密特，你是个很值钱的人吗？""如果你是个很值钱的人，明天你就为1.85元而把那堆生铁装上车皮"。完全忽视了工人作为人具有道德、有情感、有完整人格的特性。此外，管理的主客体关系还有另一层：人与人的关系。对于这层关系，泰勒只是一味地强调雇主与雇员，即资方和劳方利益的一致性一面，而忽视了劳资双方客观存在的利益的不一致、对立性的一面。泰勒曾经用一种天真的笔调描述道："在科学管理的指导下，事实表现出最伟大的成果是，他们（工人们）将雇主看作他们在这个世界上最好的朋友。"[20]但事实是，科学管理得到应用之后，并没有迹象表明现实中出现了像泰勒所设想的那种友谊。恰恰相反，凡是科学管理受到应用的地方常常伴随着巨大的争议。人们发现，许多工会领导人总是站在泰勒体制的对立面。泰勒认为，工会的哲理和科学管理的哲理是水火不相容的。由于两种哲理的对立，泰勒一直为遭到有组织的工人的不理解而感到苦恼。但是，无论如何，泰勒的科学管理和他发起的科学管理运动的影响是深远的。他开启了西方工业企业管理现代化的历史。德鲁克评价说，"这是风行全球的美国观念，从印度到阿根廷、瑞士，乃至德国，都在实践科学管理"。"总的来说，它可能是继联邦宪法之后，美国对西方思想作出的最持久的一项贡献。"[21]

[20] 同上书，第241页。
[21] 同本章注[18]，第226页。

第三章　法约尔一般管理理论的功能主义哲学

> 法约尔的工业管理和一般管理理论其结果是产生了一种几乎是现代的管理哲学。
>
> ——克劳德·小乔治

一、一般管理理论奠基人

亨利·法约尔(Henri Fayol，1841－1925)是西方古典管理理论的最著名的奠基人之一。他出生在法国的一个资产阶级家庭。1856年进入里昂公立中等学校学习。1860毕业于圣艾蒂安国立矿业学院。毕业后，他进入科芒特里—富香博公司担任工程师，1866年被任命为科芒特里矿井矿长，这个时期他所关注的主要是工程技术问题。

1872年他被提升为经理，领导一批矿井。在这个阶段，工作需要促使他对管理进行研究。

1888—1918年的30年，这是法约尔的管理理论和管理实践成熟和辉煌的巅峰时期。1888年，当科芒特里公司处于破产边缘时，他被任命为总经理，并按照自己的管理思想和理论对公司进行了改革和整顿，他克服了种种困难，把原来濒于破产的公司整顿得欣欣向荣。在第一次世界大战期间，他领导的公司为战争提供了大量资源。公司培养了一批管理、技术和科学上的骨干力量，当法约尔75岁退休时，该公司已能在财务和经营上立于不败之地，至今仍是法国中部最大的采矿和冶金集团的一部分。

在此期间，法约尔开始了管理的研究工作。1900年，他向"矿业冶金协会"提交了论行政管理的论文，系统地阐述他的行政管理的思想。在1908年矿业学会五十周年大会上，他提交了论文《论管理的一般原则》；1916年，他在矿业学会公报上,发表了著名的管理著作《工业管理与一般管理》。

1918 年退休后到 1925 年去世这段时间里,法约尔致力于普及自己的管理理论。在这时期,他主要从事两项工作。第一项是创办一个管理学研究中心。这个中心每周都要举行一次作家、哲学家、社会活动家、工程师、政府官员和实业界人士参加的会议。法约尔的许多权威著述都是在这里逐步形成的。第二项工作是试图说服政府对管理原则多加注意。1921 年,他的《论邮电部门行政改革》的小册子出版;同年他在《政治与国会评论》上发表了一篇题为"国家在管理上的无能"的重要论文。同时,他还把他的管理理论推广到陆军、海军和邮电等行政和军事部门,使之成为一般管理理论。1923 年第二次国际管理科学会议在布鲁塞尔举行,法约尔是这次会议的领导人之一。在 1924 年国际联盟代表大会期间,他接受了一项邀请,向日内瓦国际大学联合会发表了题为"管理要义的重要性"的演说。他一生得过多种奖章和荣誉称号。

法约尔在管理方面的著作最主要是《工业管理与一般管理》(1916)。自 20世纪 50 年代以来,该著作已翻译成英、德、挪威、瑞典、立陶宛、波兰、捷克、希腊、西班牙、意大利、葡萄牙、罗马尼亚等文本和中译本。

法约尔有关管理方面的其他著作还有:《国家在管理上的无能——邮政与电讯》(1921)、《公共精神的觉醒》(1927)[1]。论文有:《管理的一般原则》(1908)、《高等技术学校中的管理教育》、《管理职能在事业经营中的重要性》、《国家的工业化》(1919)、《邮电部门的管理改革》、《国家管理理论》等等。

二、管理教育的必要性和可能性

法约尔的工业管理与一般管理理论由三部分组成:管理教育论、管理原则论和管理要素论。

首先,法约尔为管理下定义:他认为,"经营"和"管理"是两个不同的概念。"经营"(法文 gouverner,有的地方译作"领导")"就是寻求从企业拥有的所有资源中获得尽可能大的利益,引导企业达到它的目标,就是保证六项基本职能的顺利完成"。[2] 经营包括六个方面的基本职能,即技术、商业、财务、安全、会计和

---

[1] 法约尔于 1925 年逝世,该论著应该是法约尔逝世后发表的。
[2] [法]H.法约尔:《工业管理与一般管理》,周安华等译,北京:中国社会科学出版社,1998 年,第 6 页。

管理。

"管理"(法文 administrer,亦译作"行政管理")是经营六种基本职能中的一种。法约尔指出,在经营的六种职能当中,"前五种都不负责制定企业的总经营计划,不负责建立社会组织,协调和调和各方面的力量和行动。这些活动并不属于技术职能的权限,也不属于商业、财务、安全以及会计的职能的权限。它们组成了另一种职能,人们习惯叫它'管理'"。[3] 也就是说,凡属制定企业的总经营计划,建立社会组织,协调和调和各方面的力量和行动,此类活动即属于管理。

为此,他给管理下定义。他说,**"我选定下述定义:管理,就是实行计划、组织、指挥、协调和控制"**。[4] 这就是著名的法约尔的**管理职能五要素说**。

经营和管理的职能必须而且只能通过人(各行各业各级的领导人和管理者)的活动能力来体现;他说,"和每一组活动或每一件基本职能相对应的是一种专门的能力,人们将其区分为技术能力、商业能力、财务能力、管理能力等等"。[5] 为此,管理人员履行职能的能力就成为关键。

人的能力是怎样构成的?法约尔指出,每一种能力都以下面几个方面的素质与知识为基础:(1)身体,指健康、体力旺盛、敏捷;(2)智力,包括理解和学习的能力,判断力、精力充沛、头脑灵活;(3)道德,包括有毅力、坚强、勇于负责任、有首创精神、忠诚、有自知之明、自尊;以及(4)一般文化;(5)专业知识;(6)经验;等等。[6]

法约尔最早对管理人员必须具备的能力进行分析,他用两个比较图表来说明问题。[7] 其中一个图表是《大型工业企业技术职能人员必要能力的相对重要性比较表》。实质上这是一个关于人员的能力结构的比较图表。该图表指出,在大型企业中,人员依职位不同,依次从工人、工长、车间主任、分厂长,到部门领导,再到经理,其应具备管理能力的重要性呈现逐步递增的趋势。而其技术能力的重要性则呈递减的趋势。

通过研究,法约尔得出的结论如下:"在各类企业里,下属人员的主要能力是

---

[3]同上书,第5页。

[4]同上。

[5]同上书,第7页。

[6]参见同上书,第7页。

[7]参见同上书,第13页。

具有企业特点的职业能力,而较上层的领导人的主要能力是管理能力。"〔8〕其中,他特别强调:"对于一个特大企业领导来说,管理能力不仅是所有能力中最主要的,而且就它本身的重要性来讲,已经超过了其他所有能力的总和。"〔9〕另一个结论是:"对管理知识的需要是普遍的。"〔10〕

既然,对管理知识的需要是普遍的,那么,如何满足管理知识的需要呢? 法约尔认为必须依靠学校教育,他从而论述了管理教育的必要性。他指出,由于对管理知识的需要是普遍的,所以,管理教育应该普及:"在小学是初级的,在中学里稍广阔一些,在高等学校应该是很发展的。"〔11〕法约尔充分认识到管理教育的必要性,他的论著《高等技术学校中的管理教育》就是适应这个需要而作的。

他对当时的工业学校未能提供职能教育的弊病深为感慨,就像当年泰勒对美国工业效能之低下深为感慨一样。法约尔尖锐地指出,"我们的工业学校在为未来的领导者提供商业、财务、管理和其他职能知识的方面,却什么都没有做,或几乎什么都没做"。〔12〕

他认为,在职业学校里缺少管理教育的真正原因是由于缺乏有关管理的理论。没有理论就不可能有教育。但学校并不教授这方面的知识,只能到工厂里去学习。"然而,在那里,经验主义是高于一切的,因此,管理教育普遍存在不充分的现象,就不足为怪了。"〔13〕他认为,"现在应是把经验资料系统化,并且建立一个大家都能理解的学说的时候了"。〔14〕

那么,这种管理理论要从哪里产生呢? 法约尔首先提到,让某些工业方面的领导人决定阐述他们认为最合适的企业发展的原则是一个好办法,但大多数重要领导人既没有时间也没有兴趣去撰写,通常他们既没有留下理论也没有留下门徒就销声匿迹了。因此,不能太依靠这种来源。

他认为,真正可靠的来源是通过大众性的评论、讨论、汇集、总结的办法而形成。这个办法最可靠。他说,"最细小的评论,只要提得中肯,都是有价值的,并且评论者的人数是无限的"。他希望,"溪流一旦形成,就不再停止;问题在于去

---

〔8〕同上书,第 14 页。
〔9〕同上书,第 94 页。
〔10〕同上书,第 14 页。
〔11〕同上书,第 20 页。
〔12〕同上书,第 17 页。
〔13〕同上书,第 96 页。
〔14〕同上。

促成这溪流的行进,启发大众讨论"。[15] 他说,这就是他写这本书(指《高等技术学校中的管理教育》)的目的。他强调管理理论的重要性,反对经验主义,同时,他又坚持理论必须是从群众的实践中总结出来,并且经得起实践检验的。法约尔坚信,这种管理理论是能够产生的。他从而论证了管理教育不仅是必要的,而且是可能的。

三、管理的原则

法约尔提出了一系列关于管理的一般原则,并且对这些原则作如下说明,这些说明,体现了他的管理哲学思想。

第一,管理职能只是作为社会组织的手段和工具。社会组织的健康和正常活动取决于某些条件,人们将这些条件不加区别地称之为原则、规律和规则。法约尔更喜欢用原则这个词。

第二,管理的原则是存在着的,所有加强社会组织或便利其发挥作用的管理规章和程序都属于原则。但是,在管理方面没有什么死板和绝对的东西,这里全部是尺度问题。这是一门很难掌握的艺术,由机智和经验合成的掌握尺度的能力是一个管理人的主要才能之一。

第三,原则不是一成不变的。事物的状态的变化可以引起规章的变化,因为后者由前者所决定。[16]

法约尔的管理原则一共有下列十四条:

(一)劳动分工原则。法约尔认为,劳动分工属于自然规律。应该通过分工来提高管理工作的效率。但是,"劳动分工有一定的限度,经验与尺度感告诉我们不应超越这些限度"。[17]

(二)权力与责任原则。"权力就是指挥和要求别人服从的权利。"(同上)有权力的地方,就有责任。"责任是权力的孪生物,是权力的当然结果和必要补充。"法约尔认为,要贯彻权力与责任相符的原则,就应该有有效的奖励和惩罚制度。[18]

---

[15] 同上书,第19页。

[16] 同上书,第22—23页。

[17] 同上书,第24页。

[18] 同上。

（三）纪律原则。法约尔认为纪律是一个企业兴旺发达的关键,他特别强调:"'纪律是领导人造就的。'……无论哪个社会组织,其纪律状况都主要取决于其领导人的道德状况。"[19]

（四）统一指挥原则。按照这个原则的要求,"无论对哪一件工作来说,一个下属只应接受一个领导人的命令"。[20]

（五）统一领导原则。统一领导即在设置组织机构的时候,一个下级不能有两个直接上级。而统一指挥原则讲的是当组织机构建立起来以后,在运转的过程中,一个下级不能同时接受两个上级的指令。[21]

（六）个人利益服从整体利益的原则。法约尔认为这是一个人们都十分明白清楚的原则,法约尔认为,该原则成功的办法是:"①领导人的坚定性和好的榜样;②尽可能签订公平的协定;③认真的监督。"[22]

（七）人员的报酬原则。法约尔认为,对于各种报酬方式,都应该能做到以下几点:一是要公平;二要起到激励作用;三是不可超越合理的限度。[23]

（八）集中的原则。指的是组织权力的集中与分散的问题。法约尔认为,关键在于找到适合于该企业的度。按照法约尔的观点,影响一个企业是集中还是分散的因素有两个:一个是领导者的权力;另一个是领导者对发挥下级人员积极性的态度。[24]

（九）等级制度原则。"等级制度就是从最高权力机构直到低层管理人员的领导系列。"[25]应该把尊重等级制度与保持行动迅速结合起来。

（十）秩序原则。物品秩序的规则:"每件东西都有一个位置,每件东西都在指定的位置上。"社会秩序也同样:"每个人都有一个位置,每个人都在指定的位置上。"[26]做到各得其所,各尽所能。为了能贯彻社会的秩序原则,要注意消除任人唯亲、偏爱徇私、野心奢望和无知等弊病。

（十一）公平原则。法约尔把公平与公道区分开来。他说:"公道是实现已

［19］同上书,第26页。
［20］同上书,第28页。
［21］同上书,第30页。
［22］同上书,第31页。
［23］同上书,第32页。
［24］同上书,第39页。
［25］同上书,第40页。
［26］同上书,第43页。

订立的协定。""公平就是由善意与公道产生的。"[27]

（十二）人员的稳定原则。法约尔认为,要使一个人的能力得到充分的发挥,就要使他在一个工作岗位上相对稳定地工作一段时间。但是人员的稳定是相对的,而人员的流动是绝对的。对于企业来说,"就要掌握人员的稳定和流动的合适的度,以利于人员能力得到充分的发挥"。[28]

（十三）首创精神。法约尔认为:"想出一个计划并保证其成功是一个聪明人最大的快乐之一,这也是人类活动最有力的刺激物之一。"[29]"如果其他情况都一样的话,一个能发挥下属人员首创精神的领导要比一个不能这样做的领导高明得多。"[30]

（十四）团队精神。"一个企业中全体人员的和谐与团结是这个企业的巨大的力量。所以应该尽力做到团结。"[31]法约尔认为管理者需要确保并提高劳动者在工作场所的士气,培养个人和集体积极的工作态度。

他最后总结指出,"没有原则,人们就处于黑暗和混乱之中;没有经验与尺度,即使有最好的原则,人们仍将处于困惑不安之中。原则是灯塔,它能使人辨明方向;它只能为那些知道通往自己目的地道路的人所利用"。[32]

四、管理的要素

他还说:"管理既不是一种独有的特权,也不是企业经理或企业领导人的个人责任。它同别的基本职能一样,是一种分配于领导人与整个组织成员之间的职能。"[33]

法约尔说,"很重要一点,是不要把管理同经营混淆起来"。"'管理'只是这六项职能中的一项,由领导保证其进行。但是,它在上层领导人的作用中占有那么重要的位置,以至有时好像这作用就纯粹只是管理了。"[34]

---

[27] 同上书,第45页。
[28] 同上书,第46页。
[29] 同上书,第47页。
[30] 同上。
[31] 同上书,第48页。
[32] 同上书,第50页。
[33] 同上书,第6页。
[34] 同上。

他对管理五个要素所作定义如下："计划，就是探索未来，制定行动计划；组织，就是建立企业的物质和社会的双重结构；指挥，就是使人员发挥作用；协调，就是连接、联合、调和所有的活动及力量；控制，就是注意是否一切都按已制定的规章和下达的命令进行。"〔35〕

法约尔关于管理的定义是西方管理思想史上第一个对管理所作的科学定义，其意义既重要又深刻。

第一，这个定义从职能的角度来界定管理，构成了法约尔的功能主义的管理观，成为他的一般管理理论的核心观点。

第二，强调管理是主体的一种主观见诸客观的能动的特殊活动。其中，计划和组织是重点，是其他管理职能实施的前提。二者突出了管理的目的性和群体性，是管理的主体性和能动性的集中体现。

第三，这个定义适用于一切管理，体现了管理的普遍性。凡属从事"预见（计划）、组织、指挥、协调和控制"之类的活动均属于管理的活动。它存在于工业、商业、政治、军事、宗教等组织，甚至包括家庭之中。

第四，这个定义把管理理解为一个过程，认为计划导致组织，企业一旦组织起来，就需要管理者来指挥（信息联系），他们的活动和职能要求互相协调，最后，管理者必须对职工的活动加以控制，以保证他们的活动符合于原定的计划。这样，管理自目的的确立开始，经过各个环节，以目的的实现告终；如此周而复始，循环往复。这种观点就为以后的管理过程学派奠定了理论基础。

然后，他用很大的篇幅对管理的职能的五个要素作了详细明晰的论述，其中的重点又侧重于计划和组织。

（一）关于计划。他说，"'管理应当预见将来'这个格言使人对工商企业界的计划工作的重要性有所理解。确实，如果说预见性不是管理的全部的话，它至少也是其中一个基本的部分"。〔36〕"统一性、连续性、灵活性与准确性，这些都是一个好的行动计划的一般特征。"〔37〕他还介绍了"一个大型矿业冶金企业制定行动计划的方法"作为案例和样板。他对当时法国政府的缺乏预见性进行批评。他说："法兰西民族是有先见之明的，而它的政府却不是这样。"〔38〕

---

〔35〕同上书，第 6 页。

〔36〕同上书，第 51 页。

〔37〕同上书，第 54 页。

〔38〕同上书，第 65 页。

（二）关于组织。法约尔用很大的篇幅来论述管理中的组织职能。他指出，"组织一个企业，就是为企业的经营提供必要的原料、设备、资本、人员。大体上说，可以分为两大部分：物质组织和社会组织"。〔39〕他把重点放在社会组织这个问题上。为什么？因为"管理职能只是作为社会组织的手段和工具。其他职能涉及原料和机器，而管理职能只是对人起作用"。〔40〕就是说，管理职能就是通过社会组织来实现，社会组织中，作为管理者的人通过作为被管理者的人去完成企业的任务。所以说，管理职能只是对人起作用。这个问题，从以下法约尔论述的内容就充分体现出来：1. 他明确指出，所谓计划、组织、指挥、协调、控制等管理职能只有通过社会组织来履行。2. 社会组织是由人组成的机构，包括：（1）不同发展程度的社会组织的形式，特别强调人的因素的重要性。（2）社会组织的机构与成员。特别提出建立参谋部的必要性，同时又坚持统一指挥原则的重要性。（3）社会组织的成员或组成因素。管理职能是通过管理者的能力来体现的。强调对于每种职务应该尽量寻找能力最强的人来承担。这里特别强调领导者应具备的管理能力的重要性。领导级别越高必须具备的管理能力要求越高。同时又指出了管理教育的重要性。因为人的才能不是天生就有的。为了使人具有这种能力，就要对他进行培养，这种培养一般体现了家庭、学校、工厂与国家所做的长期艰苦的努力。

（三）关于指挥。"社会组织建立后，要让这些组织发挥作用就需要指挥。"〔41〕"指挥艺术的高低是由人的某些品质以及对管理一般原则的了解程度来决定的。"〔42〕并且提出了对担任指挥工作的领导的具体要求。

（四）关于协调。法约尔指出，"协调就是指企业的一切工作都和谐地配合，以便于企业经营的顺利进行，并且有利于企业取得成功"。〔43〕"总之，协调就是让事情和行动都有合适的比例，就是方法适应于目的。"〔44〕这就要求各部门之间步调一致，各项工作有条不紊进行。

（五）关于控制。法约尔说，"在一个企业里，控制就是要证实一下是否各项工作都与已定的计划相符合，是否与下达的指示及已定原则相符合。控制的目

---

〔39〕同上书，第 67 页。
〔40〕同上书，第 22 页。
〔41〕同上书，第 121 页。
〔42〕同上书，第 122 页。
〔43〕同上书，第 130 页。
〔44〕同上书，第 131 页。

的在于指出工作中的缺点和错误，以便加以纠正并避免重犯"。[45]

五、法约尔管理哲学的功能主义思想

美国小乔治(C. S. George Jr.)在《管理思想史》一书中评价法约尔的管理思想时写道："其结果是产生了一种几乎是现代的管理哲学。"这里所说的"现代管理哲学"指的是什么？笔者认为，首先是指法约尔管理理论的现代性。正如法国企业人力资源开发研究所副所长皮埃尔·莫兰所说，"为亨利·法约尔1916年提出和论述的主题的现代性感到惊讶"。说法约尔管理理论的现代性首先就是指它的"主题的现代性"。那么，什么是法约尔理论的主题？对于这个问题前面已经涉及，法约尔所关注的问题就是：如何建立一门具有普遍适用性的一般管理理论，而这个问题的核心正是关于组织的理论。这两点也正是现代管理理论所论的主题。不管法约尔理论采取怎样的形式，它的主题的现代性是十分明显的。

小乔治所说的"现代管理哲学"，其管理哲学的核心内容就是法约尔以管理职能五要素和十四条管理原则为基本内容的一般管理理论。这个理论明确地从功能的角度对管理的一般本质加以规定，体现了一种功能主义的管理观，成为西方最早的管理职能论，并且迄今为止一直为西方管理学界所接受。他的功能主义管理观贯穿着一种管理哲学，这种管理哲学集中表现在他的组织理论中，强调管理组织适应管理职能的需要，管理职能决定管理组织的结构，蕴含着结构和功能辩证关系的深刻思想。综上所述，法约尔的组织哲学的基本观点是机构与职能、结构与功能相统一，这里所追求的是职能或功能，职能、功能是决定性的，机构因职能而设，结构为功能而建。这就是法约尔的管理哲学中的功能主义倾向。

关于管理机构和管理职能的关系。法约尔说，人们常把企业的社会组织比做一架机器、一棵植物或一只动物。接着，他就这三种比喻进行分析：

首先，组织具有机器的整体性和严密性。如果把组织比作机器，例如，把它叫做"管理机器"或"管理机构"。这主要是用来比喻组织是一个服从于领导、本身各部分紧密连接、为达到同一目标而一致行动的机构。但如果把它看作像机

---

[45] 同上书，第135页。

器那样机械和被动,那就错了。管理机构和机器就不一样。"管理机构——每一个中间领导——能够并且应该是运动及思想的创造者,……都有一种首创的力量。"[46]

其次,社会组织具有类似植物生活的组织性和群体性,一棵树从树干到树枝,再到分枝,然后到树叶。树浆把生命带到所有的树枝,直至最细的枝桠。"这就如同上级的命令把活力带到社会组织的最底层、最远的末端。……"[47]

人们尤其常常以动物界来比喻社会的有机体。人在社会组织中起一种类似细胞在动物体中起的作用;社会的有机体与动物一样,少量的基本功能成分可以完成变化无穷的活动。可以对这两种组织的职能做多种比较。"特别是神经系统与管理部门非常相似。……如果没有神经活动或管理活动,组织就要变得毫无生气,很快就衰退下去。"[48]

法约尔的功能主义管理哲学很显然受着法国孔德实证哲学的影响。法约尔自己就说过:"我很高兴我一直都在很自觉地按孔德的'实证方法'……办事。"[49]孔德实证哲学的一个重要组成部分就是提出社会有机体理念作为社会学的理论基础。他认为社会是最高级的生物有机体,也同其他生物有机体一样由"器官、组织和元素"组成。他还进一步解释说:"我把社会有机体分别分解成家庭、阶级或种族,以及城市或社区,其中家庭是社会真正的元素,或称之为细胞,阶级或种族是社会的组织,城市或社区社会的器官。"[50]

不过,法约尔并不是生搬硬套照抄孔德的论点,他强调,社会组织具有人的属性。社会组织是由人组成的,管理的职能是通过人的能力和活动来实现的。人不是机器,人是活的;人也不是植物和动物,人是有思想、有价值追求、有首创精神的。这里,强调了由人组成的社会组织及其职能的主体性和能动性。

尽管如此,法约尔的管理哲学思想也暴露出它的局限性,他对管理的理解只停留在功能的层次上,他未能进一步揭示管理的目的和意义。另外,他已注意到管理组织职能中作为管理者的人的主体性,但是对于被管理者的人却很少触及,

---

[46] 同上书,第74页。
[47] 同上书,第75页。
[48] 同上书,第76页。
[49] [日]上野一郎:《管理思想发展系谱》,于金等译,哈尔滨:黑龙江科学技术出版社,1987年,第86页。
[50] 同上书,第263页。

因而不能从主客体关系的高度去反思管理。这就是功能主义的局限性。这种局限性,究其根源,一方面是在方法论上受到孔德实证哲学的影响,另方面则是历史的原因,人类思想的发展总是一个由浅入深、由表及里的过程,管理思想的发展也不例外,由此看待约尔管理哲学思想的历史局限性,便是可以理解的了。

总的来看,法约尔对西方管理理论的贡献是不可低估的。他是西方提出全面管理理论的第一人。他的管理职能理论至今仍是国内外管理学家构建管理理论的基本框架。他还被誉为"管理过程论之父"。实践证明了,法约尔提出的一般管理理论,不仅适用于工商业,而且也适用于政治的、宗教的、慈善的、军事的以及其他事业;尤其是他大力倡导的管理理论教育,开辟了推广管理理论的先河,为管理专业人员的培养和管理人员队伍的形成做出了杰出贡献。

法约尔和泰勒是西方古典管理理论的两位奠基者。他们各自从不同的角度和思路来探索管理。有人曾经做过这样的比喻:如果说,泰勒主要是从"车床前的工人"出发,然后向上追溯;那么,法约尔则是从"办公桌前的总经理"开始,往下延伸,他以大企业的整体作为研究的对象。他们各自完成了自己的历史使命。泰勒把重点放在管理的技术上。他第一次从理论上把管理从群体的活动中分离出来,把管理主体和管理客体区分开来。法约尔则把重点放在管理的职能和组织上,他以概括的形式从管理的主体性角度确立了管理的普遍性。泰勒和法约尔的管理理论是西方古典管理理论的两块奠基石,二者只能互相补充,不可互相代替。

但是,在法约尔生前的很长一段时间里,他的管理思想并没有引起人们的足够重视。在美国,直到1949年伦敦皮特曼公司出版康斯坦斯·斯托尔斯的译本时,人们才比较全面地接触到法约尔的管理思想。在法国,法约尔思想未被重视的原因有二。其一,当时法国对美国派往法国的军队在建造船坞、修路和建立通信线路等方面运用泰罗(即泰勒)制所取得的成绩和效率感到极为惊异,所以当时的法国陆军部命令陆军所管辖的所有工作都必须研究和应用泰罗(泰勒)的科学管理原理。其二,当时在法国有两位学者即亨利·勒夏特利埃和夏尔·费雷曼维尔,他俩把泰罗的管理著作译成了法文并在法国建立了一个"泰罗主义"组织,在法国普及和推广泰罗的科学管理理论。上述两方面原因使得在法国,人们更多地接触了泰罗的科学管理理论,反而不了解法约尔的管理思想。一直到法约尔去世前不久,"泰罗主义"组织才与法约尔的管理学研究中心合并为法国组织全国委员会,使得法国的两大管理学的组织联合起来,法约尔的管理思想才逐渐被众多的人们所认识。

第四章　韦伯关于官僚体制工具理性的分析和批判

> "官僚制发展得愈是完备，它就愈是'非人化'，就愈益在公务中完全排除爱憎和一切纯粹个人的……不可计算的情绪因素"，就愈是对个人的意志自由和尊严构成威胁。
>
> ——马克斯·韦伯

一、"组织理论之父"

马克斯·韦伯(Max Weber, 1864—1920)是 20 世纪最有影响的思想家之一，德国著名社会学家和哲学家，西方组织理论的创立者，在管理思想发展史上被人们称为"组织理论之父"。韦伯出生在德国爱尔福特的一个中产阶级家庭，父亲是一位知名的政治家。1882 年韦伯进入了海德堡大学法律系就读，还学习了经济学、中世纪历史、神学。1884 年的秋天，韦伯就读柏林大学，1891 年获博士学位。1892 年起，先后在柏林大学、弗莱堡大学、海德堡大学讲授政治经济学、社会学、法学等课程。之后韦伯患上了失眠症，他的精神状况使他不得不减少教学量，最后在 1903 年秋季辞去了教授的职位。在摆脱了学校的束缚后，韦伯在那一年与他的同事维尔纳·松巴特(Werner Sombart)创办了一本名为"社会学和社会福利档案"的社会学期刊，由韦伯担任副编辑。在 1904 年，韦伯开始于这本期刊发表一些他最重要的文章，尤其是一系列题为"新教伦理与资本主义精神"的论文，这篇论文是唯一一篇他在世时出版成书的著作。也是在那年，韦伯前往美国参加了当时在圣路易斯举行的社会和科学大会，并对美国资本主义的发展程度和特点进行了考察，力图从本质上把握美国社会所体现的资本主义精神。考察也促使他思考工业社会大型组织采取什么样的管理方式才能最有效地运转。

在第一次世界大战前,他写出了《经济与社会制度与权力》的绝大多数篇章,这些篇章成为他主持编辑的《社会学经济学概论》第三部《经济与社会》的第一部分。第一次世界大战期间,他曾在政府部门担任行政工作。战争结束后,他在维也纳大学、慕尼黑大学执教,并在慕尼黑大学建立了德国第一个社会学系。

韦伯的主要著作有《新教伦理与资本主义精神》(1905),以及他逝世后由他的夫人玛利亚娜对《经济与社会制度与权力》进行整理而出版的《经济与社会》(1922)。

韦伯的管理哲学思想主要隐含在他的官僚体制理论之中,其内容的阐述是在社会学和政治学的框架内展开的。

二、合法统治的概念

在对理性化和官僚制化的研究上,韦伯抓住一个核心问题,即,统治与合法性问题。韦伯把统治定义为,在一个特定的群体里让命令得到服从的机会。[1]这里,韦伯并没有把统治和权力完全等同起来。按照韦伯的定义,并不是任何形式的对别人施加权力和影响的机会都属于"统治"的范畴。统治只是权力的特殊情况,是统治者通过公开宣布的意志(命令)而影响被统治者行为的机会;而权力则是把自己的意志强加给他人的机会。他认为,"任何一种真正的统治关系都包含着一种特定的最低限度的服从愿望,即从服从中获取(外在的和内在的)利益"。[2]

韦伯指出,并非任何统治都利用经济手段,更不是任何统治都有经济目的。然而,任何对于很多人的统治,一般都需要有行政管理班子,也就是说,需要有可靠的机会,让一些特定的、可靠的服从的人,采取旨在特意为执行统治的一般法令和具体命令的行动。行政管理班子对统治者的服从,一般还要加上另一个因素:对合法性的信仰。

对待"统治"和"合法性"概念,韦伯采取功能主义的态度,有意避免对合法性做出价值取向的判断。在他看来,"合法性"无非就是既定统治系统的稳定性,亦

---

〔1〕〔德〕马克斯·韦伯:《经济与社会》(上卷),林荣远译,北京:商务印书馆,1997年,第238页。
〔2〕同上。

即人们对享有权威的人的地位的确认和对其命令的服从。倘若进一步追问在何种条件下以及依据何种实质理由，一个系统才是合法的，那就无法回答。

这里涉及韦伯的社会学的方法论问题。韦伯认为，社会学概念应保持经验科学的客观性和价值中立性。他的"合法统治"概念就是这样的。在他看来，从事实的层面上看，任何成功的、稳定的统治，无论其以何种形式出现，都必然是合法的。可以说，成功、稳定的程度就是其合法性程度的表示；但任何一个不合法的，那怕是昙花一现式的不合法统治形式，也没有其存在的余地。换言之，任何现实的统治，都有其合理性的基础和合法性的根据。——这里使人联想到黑格尔的一句名言："凡是现实的都是合理的。"

三、合法统治的三种纯粹类型

韦伯突破了传统社会科学以制度价值进行研究的方法论局限，转而以一个全新的工具视角对资本主义工业时代的新型组织形式进行研究。他指出合法统治有三种纯粹的类型，它们的合法性的适用可能首先具有下列性质：

（一）合理型的统治

合理型统治具有合理的性质，即建立在相信统治者的章程所规定的制度和指令权力的合法性之上，他们是合法授命进行统治的。合理型的统治是建立在互相联系的观念之上的：1. 通过协议的或强加的任何法律都尽可能以理性为取向，并制定成章法律的合理性，也是这种统治的根本合理性之所在。2. 任何法律按其本质都是抽象的规则的总体，司法就是把这些规则运用于个案，行政管理则是在法律规则的界限之内并根据一些普遍标明的原则，合理地维护团体制度所规定的利益。3. 统治者即上级也要服从非个人的制度，他的号令是以这个制度为取向的。4. 服从者仅仅作为团体的成员（即作为协会成员、社区成员、教会成员，在国家里则作为公民），并且仅仅服从法律。5. 团体成员服从统治者，并非服从他个人，而是服从那些非个人的制度，因此仅仅在由制度赋予他的、有合理界限的事务管辖范围内，有义务服从统治者。[3]

---

〔3〕同上书，第242—243页。

（二）传统型的统治

这种统治的合法性是建立在遗传下来（历来就存在）的制度和统治权力的神圣的基础上，并且也被相信是这样的，那么这种统治就是传统型的。统治者是依照被传统遗传下来的规则确定的，被统治者对统治者的服从是由于传统赋予了统治者的固有尊严。

传统型统治又分为设有行政管理班子和不设行政管理班子两种类型。在设有行政管理班子的类型中，统治者与行政管理班子的决定性关系不是事务职责关系，而是主人和仆从的关系，仆从对主人的忠诚不是服从章程规则，而是服从由传统或由传统决定的统治者所任命的个人。统治者的命令在以下两种性质上是合法的：一种是，部分依据传统明确决定着法令的内容，在传统所信仰的意义和规模上是合法的；如果超越传统界线，动摇这个规模，就可能对统治者本人的传统地位构成威胁。另一种是，部分依据统治者的任意专断，传统赋予这种任意专断一定的余地。所以，韦伯说，"这里存在着一个双重王国，即，一方面，实质上受传统的约束的统治者行为的王国；另一方面，实质上不受传统约束的统治者行为的王国"。[4]

传统型统治中不设行政管理班子的类型，是传统型统治的原始类型。一般又分为两种情况：一种是老年人政治——最老的人作为最了解神圣的传统的行家，来实施统治；另一种是家长制——在一个通常是经济的和家庭的群体内，由一个根据继承的规则而确定的个人来实施统治。事实上，这两种情况，即老年人政治和家长制并存也非罕见。至关重要的是，这两种情况的统治，虽然是统治者的传统固有的权力，但是实质上确是作为一个整体的群体的权力。必须为了群体成员的利益而实施，统治者不得占有这种统治。因此，统治者的统治在很大的程度上取决于群体成员们的服从意愿。在这里，群体成员是统治者的"同志"，而不是"臣仆"。他们是依据传统而成为"同志"的，而不是建立在章程之上的"成员"。群体成员仅仅依照传统服从统治者，统治者方面严格地受传统的约束。不过，随着统治者的行政管理班子的产生，任何传统型的统治都倾向于走向世袭制度，这时，作为同志的成员便成为臣仆。[5]

---

〔4〕同上书，第252页。
〔5〕同上书，第257页。

（三）魅力型的统治

这种统治的合法性是建立在非凡的献身于一人，以及由他所默示和创立的制度的神圣性，或者气概，或者楷模样板之上。"魅力"是指一个人被视为具有非凡品质（例如，预言家、精通医术或者精通法学的智者、狩猎的首领或者战争英雄，这类人原先都是被看作受魔力制约的）。因此，他被视为具有超自然的或超人的、特别非凡的、任何其他人无法企及的力量或素质，或被视为神灵差遣的，或被视为楷模，因此，也被视为领袖。至于如何从任何一种伦理的、美学的或者其他立场来客观正确地评判有关的品质，这在概念上完全是无所谓的；唯一的关键是这种品质实际上被接受魅力统治的人即"追随者们"做出何种评判。

魅力型统治的存在是以被统治者的承认为保证的，这种承认是由实际的考验（原先总是由奇迹）为保障的，倘若实际考验不能维持长久，则表明魅力的恩宠者被他的上帝所遗弃，或者表明他已经丧失了自己的魔力或英雄的力量，倘若他长久未能取得成就，尤其是倘若他未能带给被统治者以幸福安康，那么他的魅力型权威的机会就会消失。

魅力型统治者的行政管理班子并非官员，至少不是在专业业务上训练有素的官员。班子的成员也是由统治者从自己的直觉出发，按照召唤者的魅力品质来选择，没有"任命"，也没有"罢免"，也不存在"资历"和"升迁"，这种统治没有规章制度和法律原则，没有真正的等级制度。

纯粹的魅力型统治对经济尤其陌生。它强调的是"天职"，作为"使命"和内在的"本分"。它鄙视合理的日常经济，鄙视通过持续的经济行为以获得正常的收入……从一种合理的经济角度看，它是一种非经济性的典型政权。它主要依靠资助、掠夺、暴力榨取或顺手牵羊的手段获得不稳定的偶然收益。

在受传统束缚的时代，由于魅力的产生是和传统对立的，魅力和理性一样，经常是巨大的革命力量。理性从外在发挥作用，即通过改变生活环境和生活问题，因而也改变对生活环境和生活问题的态度。魅力则与之有所区别，魅力可能是一种发自内心的改造，改造产生于困顿或热情，对一切具体的生活方式以及对整个"世间"的种种态度，都获得崭新的取向，在这种情况下，它意味着改变最重要的思想和行动的方向。韦伯颇有感慨地说道："在前理性主义时代，几乎整个

行动的取向都被传统和魅力瓜分殆尽。"〔6〕

以上三种合法统治的纯粹类型在历史上很少真正存在过,它们是一种理论的抽象。历史上真实存在的都是呈现出一种混杂的形态,多数是以一种类型为主,同时又不同程度包含其他类型的成分。例如,纯粹合理性的统治一般难以产生,这是因为合法性信念总是不同程度地受着传统观念的制约,而且,在某种特定的时机,也会出现魅力型人物。再如,纯粹传统型的统治可能存在过,但它总是难以长久,而且它往往伴随具有魅力的领袖人物。最后,纯粹魅力型的统治更是罕见,它往往在魅力人物的主导下,产生行政管理班子,这种班子要么类似官僚体制,要么具有浓厚的传统型色彩。韦伯提出的这种理论上的抽象,为人们研究社会现象提供一种合理的分析工具。

四、官僚体制:理想的行政管理组织形式

合理型的统治最纯粹类型是那种借助行政管理班子实施的统治。这种纯粹类型主要指官僚体制。韦伯称它为"最纯粹",是指它最合理,即最合乎理性,也包含有最理想的含义。官僚体制的体制特征是如下几个方面:

(一)官员个人是自由的,仅仅在事务上履行官职的义务。

(二)官员处于固定的职务等级制度之中,下级服从上级,上级监督下级,同时,有明确规定的下级机关向上级机关呼吁的途径。

(三)拥有固定的,通过法律或行政规则的职务权限。

(四)官员的职务是根据契约受命即建立在自由选择之上。

(五)根据专业业务资格任命(不是通过选举),在最合理的情况下,通过考试获得的、通过证书确认的专业业务资格。

(六)采用固定的货币薪金支付报酬。

(七)职务工作要求官员把自己的职务视为唯一的或主要的职业。

(八)官员的职务升迁根据年资或政绩,或者两者兼有之,取决于上司的评价。

(九)工作中完全同行政管理物资分开,个人不得把职位占为己有。

(十)职务的执行全部建立在规定的文书档案制度之上。

---

〔6〕参见同上书,第269—273页。

（十一）官员接受严格的、统一的纪律和监督。

官僚体制，作为合理型统治的纯粹类型，它包含了所有合理型统治的各个方面或一般原则。因此，它对现代社会的各种组织具有普遍适用性。韦伯指出，"这种制度在盈利经济的企业里，或者在慈善机构或者任何其他追随个人的思想目的或者物质目的的企事业里，以及在僧侣统治的团体里，都同样可以应用，而且在历史上也是可资证明的"。[7]

韦伯概括指出，理想的行政组织是通过职务和职位来管理的，而不是通过传统的世袭地位来管理；要使行政组织发挥作用，管理应以知识为依据进行控制；管理者应具有胜任工作的能力，应该依据客观事实而不是凭主观意志来领导；应该按照法律和程序办事，而不是凭个人意愿办事。概括地说，其理想性表现在如下五个方面：

法制化。这是官僚制的精髓。表现在每一个职位上的官员根据法律和行政规章规定，都有着明确而具体的职责和权力，从而保证每个人都能够按章办事而不越出其职权范围。

等级化。表现为职务等级制和权力等级化。即上级与下级之间基于职务等级序列具有稳定的命令服从关系。

非人格化。在官僚组织中，人与人的关系都是事务关系。上下级的从属关系是基于法律制度和职务本身的组织结构规定；一切按规章制度办事。排除任何个人好恶、私人感情等个性和人格属性。

专业化。官僚制组织中管理活动遵循一般性的、固定的、全面的程序规范的科学的管理，只有经过全面而专门训练的人员才能进入官僚管理机构。

科学化（程序化）。官僚制组织根据法律化、非人格化和专业化的理性取向，在管理方法和途径上注重各种专家的指导，在日常的工作大都拥有极为完美的技术化程序和手段，整个官僚体系和组织行为呈现出科学化的趋势。

五、对官僚体制的批判

韦伯继承了德国古典理性主义哲学的辩证批判精神，对官僚制进行深入的分析批判：

---

[7] 参见同上书，第246页。

形式的合理性与实质的非理性。在韦伯的社会哲学中,"合理性"一词具有了四种含义:(一)由法规支配的;(二)体系化的;(三)基于逻辑分析意义的;(四)由理智控制的。通过以上分析,韦伯认为,官僚制组织完全合乎这些含义,因而,它是最具合理性的理想的行政组织。其效率是最高的,在精确性、稳定性、纪律性和可靠性等方面都优于其他组织形式。由此,他提出了如下论断:在任何一个领域中,要想实行持续不断的行政管理而不以官员办理公务的方式进行,不啻是幻想。整个日常生活的形式都要转来适应这种组织框架。在其他事情是相同的条件下,如果从技术的观点上看官僚制的行政管理是符合理性的类型,那么大众行政管理的需要使它在今日已成为不可或缺的了。"在行政管理领域,要么官僚制,要么外行作风,除此以外,别无选择。"[8]

韦伯在把这种合理性的相对概念应用于社会结构分析时,做出了形式合理性和实质合理性的区分。形式合理性具有事实的性质,它是关于不同事实之间的因果关系判断;实质合理性具有价值的性质,它是关于不同价值之间的逻辑关系的判断。形式合理性主要被归结为手段与程序的可计算性,是一种客观的合理性;实质合理性则基本属于目的和后果的价值,是一种主观的合理性。

官僚制的"合理性"是一种形式的合理性。韦伯认为,在这种行政管理中,占主导地位的是形式化的、非个人性的、普遍主义的精神。办理任何事务均需秉公对待,永远保持无恶无好的情感中立态度,既无恶意构陷又不徇情回护,与私人感情无涉的直率职责观应成为主导的行为规范。它保障了每个人在法律、法规、规章、制度面前获得形式上平等的地位。这是官僚制中理想的行政管理人员处理公务的精神。由于排除个人的专断和偏好,便使一切事务能够成为可计算的、可预测的和可控制的。官僚制的这种形式主义的非个人性完全符合资本主义市场交换活动的纯工具性和货币合同、契约的非个人性。

官僚制的形式合理性的另一方面是它把技术效率置于首位。充分发展的官僚制是一个严密的权能系统,它把整个社会变成了一架非人格化的庞大机器。在官僚制中,一切社会行动都建立在功能关系上,"精确性、速度、清晰性、持续性……统一性、严格服从、减少摩擦、减低人力和物力消耗等等,在严密的官僚制的行政管理中这些都被提高到最适宜的程度"[9]。官僚制的管理行为属于形式

[8] 同上书,第223页。
[9] 参见苏国勋:《理性化及其限制:韦伯思想引论》,上海:上海人民出版社,1988年,第214页。

合理性取向的行动,它对于社会的治理和对经济发展的促进,从效率、功能上看是远远胜过非理性(情感性行动和传统行动)或价值合理性的行动类型。

再者,官僚制的行政管理意味着通过知识进行统治,它的合理性建立在知识的基础上。它对技术能力的重视促进了实证科学知识在社会管理中的应用和发展,使人才的甄选范围尽可能地扩大,由身份制和世袭制的重视社会门第出身和经济特权地位转变为重视教育程度和专业资格,这有助于职业专家和技术官僚人格类型的发展,从而确保个人在受雇佣和晋升方面的形式上平等的权利。

但是,韦伯在指出官僚主义制的合理性的同时,也看到了它包含有非理性成分的一面。例如:

(一)分级审理原则的贯彻必然会带来陡然增多的文件数量,可能会使文牍主义风气蔓延;

(二)强调履行职务活动必须在文件形式上齐全的过分求全态度,反而会使处理公务的效率降低;

(三)法规明确规定了官员的权限和职责,又可能产生对管辖以外的事情漠不关心、互相推诿,本位主义和宗派主义的消极现象;

(四)处理公务严格按照规章制度,意味着把人的关系视为事的关系,又可能会带来官僚式的冷漠态度,等等。在这个意义上,"官僚制"(bureaucracy)与"官僚主义"(bureaucratism)密不可分,它们之间的界限难以划分,官僚制是孕育产生官僚主义的温床。

总而言之,在韦伯看来,官僚制是形式的合理性,实质的非理性。官僚制与工业资本主义和形式主义法律一样,只有在纯粹形式的、与价值判断无涉的意义上才是合理的。如果以某种特定的价值判断为参考,即以价值理性为前提,从实质上分析官僚制,那么它可能就是非理性的,韦伯把它称为"实质的非理性"。在他看来,官僚制的形式合理性越增大,它的实质非理性成分就越增多,就越容易招致来自价值判断的更多批判。

资本主义从纯功能的角度看,它是有效力的形式主义非个人性,从价值角度看,则可以指责为"非人化"。韦伯指出:"官僚制发展得愈是完备,它就愈是'非人化',就愈益在公务中完全排除爱憎和一切纯粹个人的……不可计算的情绪因素",就愈是对个人的意志自由和尊严构成威胁。在官僚组织中,人的一切行动都要听命于官僚机器的某种指令;人的情感、内心精神需求、本能、愿望和创造力都要受到压抑,使人逐渐失去自我和个性,变成了"这架不停运转机器上的一个小小的齿轮,并按照机器指定的路线行动"。[10] 人和组织的关系变成齿轮、螺丝钉和机器的关系。对于生活在这种境遇中的人来说,他关注的是如何从一个小齿轮变成一个更大的齿轮,促使人们追逐往上爬的发迹思想。

而且,官僚制政府一方面沿着民主制发展,摧毁了传统特权和世袭制统治,另一方面,官僚制的等级森严的集权体制又阻碍了民主制应有的权力扩散。就是说,官僚制原本是民主制的产物,它反过来又成了民主制的障碍。韦伯指出,在官僚制中,官员从关心自己安全和自我利益出发,往往反对、抵制独断权力并倾向于建立"合议制"的统治模式。

此外,官僚制的管理目标在于使整个组织系统协调运行,讲的是非人格化的社会道德,使伦理带有调适性和对系统运行目标的适应性,阻止成员对伦理作出价值取向的追求,而后一点是韦伯自律人格发展的核心。所以,韦伯认为,技术性评价在官僚制组织的功能中所起的作用越重要,这一组织在控制缺乏这一评价的人们心中就越难以引起反映和共鸣。简言之,官僚制必将导致专家政治或技术至上主义。

综合起来,就是说,官僚制一方面是人的组织,另方面它却非人化,人的组织非人化,其结果是在提供高效率的同时抑制了人性。这就是矛盾。但是,"在行政管理领域,要么官僚制,要么外行作风,除此以外,别无选择"。于是,就产生了韦伯所揭示的,人们在官僚制面前陷入二难抉择的困境。

韦伯认为,由于合理化形成的技术统治和官僚制的作用,现代世界日益呈现出一种假象,一方面它在许多方面被管理得像机器那样有条不紊地运转,社会生活节奏加快,各种效率普遍提高,物质财富日益增多,这在形式上是合理化的;另一方面,资本主义的"秩序与机械生产的技术和经济条件相结合,以其不可抗拒的力量不仅直接决定着当今与经济谋利有关部门的人,而且决定着一切生长在这个结构中的人的生活"。[11] 所有这一切造成了生活在资本主义社会中的人的思想观念的变化,崇拜效率、崇拜金钱、崇拜商品成了一种新的拜物教。它窒息了人的精神灵性,降低了文明的水准,剥夺了人的自由,使现实变为实质上的非理性了。这样,资本主义社会中的人们刚刚摆脱了一种异化状态,就又陷入了另一种新的异化境地——人,成了机器的奴隶、商品的奴隶、官僚制的奴隶。这种

[10] 同本章注[1],第 988 页。
[11] [德]马克斯·韦伯:《新教伦理与资本主义精神》,于晓等译,北京:生活·读书·新知三联书店,1987 年,第 181 页。

二难抉择乃是现代西方世界诸多二难抉择中的一个。

据此,韦伯提出了一个著名的论点,即现代西方世界的一个最基本和最明显的现实是"形式的合理性和实质的非理性",实际上就是"理性化导致了非理性的生活方式"。这是韦伯对现代西方社会各个领域中充斥的大量异化现象的概括。造成这一现实的原因是把合理性这一手段当作终极目的来追逐的做法。每一个过分的合理性要求,都不可避免地会导致非理性或不合理现象的产生;"非理性与合理性共存,前者与后者相对立并表现为后者的结果"。

当 20 世纪初韦伯提出的官僚制行政组织理论时,并没有立即受到普遍的重视。直至 20 世纪 40 年代以后,由于西方社会生产力的迅猛发展,社会自组织程度日益复杂,社会对组织理论的需求日益迫切,人们才发现韦伯理论的重大价值。但是,自 20 世纪 70 年代后期以后,行政改革成了一个世界性的课题,几乎所有的现代化国家和追求现代化的国家,都在致力于行政改革。西方学者们都把行政改革看作是一场"重塑政府"、"政府再造"的工程。于是官僚体制逐渐受到了不同程度的批判。与此同时,韦伯对官僚体制的批判态度及其理性主义的批判武器也给予人们以很大的启发。

第五章 谢尔登把人的因素置于首位的管理哲学

生产中物和人的关系中,人是主要的。如果工业主要是人的问题这样一个基本的事实没有被认识到,那么工业不可能是有效率的。

——奥利弗·谢尔登

一、第一部《管理哲学》的作者

奥利弗·谢尔登(Oliver Sheldon, 1894 - 1951),是英国管理学家,出生于柴郡的康格尔顿,曾在牛津大学的默顿学院接受教育,并获得文科学士学位。在一战期间,他在东萨里团服兵役。从 1919 年起,他就一直在朗特里(Benjamin Seebohm Rowntree, 1871 - 1954)的公司工作,开始时担任朗特里的个人助理,后来任联合公司经理,1931 年任朗特里公司总董事会董事。跟朗特里一样,谢尔登也是一位具有敏锐洞察力的企业管理家,他积极参加约克郡的许多社会公共工作。他和朗特里、厄威克、福列特等管理学家相交甚欢,他们有着共同志向,坚持管理中人的因素和社会因素的重要性。

谢尔登在 1923 年出版的《管理哲学》(*The Philosophy of Management*)一书,是管理思想史上第一部以"管理哲学"命名的著作。他在书中写道:"我之所以撰写本书是认为,管理对工业的指导作用主要在于一些科学原则和伦理原则,而这些原则的具体应用只起次要作用。因此,本书不是从事于阐述某一种特殊的管理,而是试图阐明统治整个管理实践的目的和发展路线和原则。"从以上这段话中,我们可以很清楚地看出,谢尔登的管理哲学着重于从整体上探究管理中的根本性的问题,而不是侧重于管理的方法和技术。作为一名学识渊博、经验丰富的管理人员,谢尔登视野开阔,头脑清晰,他把工业管理置于时代和社会的广阔背景中进行审视,从而抓住管理的根本问题,加以充分阐发。

二、现代社会的特征及其对工业管理的影响

首先,他认为,在探索管理哲学之前,必须把工业当作一个整体来鸟瞰,而工业是现代社会的组成部分,所以必须认识现代社会生活的特征及其对工业的影响,才能真正认识工业本身及其管理。他将之概括为下列四个具有持久意义的特征:"公众关注"、"自我发展"、"联合"和"科学"。[1]

公众关注:指公众对工业运转方式的广泛熟悉。在过去半个世纪中,一个重大事实就是关于工业事务的一般知识的显著发展。不仅工人,而且工业以外各种各样的民众也是如此。至少有 30% 的现代报纸投入到对工业事务的报道之中。远比过去更多的人们成为工业公司的股东,他们期待从中获得利益。作为纳税人,大多数人越来越关注工业和贸易的复兴。而作为消费者,他们盼望工业发展能够降低产品价格,期望由此恢复社会的平衡。

而且,在这之前,有一个公众智力发展的长期过程:普通的初等教育和成人教育在前一个世纪撒播下了种子,大学教育为社会和工业方面提供了知识的积累,为智力的发展做出了贡献……所有这些具有教育作用的力量的汇集,与其他因素相结合,最终导致了工业生活和国家一般生活之间的非凡的紧密联系。由此,谢尔登得出结论说:"这种紧密关系反过来对工业和社会产生了影响。这种关系必定日益改变工业企业的全部行为,公众在工业方面的利益的增长和由此产生的对工业的责任已经深刻地影响了工业管理的实践。"[2]

自我发展:指那种正在创造一种新的工作哲学的精神——人们正在增长着一种自我发展天性需要的意识。人们的信念正在从仅仅为了获得而工作转移到从兴趣出发而工作。工业的工人不仅仅满足于挣得他们的工资。他们需要闲暇时间做一些自己感兴趣的工作,为了兴趣而工作是更加吸引人的追求。这样,工业就面临一个选择,要么控制工人的兴趣,要么允许工人有更多的闲暇时间从事他们感兴趣的活动。谢尔登说:"任何一个选择都会给工业管理增添一种责任,这将使它花费最大的能力来承担。"[3]

---

〔1〕[英]奥利弗·谢尔登:《管理哲学》,刘敬鲁译,北京:商务印书馆,2013 年,第 12 页。

〔2〕同上书,第 15 页。

〔3〕同上书,第 6 页。

联合：指在不同的群体中正在促成不同种类的合作这样一种精神的发展。 这种联合精神是从 19 世纪兴盛起来的。在 19 世纪，工会、合作社、互助会、政治俱乐部、体育俱乐部、慈善组织和宗教协会如雨后春笋般涌现。不形成团体就几乎什么都做不了。但是，这种联合精神不是使人民大众统一起来，相反，它往往倾向于把社会划分为建立在不同观点、忠诚和兴趣之上的小群体。

现今，联合精神在工业内部也有了新的发展——这是对工业外部联合精神发展的一种反映。工业管理被赋予了使工厂成为联合基础的机会。工业管理层应当认识到，工厂共同生活中的工人的联合，与工人为了取得对他们阶级有影响的特定目标而以更遥远的和非个人的联合之间，是没有任何不一致的。

科学：指一种通常以"科学"来定义的分析和批判精神的增长。 谢尔登说，"我们生活在一个科学的时代——一个把信仰和行动建立在确定的和已证实的事实（而非信仰、传统或者习惯）之上的时代"。[4] 这种探索精神正在蔓延到工业中。劳方正在质疑目前工业结构的道德正当性。它也正在质问管理的方法。管理层自身也正在质疑自己的方法。它倾向于在管理的所有分支中采用科学的分析和综合的方法，并且为观察和记录事实提供连续的规则。

在科学精神的驱动下，社会生活的每一个分支正在开始形成一门科学：工程科学、神经科学、家政学和社会科学等。谢尔登说，工业中的管理科学正是这种科学精神在管理活动中的应用，是我们时代的一个自然结果。这也正是他写的这本书赖以成立的正当理由之一。

三、工业管理面临的的根本性问题

谢尔登考察了工业内部管理的两个伙伴劳方和资方的思想状态，其中，重点是考察劳方即工人大众的思想状态，他强调，"工业管理在很大程度上是对人的管理，因而，除非它（笔者注：指管理方）了解他们的思想状态，否则，管理就是无效的"。[5]

他认为，劳方的思想状态最清楚地表现在它对自己的社会地位和工作条件的态度上。它认为，社会地位上的巨大差距是由对贡献于公共福祉的价值的不

[4] 同上书，第 21 页。
[5] 同上书，第 29 页。

当评价产生的。因而它对更高社会地位的要求在本质上是一个伦理要求。劳方的精神基本上既不是政治的、哲学的，也不是科学的，而是伦理的。它质问人类价值的整个道德基础，就像在目前的社会和经济制度下所评价的那样。为此，管理必须证明自身在道德上是正当的，然后才能满足劳方。

谢尔登指出，"工业不是一种机器，它是人们联合的一种复杂形式。对于它的过去和现在的真正解读是从人的角度——他们的思想目标和理想——而不是从系统或机械的角度所进行的解读"。[6]对工业的真正理解就是要理解它当中的思想。科学的进步和对效率的崇拜已经倾向于模糊工业的人性。我们在很大程度已经支付了应用工业科学的学费，但是在对人的理解上我们几乎是完全缺乏的。工业的物质方面有它的作用，但是那只是次要的。

他认为，"如果工业的根本性问题可以简化为一个问题的话，那就是：我们如何最好地实现和保持生产中的物（机器、厂房、原料、物质系统）与生产中的人（工人、领班、经理和股东）之间的合理平衡？"[7]

这是工业管理所面临的全部问题中的根源性问题。就是说工业管理所面临的全部问题都是由此所派生。生产中物和人的关系中，人是主要的。如果工业主要是人的问题这样一个基本的事实没有被认识到，那么工业不可能是有效率的。工业不是机器的堆积和技术过程，它是一种人的群体。他不是一种物质的合成体，而是一种人性的合成体。它履行它的职能，不是依靠某种非人的力量，而是依靠人的能量。它的机体不是机器设备的复杂迷宫，而是放大了的神经系统。

他明确地指出，目前工业上的"绝境"，其根源就是由于人的因素对物的因素的屈从。当我们的工业变得越来越科学时，我们否定了自己努力的成果，因为我们没有做到与关于人的领导、理解和合作的艺术保持同步。当我们追求物质事物的时候，我们已经忽视了人。当从机器那里获得了效率的时候，我们已经丧失了工人的效率。

工业的存在是为共同体的美好生活提供必需的商品和服务，工业必须依靠人的力量。管理是把工业生产中人的因素和物的因素结合为一个真正和谐企业的艺术。抓住这一点，我们就能够理解工业管理的本质。"一个被设计用来满足我们生活需要——身体上、精神上和道德上的需要——的工业必须是充满生气

---

〔6〕同上书，第33页。
〔7〕同上。

的。"[8]管理的目标必须变得更加有效和人道——人们更加真诚地共同努力,团结起来为了一个共同目标,并且由共同的动机所推动。为了达到这个目标,我们首先需要一个动机和一个理想,其次,需要领导和协调,第三需要工作和合作。所有这些因素都是相互作用的。

四、管理的基本原理

首先,谢尔登界定"行政"、"管理"和"组织"三者职能的划分和联系:

行政是工业中关于制定公司政策,协调资金、生产和销售,确定组织的范围,以及对执行部门的最终控制的职能。

管理在狭义上是工业中在行政所确立的范围内执行政策的职能,以及为实现行政所确立的目标而运用组织的的职能。

组织是把人们或群体必须从事的工作和所需要的能力按下列的方式结合起来:由此而形成的职责,能够为有效、系统、积极、协调地运用人的努力,提供最好的渠道。

概括地说,组织是形成有效的机制;管理是形成有效的执行;行政是形成有效的指导。就是说,行政决定组织,管理使用组织,行政确定目标,管理努力实现目标。组织是管理在实现由行政所确定的目标的过程中所形成的机制。三者是如此紧密地连成一体,以至于通常用法就是用"管理"这个概念涵盖政策的制定、政策的执行、组织的设计及应用等。这种通常的用法就是广义的管理。

谢尔登进而论述了管理的普遍性。他说,从一般意义上说,无论在何处,人们为了一个共同的目的而聚集在一起,都需要有领导者来决定政策、确定权力范围、组织和控制努力的运用,就是说,都需要管理。在这方面,工业与从教堂到行会,从城市到国家,从战场到大学的每个社会事业的需要是共同的。正像一支管弦乐队需要一个指挥一样,一个有人们的各种力量的联合努力所促进的社会事业,也需要指导调节和协调。

由此,谢尔登提出了三个基本原则:

第一,我们能够确信存在着管理的科学基础,也即,存在着一门管理的科学,这是确信无疑的。

---

[8] 同上书,第34页。

第二，从第一条我们同时能够得出结论，管理能够提供科学方法而不是通过老板的独裁来运转。也就是说，管理已不再是挥舞的鞭子，而是探究经验和依赖于事实的过程。管理的领导层是以知识而不是以权力为基础。管理的任务不再仅仅是"使工作得以完成"，在它的大多数活动里，它通过运用由调查和解决问题的训练所获得的能力而进行工作。

第三，必须确信，管理实践不能托付给不称职的人，如果管理是建立在科学之上，它的实践是一种职业，那么，它就必须由拥有较高能力和完备知识的专业人员来承担。

他还说，"如果我们精心阐明一门工业管理的科学，将来的工业管理者必定不可避免地首先要成为学生，然后成为一个专业人员"。[9] 就是说，管理者要成为一个专业人员，就必须通过专业的学习和训练。

他一方面确信管理作为一门科学的存在，另一方面又指出，管理科学明显地区别于利用这门科学的艺术。科学知识是一门艺术实践的必要准备，但不是艺术实践本身。即使管理科学同医学一样详尽，管理者仍然需要管理的艺术，正如医生需要行医的艺术一样。"因此，从这个意义上，管理实践并非是一门科学，而是对一门科学的人性运用。事实上，如果管理仅仅是一门科学的话，那就不会有关于人的哲学。"[10] 他断言："在凡是有人的因素存在的地方，必定总是在关于他们的科学领域之外存在另一个领域……换句话说，在管理所处理的物的范围内，其方法可以归纳为科学原则的概念；但在管理所处理的男人和女人的范围内科学原则只有在他们都愿意接受的情况下才能运用。"[11]"一门管理的科学只能影响围绕管理层与工人的环境，但它并没有触及到直接的人际关系。它留下了一个关于思想、精神和理想的问题。"[12]

谢尔登从历史的发展考察管理的地位。在20世纪初，工业企业中管理已经处于比以往任何时期更加清楚明确的位置。它逐渐从资方中转移出来，并把自己的本质展现为工业有机体中一个明确的职能：它一方面不同于资方，另一方面又不同于劳方。它不仅把二重因素转变为三重因素，而且已成为三重因素中的决定性因素。下列的因素是促成工业管理成为一个单独的存在的力量：首先

---

〔9〕同上书，第53页。

〔10〕同上书，第40页。

〔11〕同上书，第41页。

〔12〕同上书，第42页。

是管理方面职业道德的形成，促进了管理的发展；其次是由于股份制分散的所有权制度下，工厂的实际领导活动必须依赖于管理者；第三，由于相关立法的发展，这些法规的运用使得一个有能力的全时管理团队成为必需，并且它被赋予股东群体所不可能行使的权力和职责。最后，有组织的劳方因素的出现完成了管理支配资方的胜利，管理成为工业结构中的首要力量。

这样，管理已经逐渐成为一种职业。管理任务难度、责任和复杂性都已经加大。它不再是资方和劳方之间的"中间人"，由于它不必忠诚于资方和劳方的任何一方，只是把共同体的公共意志作为主人，因而，它站在两者之间的协调位置。无论支配工业的权力如何变化，都不能影响管理作为一门独立而稳定的职业的存在。

五、管理的社会责任

管理的责任是一种对人的责任，这是对人的控制而不是对技术的使用所产生的。管理的责任基于这样一种事实，即它所指导的工业行为是由人的因素和物的因素所构成的。而且工业是为了满足人的需要而存在的，这一事实也加强了管理的责任。管理的社会方面有两个广阔的部分：一是对共同体的关系，另一个是对它指导的人们的关系。因此，管理的社会责任也包括两个方面：一是它对工业所服务的全社会的人负有责任，二是它对工业中人的因素负有责任。

谢尔登认为，管理的社会责任就在于"服务"。他说，"随着时代的变化，工业精神无疑也在改变……因而一种新的哲学正在以最大的努力向前发展。管理正在发现闪烁在共同任务之巅的一种新的精神之光。这种精神就是服务精神，即作为一种社会力量的工业管理指导工业服务于共同体这样一种观念"。[13]

服务的一个方面是服务于共同体。这种服务不应该完全是经济的。服务在性质上是经济的，但在动机方面必定是伦理的。随着管理层开始承担新的角色，这种动机就显得更加清楚。这是一种被管理层和工人都接受的动机。这种动机或理想把财富从属于福祉。人们从来没有怀疑工业为共同体提供经济服务这一点，但新的哲学坚持认为，由这种服务所促进的共同体的善应是经济决定性的因素，而金钱利润则是从属于这种服务的。

---

〔13〕同上书，第77—78页。

他援引了朗特里的论述，指出，如果服务动机将决定由管理所指导的工业去努力为之奋斗的理想的话，那么在工业面前至少有三个具体的目标。

"第一，工业应该生产商品或提供服务，它们的种类和方式对于共同体都能够是有益的。

第二，在财富生产的过程中，工业应该对共同体的普遍福利给予最大可能的关注，而且不得寻求有损于共同体的政策。

第三，工业应该以这样分配所创造的财富的政策，这就是最好地服务于共同体的最高目标。"〔14〕

如果需要对工业的活动方式进行经济的和伦理的双重评价，管理层就需要调整它的视野。在采取长远视野的过程中，管理层也许会看到这样的时刻——共同精神的塑造将与产品的生产一样重要。就是说，管理服务于共同体，不能仅限于提供物质产品，还要提供精神产品，精神和物质一样重要。

然而事实上，目前工业的这种服务是不完整的。谢尔登寄希望于未来，他说，无论如何，我们可以期待工业将被这样来改造：即使机械的和令人痛苦的劳动仍然是必要的，工人也将被给予最大可能的机会去致力于其他兴趣，在其中他们有更有效地使用他们的更高能力而为共同体做出贡献。这是一个理想。他指出，促进工业更有效率的每一步，都是朝着这种理想的自觉迈进。管理的每一种改善，不仅可以促进工业的善，而且可以促进社会的善。管理的责任是完善生产体系。共同体的责任则是，随着工业所提供的服务在物的方面和人的方面都变得日益有效，它将为把工业所不需要的能量贡献于既获得个体的最好服务又促进社会的理想这两个目的做准备。——以上是关于服务的理论所包含的管理和共同体的关系。

关于服务的另一方面：管理和工业内部人的因素的关系。谢尔登认为，这一服务理论形成了一种关于管理和劳动关系的新观念。工人主要是个体和公民；工厂生活影响社会生活。因此，管理就有一种公共责任。对管理的人性方面的需要，对尊重和友谊的需要，管理对此应该起领导作用。对工业中的心理研究的需要，对工业理想主义的需要，工业中运用民主的需要，都是管理必须关注的问题。

工人应当受到应有的尊重。工人并没有为了丰厚的经济利益而出卖他们的

---

〔14〕同上书，第 79 页。

社会性的天然权利。我们必须时刻记住,工人也有怪想和偏见、喜好和憎恶、感情和梦想、奇特的精神态度、刚烈之处和心底的痛苦。一个人并非由于是工业中的一个工人,衣着褴褛,就比一个正常人少任何东西。"工人要求像任何给社会做出一份贡献的人一样得到重视和尊敬。"〔15〕"只有把他们当作有智慧的人,对生活、自由、幸福拥有平等权利的人,以及愿意在他们认可的一种共同事业中主动进行合作的人来对待时,他们才会做出最好的贡献。"〔16〕

当前,对工人的尊重方式是不够的。尊重必须由真正的伙伴关系感所激励。伙伴关系代表着平等。这种平等并不是以强有力的恩赐态度去踏平低下之路的结果,不是慈善爱怜之心的结果,而是一种对共同人性的真正深刻感开出来的花朵,是人们在共同事业的追求中团结在一起。因此,他强调:"伙伴关系方式的实践是管理层必须承担的首要义务。"〔17〕

工业中的工人不只是物质生产的手段,而且是社会进步的一种力量。工人的职能不仅是工业的,而且是社会的。不是把工人作为工业的附属品,而是作为一个被借给工业去改善共同体的个体。将工人维系于工厂的纽带并不是维系他们生命的唯一纽带,维系他们生命的还有家庭的纽带、社会的纽带、商业的纽带、民族的纽带以及宗教的纽带。没有任何理由认为经济纽带对这些纽带具有优先权。存在于工人与管理者之间的经济联系并不能取消工人的其他社会联系。"工厂中人的因素既不是可以计算的,也不是可以测量的。它是一个五颜六色的漩涡,一个不断变化的光与影的混杂。目前,可以说管理把各种旋转的因素集中到一个目标上,给每一个个体分派一种任务。"〔18〕

社会宣布工人是人,工业必须把工人作为人来对待。因此,为工人提供适合于他们才能的工作,使他们在有助于健康和良好技艺的条件下工作,使他们的工作只对他们产生好的影响,这些都变得比生产政策更加重要。这变成了一种社会义务。管理层只能按照与工业能力相应的比例获得上述的服务:第一,让工人轻松自在地工作;第二,在工作中激发他们的自我发展。在工业控制和产品分配方面,由大自然赋予心灵并由国家给予教育的工人,不可能满足于不征求他们的意见就使用他们的劳动。"一个仅仅是他人工具的人不可能发挥人的作用。"

---

〔15〕同上书,第 86 页。

〔16〕同上书,第 87 页。

〔17〕同上。

〔18〕同上书,第 83 页。

（大卫·斯图尔特语）

然而，即使实现这些方面，管理的责任也还是不完全的。管理的责任不可避免地会超出工厂内部的生产领域。管理在工业中对工人个体所施加的影响，不可能不对他的其他方面发生影响。所有行为都是具有教育性质的行为。管理在工人中所提倡的精神，必然影响到他们作为父母、投票者和公民的精神。

如此看来，管理的这种责任是更大的责任。工业影响着人们（工人等）从早到晚，从年轻到年老。因此，物品的生产不是管理所报答给共同体的唯一服务。"管理具有塑造人或毁坏人、提升人或抛弃人、培养人或摧毁人的作用。他可以通过对公民的影响而创造一个伟大的国家，也可以通过对父母的影响而使家庭幸福，可以通过影响各种团体的辅助者而使这些团体变得品质高尚；同样，它也可以在大众的冷漠、疏忽、疲乏、退化或自私的精神影响下而毁坏国家、家庭、乡镇。"管理通过它对工业中人的影响，培养一种全社会的"共同精神"："献身于所有的善之中的最高的善"。[19]

谢尔登认为，管理的责任如此地重大，凸显出领导者素质的重要性。他说，管理所需要的不仅仅是生产工程师、效率专家，也不仅仅是科学家和统计学家，它最需要的是领导者。"把如此复杂的人们集中到一个共同的任务上来，主要是领导层的任务。这个领导层是具有同情心而又强有力的，认识到它对工人的责任而又认识到工人对它的义务，完全人道但又不脆弱，由高尚动机所激励而又不是对日常弱点盲目不知，为了理想而工作而又深刻认识到现实与理想之间的鸿沟。如果没有这样的领导层，管理将会发现，正如它已经发现的那样，科学几乎是没有作用的，组织也只是一个空洞框架，而工业可能会处于争斗冲突之中，而不会形成共同努力的铿锵共振。"[20]他说，任何领导群体，如果不仅不能持久地高举理想的火炬，而且不能高举发现其他理想的火炬，那么他们就不可能在未来取得伟大成就。

关于管理对工业内部人的因素的社会责任，谢尔登还指出了教育和民主的重要性。他认为，教育和民主是社会的共同理想。受教育与参与是工人作为公民的权利。此外，这一服务理论关注生活标准和工作时间。作为一个高水平的全面标准的基础，生活标准不仅仅指物质的东西，而且依赖于效率。疲劳研究对

---

〔19〕同上书，第85页。

〔20〕同上书，第85—86页。

闲暇问题的影响,长时间和单调工作的公共损害;对于心理学来说这些将是一个富有成果的研究领域。

这一服务理论还对失业问题、工业控制以及繁荣共享问题提供了某些启示。权利与义务并存,特惠与服务相伴。需要复兴工业的基本伦理。合作必须取代竞争。物质进步必须伴随道德进步。这从工业生产的基本目的的实现开始。

服务归根结底是为了共同的理想。"建造人间天堂的花费将不会在工业的盈亏账簿中找到,而只有在每一个诚心诚意的服务记录中才会找到。"[21]

谢尔登的《管理哲学》是管理思想史上第一次从哲学的高度,从时代和社会的维度审视了工业管理的目的、根本问题、基本原理和工业管理的地位及其社会责任。

他明确指出,工业管理所面临全部问题的根源性问题都是源于如何最好地实现生产中人的因素和物的因素之间的合理平衡;指出工业的存在是为满足全社会人需要,工业依靠的是人的力量。人的因素是主要的,工业管理主要是对人的管理。管理既是一门科学,又是一门艺术。管理的科学性决定管理是依靠知识,而不是依靠权力,管理是一门独立的职业,管理者必须是通过训练才能成为专业人员。科学知识是一门艺术实践的必要准备,但不是艺术实践本身。管理实践并非一门科学,而是对一门科学的人性运用。

管理在工业结构中是独立于资方和劳方的首要力量;它担负着对共同体和对工业内部两个方面人的因素的社会责任;这种责任的实质就是服务。他强调对工业活动方式必须采取经济的和伦理的双重评价标准;工业管理服务于社会,除了提供社会需要的产品和服务外,还必须为塑造"共同精神"作贡献;工业管理服务于内部人的因素在于把工人看作人,看作社会的进步力量,和工人建立伙伴关系是管理者的义务。"一个仅仅是他人工具的人不可能发挥人的作用。"管理者有责任让工人轻松自在地工作,并且在工作中激发他们的自我发展。管理还要通过工作的影响触及人们的思想、精神和理想,培养一种全社会的"共同精神"。

谢尔登没有着力于管理的具体方法和技术。他的管理哲学处处凸显把人的因素放在首要位置,强调工业管理的伦理因素,强调管理必须关注"共同精神"和

---

[21] 同上书,第100页。

理想的塑造,号召献身于"所有的善中的最高的善",强调"好的生活"的标准不应该仅仅是物质的标准,而应当是健康和美德的结合,生活优越和个性发展的结合。这些思想使他的管理哲学闪耀着人本主义和理想主义的色彩。

第六章　福列特的群体理念和
　　　　整合统一原则

福列特曾经是管理界一颗耀眼的明星，或者换个比喻说，她曾经奏响了组成管理学的每一个心弦……她是管理学的先知。

　　　　　　　　　　　　　　　　　——彼得·德鲁克

一、"管理学的先知"

　　玛丽·帕克·福列特（Mary Parker Follett，1868－1933）是一位传奇式的女性。按照厄威克（Lyndall F. Urwick，1891－1983）的评价，福列特"是美国杰出的政治哲学家、社会哲学家和企业哲学家"。[1] 她出生于美国马萨诸塞州靠近波士顿的昆西，1898 年毕业于教师和课程都来自哈佛大学的雷德克利夫学院（Radcliffe College），年轻的福列特深受哈佛求知精神的感染。1896 年，当福列特还是一位 28 岁的大学生时，就已经出版了自己的研究成果《众议院发言人》，开始在政治学领域崭露头角。当时的西奥多·罗斯福总统对这本书很推崇，他曾宣称：要想了解国会，必须先读读这本书。《众议院发言人》一书奠定了福列特作为一位政治哲学家的基础。

　　后来，她又游学于英国和法国，在伦敦和巴黎都从事过正规的学习和研究。她在政治学、经济学、法学和哲学方面都有着极高的素养。这种不同学科的综合优势，使她可以把社会科学诸多领域内的知识融会贯通，从而在管理学界提出了独具特色的新型理论。在英国期间，她有机会参加了朗特里主办的牛津管理讨论会，从而与朗特里、厄威克、谢尔登等这些当时英国知名管理学家结识和交往。

〔1〕〔英〕厄威克：《管理备要》，转引自孙耀君：《西方管理名著提要》，南昌：江西人民出版社，2005 年，第 33 页。

他们的思想互相影响,其中,朗特里在管理改革中所体现出来的开拓进取精神和重视人本身的思维方式,与福列特一直提倡的关注人性的民主管理,在本质上一脉相承。正是在朗特里等人的影响下,福列特从政治哲学转向企业管理研究。福列特还把朗特里的公司作为她研究企业哲学的案例之一。著名管理学家、福列特的好友厄威克在他自己八旬高龄之际回忆起第一次遇到福列特的情景时,仍充满敬意地说道:"过不了两分钟,我就完全拜倒在她的脚下,并且,对她的这种崇拜一直延续到她去世。"

福列特是一位社会活动家。她终生未婚,但非常重视社交,常常和一些知识界的知名人士切磋交流,使得她在学术上不断增进。她对社会公益事业非常热心。在 20 世纪初期,她从欧洲回国后就投身于公益性的社会工作,此后在这个大舞台上全身心工作 25 年,直至她逝世。

1924 年她的著作《创造的经验》一书把她带入新的职业生涯和新的受众;许多工商界人士纷纷向她求教管理问题。她经常视察工厂,研究组织,并提供改进建议,这实质上就是在担任管理顾问。她还作为权威人士受纽约人事管理局邀请在年会上做"企业管理的心理学基础"的演讲。所有这些表明她已经成为著名的管理思想家。1933 年,在她逝世之前,伦敦经济学院商业管理系还邀请她成立讲座——这是很高的荣誉。

福列特的管理哲学的影响是深远的。20 世纪 60 年代以后管理学的诸多探索,追根溯源都能在她那里得到启示。由于她能够提出许多超越当时时代的观点和理念,当代管理学大师德鲁克把她称为"管理学的先知"(the prophet of management)。管理思想史作者克劳德·小乔治说:福列特是"一个具有哲学气质、有丰富思想内涵的管理哲学家"。而另一位管理思想史家丹尼尔·雷恩的的评价是:她既把泰勒的许多想法加以概括,又预测到霍桑实验所得出的结论,从而成为"联系这两个时代之间的一座桥梁"。[2]

福列特的主要著作有《新国家》(1918)、《创造性的经验》(1924),她后期的著作大多是以演讲稿、报告等零散形式出现的。1941 年,她的好友林达尔·厄威克和美国的亨利·梅特卡夫共同编辑出版了《动态管理——福列特演讲集》。1949 年,厄威克又以"自由与协调"为题出版了福列特在伦敦经济学院的演讲集。这两部著作对全面了解福列特的思想具有重大的价值。

---

〔2〕[美]丹尼尔·A.雷恩:《管理思想的演变》,李柱流等译,北京:中国社会科学出版社,1997 年。

二、群体的理念

福列特致力于建立一种管理哲学。她认为,任何一个持久的、有生产性的社会都必须建立在对个人和集体的激励愿望之上,所以,这一哲学一定存在。不过,想要透彻理解福列特的管理思想,就离不开对她的政治哲学观的准确把握。因为她的政治哲学是在整合各种社会科学理论基础上,对人类问题进行全面思考的结晶。她反对遇到任何问题进行单一学科的思考的思维方式,她说:"我认为我们没有单一的心理上、道德上和经济上的问题,我们只有人类问题,这问题含有心理、道德、经济以及其他许多方面。"她正是借助于这种多学科整合的思维方式,形成了具有她独特风格的政治哲学观。

福列特政治哲学集中体现在她的著作《新国家——群体组织:公众政府的解决方案》(New State: Group Organization the Solution of Popular Government,1918;以下简称《新国家》)一书之中。她的政治哲学思想深受德国古典哲学家约翰·费希特(Johann Gottlieb Fichte,1762-1814)的影响。费希特早年追随康德,崇尚理性,主张个人权利不可剥夺。后来他在政治哲学上转向民族主义和国家主义,把理性至上与爱国热情融为一体。费希特信奉个人自由服从于集体的民族主义,他认为,个人并不拥有自由意志,个人的自我只有融合于一个更广泛的"大自我"世界之中,才有个人的自由。在这一思想的影响下,福列特形成了《新国家》一书中的基本思路。

在这本书中,福列特的一个核心观点即人的群体性的理念。福列特指出,"人们总是要进行协作的,没有人可以独自生活。我们进一步要意识到协作就是群体的规律"。"我在本书中使用群体,其意指相互渗透规律下协作的人们。"[3]她还说,我们一直试图了解个体和社会的关系;但是,社会不是我们周围的人。我们并不经常与社会产生联系,而是与具体的群体。社会是由许许多多的群体组成的,群体就是社会的一部分。"对于每个人而言,社会是许多群体。"[4]个人就是通过群体而成为社会的一分子。因此,个体和社会是不可分离的。"个体由社会过程所创造,每天都为社会过程所滋养。自我制造的个体是不存在的。作

---

〔3〕[美]玛丽·福列特:《福列特论管理》,王晓波译,北京:机械工业出版社,2007年,第236、238页。
〔4〕同上书,第237页。

为个体的我们植根于社会生活,吸取着社会的营养。个性的作用在于联系。衡量个性的尺度就是他实际关系的深度和广度。作为个体的我们不仅脱离不了他人,而且还是他人的一部分。"[5]

尽管在福列特的政治哲学中个人似乎居于重要地位,但她在这里所说的个人,不是原子论者所说的一个个互相孤立的个体,而是本来就处于群体之中的个人;也不是自由主义者视野里的独立自主的行为人,而是要承担集体责任的义务人。她一生致力于研究"是什么使我们最具有人性"这一涉及终极关怀的问题,始终将如何实现人与生俱来的潜能作为自己奋斗的目标,但在她的政治哲学观中,占主要位置的人是生活在群体之中的人,"人的本质和自由只有在群体中才能获得"。

福列特从她所信仰的人的群体性的理念出发,提出了自己独特的关于民主的一种新概念:"民主是一种从人发展来的巨大的精神力量,民主利用每一个人,把所有的人在多成员的社会中交织在一起,而使个人的不完整性得以补足,而这个多成员的社会生活才是真正的上帝的显现。"(《新国家》)她以这种新的民主观念向西方传统以契约论为基础的个人主义之上的民主观,以及与之相适应的代议制进行挑战。雷恩评论道,对福列特来说,民主是一种社会意识而不是个人主义的发展。在她看来,"在现代政治理论中已没有以个人权利为基础的政府理论",强调必须通过"民主训练",发展社会交往进而达到"整合统一"。她断言:"新的和真正的民主,就是从小的邻近地段的团体开始,逐步发展成为一种地区团体、州团体、全国团体,以至最终成为国际性团体的'意志'。"[6]

在福列特的政治哲学中,她认为,个体和社会的相互作用和相互联系在本质上是一种精神的作用和联系。但是在后来的企业管理哲学中,她的群体理念前进了一步,她发现人与人的社会关系的基础在于社会的经济生活。在企业组织中群体有着共同的利益和共同的目标,从而提出了整合统一的管理哲学原则。使她关于人的群体理念更加丰富充实。

三、整合统一的原则

从群体的理念出发,福列特进而提出整合统一的原则作为指导企业管理实

---

[5]同上。
[6]同本章注[2],第329页。

践的一条原则。她认为,企业是一个整合的统一体。"企业管理或者行业组织的第一项测试,应该看企业是否符合以下情况:它的所有部分互相协调,步骤一致,紧密结合,各自的活动得到调整,从而互相锁定、互相关联、形成一个运转的整体——不是各个部分的简单堆积,而是一个功能整体或者整合的统一体。"[7]由此,她说,"在我看来,这代表了一条深奥的哲学和心理学原则,从本质上帮助我们找到企业组织的实践方法,因为这条原则适用于人们之间、服务之间、部门之间的关系,以及我们在企业中发现的不足"。[8]

福列特认为,管理者应是各方利益的整合者。企业的整合统一应是管理者所关心的主要事宜。管理者应该注意整合工人、消费者、投资者这三者的利益。企业中的所有成员,上自总经理,下至普通工人,都承担着自己的职责并对整体做出了贡献,他们是伙伴关系。他们都在为一个共同目的服务。她说:当你使你的雇员感到他们在某种意义上是企业的合伙人的时候,他们工作的质量改进了,时间和材料上的浪费减少了,但这并不是由于处世之道,而是由于他们同你(经理)有共同的利益。她说,管理者还同以下各方产生关系:银行家、股东、同级的管理者和主管、工薪阶层、竞争者、供应商以及顾客,对于同以上各方的关系,也必须用利益整合的办法来解决。这样就能使社会和企业成为一个利益整合的整体。所以,利益整合是能适用于生活的各个层次的一个原则。[9]

她说,"处理冲突的方式主要有三种:控制、妥协以及整合"。[10] 第一种和第二种途径显然都是不可取的,因为它们要用到统治的权力。妥协也是无益的,因为它把问题的解决推迟了,而且真理并不是在双方"之间"。因此,她提出了第三种途径。就是要找出一种使双方感到满意而无需妥协和控制的解决办法。这种途径就是"整合"的途径。她认为,"整合可能是处理冲突和差异最富成效的方式"。[11]

她举了一些例子说明,下面是其中的一个:一天在哈佛大学图书馆的一间小房间中,有些人要把窗子打开,而我却要把窗子关上。我们打开了没有人坐在那里的隔壁房间的窗子。这样不是妥协,因为没有什么人的愿望受到阻遏,我们

[7] 同本章注[3],第2页。
[8] 同上书,第2—3页。
[9] 同上书,第17—18页。
[10] 同上书,第21页。
[11] 同上书,第24页。

双方都达到了自己事实上的愿望。因为我事实上并不需要把房间关得密不通风,只不过是不想让北风直接吹到我身上;同样的,其他的人并不一定要打开某一扇指定的窗子,只不过是想使房间里的空气更加流通。

她认为,群体存在着共同目标,有着共同的利益,人们可以通过会议、讨论和协调来彼此启迪思想,并在对共同目标的追求中实现共同的利益。利益的整合虽然平淡无奇而且比较困难,但真正解决问题还是要靠这种办法,这就需要智慧、识别力和创造力。

对于福列特的"整合统一原则",在当时的西方,人们评价不一。有的认为,这个原则同泰勒的"精神革命"有相似之处。也有许多学者认为它是理想主义的,办不到的;但也有些人认为它是有启发性的,如果循此思路,对于冲突的解决是有帮助的。不过,随着时间的推移,福列特思路的前瞻性就显露出来了。在 21 世纪我们致力于建设和谐社会,不仅在经济和社会各个方面的管理上,而且,特别在国际上,告别冷战思维,提倡共创和谐秩序的时代,"融合统一原则"和当今提出的"人类命运共同体"、寻求"最大公约数"以及"双赢"的原则是相吻合的。

四、遵循情景规律的原则

这个原则的一个基本论断是:"权威存在于形势之中,而不存在于个人或地位之中。"这里所讲的"形势"(situation)也译为"情景",指的是客观的情势,强调它的非人格性。福列特认为,除非人们重新考虑关于权威和权力的概念,否则,作为行为原则的整合原则就不可能是充分有效的。她认为,在这个领域,必须用"共享权力"的概念代替"统治的权力",用"共同行动"来代替赞成和压制。只要存在着"发命令者"和"接受命令者"的时候,整合就难实现。"上司"和"下属"的角色为利益的共同性的认识制造了障碍。

为了克服这点,福列特提出了发布命令的四种方法或原则:(1)使命令"非人格化",变服从个人为遵循"情景规律"。(2)对员工进行必要的培训,使工作成为员工的技艺和自觉的行动。(3)说明发布命令的理由,代替专断的命令,使人们减少盲目性,提高自觉性。(4)使所有的人了解组织的目的——所有指示背后的深层目的,从而使人们感受共同使命,承担共同责任,达到增强主人公意识的效果。其中,最重要的是第一种。这一种就是"让命令客观化,统一一种情境中涉及的所有人,发现该情景下的规律,并且遵守它"。[12] 因为,"如果命令产生于情景,一些人下达命令和一些人接受命令的情况将不会出现。双方都接受由情景所决定的命令"。[13]

这里牵涉到管理的权力问题。福列特说,我们当然应该实施权力,但要的是一定情景下的权力。"如果管理层让命令客观化,那么,一方面不存在专横的权力,另一方面也不存在放任,后者出于对实施权力的恐惧。"[14]

福列特认为,"在社交的情景中,两种过程总是同时进行:人与人之间的磨合,以及人与情景之间的磨合。这一点有时被忘记,但我们应当注意它"。[15] 人们厌恶被迫去服从别人的命令,被别人的意志所支配。但是,当人们共同遵循情景规律,也就是说当人们同情景磨合时,人们之间的关系也就磨合了。她认为,尊重别人的自尊,这一点值得管理者警惕,因为每个人都有自我支配的愿望,这是人类的本质。

福列特说,情景规律的基本原理告诉我们,人们服从的是经过研究确定的客观的情景,而不是由一个人的意志所决定的。遵循情景规律,这对下级能产生良好的心理作用,体现了权威就在形势之中,而不存在于个人或地位之中。相应地,责任也是执行的职能所固有的。盲目服从命令而不加思考的人,往往喜欢摆脱责任。当人们意识到情景下的需求而自愿执行命令时,也就自觉地承担起应负的责任。福列特说"承担责任通常是每个人一生中最必不可少的一部分,正如分配责任是企业管理中最重要的一部分一样"。[16]

福列特的这种关于权威和责任的观点是反传统的。既然权威存在于形势之中,那么,合乎逻辑地,责任乃是所要执行的职能所固有的,并且累积于相互交织的职能之中。这就是从形势规律应得出的结论。

五、协调的原则

管理的过程就是通过控制而达成目标的过程。福列特的有关控制的管理哲

---

[12] 同上书,第42页。
[13] 同上书,第43页。
[14] 同上。
[15] 同上书,第42页注。
[16] 同上书,第46页。

学基本要点有两点：(1)控制是对事实控制而不是人事控制；(2)控制是相互关联而形成的控制而不是从最高层自上而下强加的控制。

在福列特看来，控制的本质就是协调。控制的原则也就是组织的原则，组织原则归根到底就是协调的原则。她进而提出了"组织协调的四条基本原则"：

第一条原则。协调必须由全部(包括各部门、各层次)有关负责人的直接接触而形成，使之能够实现相互的自我调整、自我控制而达到各部门、各层次之间的整合与统一。

第二条原则。协调应在早期阶段进行。这就意味着在决策前就必须把所要进行的决策明确向各部门、各层次负责人直至一般员工透明交代，使他们充分讨论，提出意见，这样能够把决策的制定和决策的执行相互贯通起来，使组织上下左右从开始就主动进行协调，达成一种融合的合作关系。

第三条原则。协调是涉及一种形势中全部要素的相互作用的过程。一个组织的所有因素都是相互影响、相互作用的，协调的根本任务就在于发现这种相互影响、相互作用的规律，使之相互调整、相互适应，成为一个相互联系、相互贯通、相互促进的整体。这也是通过整合达到统一的过程。

第四条原则。协调是一个持续的过程。协调在时间维度上，必须是时时刻刻地进行。这就需要建立一种使协调能够持续的机制。这样做会产生一种更大的激励力量，推动人们努力从当前的案例中，寻找那些可供将来类似事件作为指导或借鉴的原则，同时，也会使人们学会保持从决策到实施、从实施再到新的决策之间的联系，以适应不断被调整、不断发生变化的形势。管理者必须跟上变化的环境，并且通过调整了的行为又改变环境。这是一个循环往复的过程。[17] 以上四项原则表明了组织就是控制。在福列特看来，控制在根本上不是强迫，而是协调。协调就是为了实现共同目标而相互地自我调整达到统一，也就是通过整合而达到统一。这里，福列特举了一个例子：采购部门想降低采购材料的成本，而生产经理则坚持要用较好的材料生产。如果他们遵循早期协调和连续协调的原则，每一方都能看到对方的问题，并转而寻求一种能满足他们双方要求的材料。每一方都不必牺牲自己的目标，而能为各自的部门、为了公司、为了消费者或社会而维持团结。这种利益的整合就是通过协调的自我调节而达到整合统一。

---

[17] 参见同上书，第 258—264 页。

六、领导与被领导合作互动的原则

这个原则是关于领导方式的问题。意思是说,领导不再以权力为基础,而是以形势的相互联系中领导者和被领导者的相互影响为基础。

福列特认为,领导的首要任务是确定组织目标。为此,领导者应该"使其同事认识到,所要达到的不是他个人的目的,而是由团体的愿望和活动所产生的共同目的。最好的领导者并不要求人们为他服务,而是为共同的目的服务。最好的领导者并没有随从者,而只有和他一起工作的男人和女人"。[18] 公司目的要同个人目的和团体目的结合起来,这就要求经理有最高的领导能力。领导者依靠的不是命令和服从,而是协调、确定目的和鼓励人们对形势规律作出反应的技能。

其次,领导者必须树立服务的意识。福列特发现,仅仅停留在提倡是不能实现新型的领导的,还必须对经理人员进行培训:(1)在作出有关物质的和人的决策和科学方面进行培训;(2)培养一种为社会服务的动机。科学和服务的结合就会导致一种管理的"职业",它利用知识来为别人服务。她认为管理者的职业承担着重大的、创造性的职责,只有经过训练的人才能成功地担当起来。她还指出,服务的概念并不是利润动机的代替物,而是这两者结合成一个更广泛的职业动机。福莱特因此而说:"我们为利润、为服务、为我们自己的发展、为创造某种事物的爱好而工作。的确,在任何一个时刻,我们之中的绝大多数人并不是直接地或立即地为这些情况中的任何一件而工作,而是以尽可能好的方式把手头的工作做好。……再回过头来讲专家(指医生、律师等),正是在这点上,难道我们不能向他们学习一些东西吗?专家并没有放弃金钱动机。……但他们还有其他的动机,而且他们常常愿意为了这些其他事情而牺牲相当多的收入。在我们的内心深处,我们全都希望生活得富裕些。我们可以纯化和提高我们的愿望。遏止愿望并不会造成个人和社会的进步。"

还有,领导者必须具有组织群体经验、发挥群体力量的能力。这种调动组织的全部力量,是他服务于共同目的的能力,是领导者必须具备的决定性的品质。这种组织力本身就是一种创造力。具有这种能力的领导者,他创造出一种群体

---

[18] 同上书,第 336 页。

的力量,而不是显示了个人的力量,也不是群体中各个个体的机械总和。这就来源于领导者的组织能力,来源于他们对各种力量美妙关系的洞悉。而且,领导者既能创造力量,又能指挥力量。他们的眼光必须超越当前,能够掌握不断变化着的形势,预测未来发展的趋势,及时做出新的决策。领导者应当具有开拓新道路的先锋精神。

以上就是福列特的管理哲学的基本思想。福列特的管理哲学以人的群体性理念为出发点,强调群体中的人必须通过利益的整合、共同服从形势、通过协调,建立新型领导方式,从而实现共同目标。尽管她的著作未曾冠以"管理哲学"的标题,但她的思想是更自觉、更具有管理哲学形态的体系。

福列特是20世纪初叶美国第一个具有浓厚人本主义色彩和辩证思维的管理哲学家,她率先突破了古典管理学派工具理性主义的局限,为行为科学学派的"社会人"学说的创立奠定了基础,而且,从管理哲学角度看,她在关于人的本质的社会性的解读上,明显地超越了此后的行为科学学派的水平。

福列特提出的整合统一的原则贯穿于她的全部管理哲学之中,闪烁着耀眼的辩证思维的光芒。首先,整合统一原则是建立在群体的共同利益基础之上的,而在企业组织中,这种共同利益首先就是一种经济利益,就是说群体的联系是以经济为纽带的,这就大大地丰富了她自己提出的人的群体性理念的内涵。福列特是最早提出整合统一思想的西方管理哲学家。整合统一的思想不仅超越了科学管理理论提出的"心理革命"的水平,而且,众所周知,直到三十多年后,道格拉斯·麦格雷戈才在他的《企业中人的方面》中,又一次明确提出企业管理的"融合原则"。德鲁克的评价毫无夸张:福列特真不愧是一位"管理学的先知",她的管理哲学的这一精髓在80年后的新世纪告别"冷战思维"、提倡"合作共赢"的今天,正在日益显示出它的启示作用。

第七章　梅奥的"社会人"假说与
人际关系哲学

"社会人时代"这一概念所反映的与其说是管理行为所
确立的准则,不如说是当时正在涌现出来的一种管理哲学。

——丹尼尔·雷恩

一、梅奥和霍桑实验

乔治·埃尔顿·梅奥(George Elton Myao, 1880－1949)是西方管理思想史上有着特殊地位的管理学家,著名的霍桑实验的领导者,人际关系理论的创始人,行为科学的奠基人。他出生于澳大利亚,毕业于阿德莱德大学,获得逻辑学和哲学硕士学位;1911—1923年任昆士兰大学哲学、心理学讲师、教授;这些经历表明他有着深厚的哲学、心理学背景,这种背景对他以后的研究起着决定性的作用。后来他移居美国。1923—1926年期间,梅奥作为宾西法尼亚大学的研究人员为洛克菲勒基金会进行工业研究。1923年,他在费城附近的费拉德尔非亚纺织厂就车间工作条件对工人流动率、生产率的影响进行试验研究;同年加入美国国籍。1926年,梅奥进入哈佛大学,任工商管理学院工业研究室副教授,从事工业心理学研究。

在这之前,雨果·缪斯特伯格(Hugo Munsterberg, 1863－1916)已经受美国哲学家威廉·詹姆斯邀请来到了哈佛大学担任实验心理学教授。缪斯特伯格是工业心理学的创始人,他于1910年开始研究如何把心理学应用于工业管理,并于1913年发表了他的研究成果《心理学和工业效率》一书。梅奥正是在缪斯特伯格的影响下,创造性地进行了工业心理学和社会学的研究。

1927年冬,梅奥应邀参加并主持著名的霍桑实验。此后,一直到1932年,他在霍桑工厂组织和领导哈佛研究小组进行了一系列实验。这些实验从生理学、心理学、社会学等方面研究企业中有关人的一些问题,如人的工作动机、情绪、行为与工作之间的关系等。

霍桑工厂是在芝加哥郊外的西方电器公司所属的一个制造电话交换机的工厂。它设备完善,福利优越,具有齐备的娱乐设施、医疗制度和养老金制度,但是这里的工人的情绪并不舒畅,生产效率也并不理想。那么,是什么原因阻碍生产效率的提高呢? 有人认为是因为照明问题。为此,美国科学院于 1924 年组织了一个包括各方面的专家在内的研究小组,对该厂的工作条件与生产效率的关系进行了全面的考察和多种实验,其中一个主要的实验就是关于照明,这个实验前后花了两年多的时间,从此拉开了著名的霍桑实验的序幕。

整个霍桑实验为期八年,先后进行了四个阶段的实验:照明实验、继电器装配工人小组实验、大规模访谈和对接线板接线工作室的研究。

霍桑实验的革命性影响是深远的。《管理百年》的作者克雷纳写道:"只有当你考虑到,在泰勒、福特或斯隆的理论和实践中基本就没有人性的地位,你才能完全理解霍桑实验的重要性。"[1]

其革命性影响还表现在研究方法上。梅奥非常重视科学研究的方法论问题。在霍桑试验中,他采取了一种和前人完全不同的方法。他认为存在着两种研究方法,可以用医药方面的语言作比拟,那就是:"临床"式研究和"实验室"式研究。所谓"实验室"式的方法,就是自然科学在实验室常用的创设条件、参照对比的方法;霍桑试验第一和第二阶段的试验,就是实验室的方法。所谓"临床"式方法,就是通过面对面访谈进行调查研究的方法,也就是像医生诊病时直接对病人进行诊察一样,霍桑第三阶段和第四阶段试验所采取的大规模访谈的方法就是属于这种方法。

对于梅奥在研究方法上的创新,第一个认识到它的革命意义的是弗里茨·朱利斯·罗特利斯伯格(Fritz Jules Roethlisberger, 1898 - 1974)。罗特利斯伯格是梅奥在哈佛工业研究室的同事,梅奥的合作者,行为科学的奠基者之一。他把梅奥称为"组织行为的有用思想方法的发现者",并且指出:"我们不要低估了它的积极意义。正好像哥白尼、伽利略、牛顿对待亚里士多德一样,梅奥的思想方法也是这样对待当时在组织行为学上的一些教条的。"[2]

---

〔1〕[美]斯图尔特·克雷纳:《管理百年》,邱琼等译,海口:海南出版社,2003 年,第 68 页。
〔2〕转引自马洪、孙尚清主编:《现代管理百科全书》,北京:中国发展出版社,1991 年。

二、工业文明的人的问题和社会问题

梅奥有两部阐述他的管理哲学的重要著作：《工业文明的人类问题》(*The Human Problems of An Industrial Civilization*, 1933；或译为《工业文明的人的问题》)和《工业文明的社会问题》(*The Social Problems of An Industrial Civilization*, 1945)。这两部著作体现了作者毕生从事资本主义工业经济研究的丰富成果，概括了作者对资本主义社会乃至整个世界的理性认识，具有深刻的社会哲学和管理哲学的意义。第一部著作是对霍桑试验的总结；第二部著作基于对第二次世界大战以后资本主义世界社会矛盾的分析，也是对第一部著作基本观点的进一步引申和发展。书中阐发的管理哲学思想已经超越企业管理和经济管理，而扩展至社会管理的广阔领域。

梅奥在1933年出版的《工业文明的人的问题》一书中指出，在19世纪，人们曾经无根据地希望能够发现一些治疗工业疾病的政治疗法，现在这种希望已经逝去。自1918年第一次世界大战结束以来，尽管政治形势和民主制度都发生了很大变化，但是无论在哪个工业文明发展的城市，诸如莫斯科、伦敦、罗马，还是巴黎和纽约，到处都存在着人的问题。因此，我们需要对此作出研究。

梅奥在霍桑实验以及其他工厂的调查中发现，工厂中的工人突出地存在着士气低下、疲劳感和单调感明显、无名的抱怨和怒火、对监工或工头持敌对态度、有意限制产量等问题。他通过研究认为，这些现象并非是纯粹心理学或生理学意义的现象，而是工业文明迅速发展所带来的人们在工作、生活、人际关系、社会合作等方面巨大变动的结果。这种变动造成了人们信念的彷徨、情绪的失落、社会合作的失衡、对命运的无能为力，因而必然表现为上述各种看上去难以解释的现象。

因此，对于工厂的管理者来说，仅仅停留在开明的政策、详细的生产计划上，以不容讨价还价的态度来管理工人和执行计划，不管这种管理是多么的逻辑严密，都不会使工人真正发挥自觉的积极性。如果工人不能对自己的工作情况有足够的了解，那么，他就只能以与自己相对立的方式而工作。凡是在"限制产量"这种情况出现的地方，工人个体都有某种无名的愤怒或一种无能感突出地表现出来，他们表达了对那些看上去无形地"强加给"他们的那些抑制情况的反感。显然，公司政策越明智，越有必要找到一种与工人进行彻底交流而相互理解的方法,并且这种交流的方法必须包括访谈——就是说,它必须了解并有效应对工人们亲身经历和表达出来的真实困难,而且也必须考虑到工人无能感背后的根源。

"强加给"工人的那些抑制来自何处？梅奥认为,来自工业时代生产的强大的经济逻辑。现代社会对生产的经济逻辑的单纯坚持,干扰了前工业社会的非逻辑性质的社会规范的发展,并随之在群体内引起了一种人性挫败感。对于工业和个人来说,它所导致的后果是极其严重的。

总之,梅奥的《工业文明的人类问题》一书打响了组织管理中"关注人、尊重人、理解人"的第一枪,对今天企业管理的科学发展和全社会的人文进步具有不可估量的启发意义。

梅奥在1945年出版的《工业文明的社会问题》一书中进一步从社会的层面揭示了工业文明带来的问题。他指出,19世纪的人们相信,科学技术和工业的进步及其所带来的人类对环境的征服,意味着人类终于成为自己命运的主人,但他们却没有意识到伴随这种进步而来的严重的负面问题,诸如人的精神信念的退化、广泛的社会不安和混乱、肮脏的贫民窟、丧失责任感的孤独、犯罪的人群等。梅奥援引了19世纪末20世纪初一些艺术家、工程师特别是社会学家对现代工业社会的观察和批评,认为现代工业社会具有分裂或瓦解的两个征候：

第一,不幸福的人数增加了,人们不再直觉地承担直接和真正的社会责任,只是专注于自己的问题,成为不愉快的和放不下自我的俘虏,人们在自爱的同时也是悲惨的。

第二,社会中各式各样的群体在成立以后不仅不急于全心全意地与其他群体合作,而且相互戒备、相互敌视,在这种情况下,社会陷入了组织停滞的状态,合作水平甚至比那些简单的社会还要低,而那些压力集团与有权集团的混乱争斗,更是进入灾难社会的先兆。[3]

梅奥指出,存在着两种类型的社会和两种组织原则：一种是已经定型了的社会,另一种是变动适应型的社会。第一种已经定型了的社会,它所要求的组织原则是保持稳定,重复原有秩序的原则。这种类型社会的例子,在最低水平上,如澳大利亚的土著人组织,以刻板的、固定的、系统的仪式维持群体的生存;在较高水平上的例子,如,美国新英格兰早期的手工业,19世纪80年代澳大利亚的小城镇等,都是通过世代相传的工作方式和生活方式维持其存在。

---

〔3〕参见[美]梅奥：《工业文明的社会问题》,费孝通译,北京：商务印书馆,1964年。

另一种类型的社会是变动适应型社会。这就是现代工业社会,它的突出特点是变化迅速。这种变化是由物理、化学和技术的发展所引起的。每一种生产制造的技术过程、每一种工业都在不断地追求变化。这种社会所要求的组织原则,是动态地、及时地适应科学、技术和生产的迅速变化,形成相应的社会合作和社会交往能力。现在工业所需要的专门技能向着两个方面发展:一方面是以充分的科学和工程知识为基础的技能,是一种有适应力的,甚至有创造性的技能;另一方面在机器实际操作下所需要技能却日益简单化了,人们更多地成为机器的仆人,而更少地成为技工。这里,姑且不论第二方面的变化是否完全合乎人们的愿望,也不论第一方面的变化是怎样地美好。"这里完全应当着重指出的是,人们的社会合作和社会交往能力并没有获得相应的发展,而是远远地落后于技术能力的发展,与之失去了平衡。"[4]

社会类型的转变,是人类必须经过的道路。现代文明的社会结构是科学、工程技术、工业发展等因素所决定的。补救的办法不可能是返回到简单的学徒制和原始的定型化社会,而是深入研究新型社会的特点,发展人们的社会合作能力。

梅奥指出,能力(或译为本领)和普通知识不同。能力是从处理事务或与人打交道,或从处理二者的经验中得到的操作技巧。一门学问如果不能表现出这种独特的能力,就不能算作一门科学。他认为,当时的物理、化学、医学等已经在培养学生相应的能力方面取得了明显的成绩,但是,我们无法不感到它们并没有使学生得到任何足以直接有助于他们处理人事的能力。它们没有关于实际生活、关于人与人之间任何密切关系的内容。

他认为,这实际上是大学教育的根本缺陷。这种教育忽视了对人们的社会能力的培养,没有教育学生学习同别人交往的艺术,包括在实际生活中怎样对他人表达自己的观念和感情,怎样理解他人的观念和感情。大学生中许多是名列前茅的高材生,虽然他们在智力上成就很高,但却不了解现实的社会生活,不了解人们的实际情况,没有处理复杂的社会问题的能力,不能够很好地把社会混乱变为合理的秩序。

梅奥指出,人与人之间、团体之间缺少有效地和亲密地彼此传达的能力,是当前文明所碰到的突出的缺点。"在许多国家内部,工业文明有了发展之后,各

---

[4] 参见同上书,第 26、28 页。

种专门性的团体之间的直接来往的困难正在增加。这种缺点的突出例子就是管理当局和工人之间的许多尖锐的争执。"

"处理技术的能力和处理人事的能力之间缺乏平衡发展的结果是灾难性的。如果我们处理人事的能力能够一步一步地赶得上处理技术的能力,就不会发生又一次的欧洲战争。"梅奥说,这是他一再提出的论点。[5]

三、梅奥社会人的人性观

梅奥在《工业文明的社会问题》一书中着重阐述了工业社会人与人之间的社会合作问题。他吸收、借鉴了 20 世纪以来经济学以及社会、人文科学研究的新成果,批判了英国古典经济学特别是李嘉图关于人类自然状态和利益个体的理论假定(即所谓"群氓假说"),提出人类的社会合作并不是偶然的,而是出自人类自身固有的需要,就是说,想同他人交往是人类的本能。[6]

梅奥指出,李嘉图的经济理论和逻辑是建立在三个限制性的概念之上的:

(一)自然社会是由一群没有组织的个人所形成的。

(二)每一个人按照自我保存和自我利益的打算而行动。

(三)每一个人,尽他的能力所及,为这个目的进行逻辑的思考。

梅奥指出以上第一个假定实际上是继承了霍布斯和卢梭等人的理论,特别是他们的社会契约论,在实质上等于把社会看作是一堆乌合之众。对于李嘉图和他的同时代人来说,他们觉得这个假定具有种种理由而没有什么可以反对的。但现在的研究已经证明,它在根本上是对原始社会的一种夸大的虚构,是无法成立的。

连续几个世纪,这个假定以这样或那样的方式迷惑了人们对法律、政府、经济学的思考,已经造成了很大的危害。而且还从这个理论又引申出需要一个"利维坦",即一个强大国家的信念,这个国家行使特有的权威,把秩序强加于这一堆乌合之众。这就造成了很难对自由主义与希特勒的国家社会主义做出明确的区别。

梅奥援引了 20 世纪初法国历史学家菲吉斯的观点,指出李嘉图所继承的假

---

[5] 同上书,第 37 页。

[6] 同上书,第 57 页。

定并不符合事实。菲吉斯说,"我们在这个世界上实际看到的并非一方面是国家,一方面是没有相互关系的个人。而是广大复杂的集合在一起的许多联合体,只是在这中间,我们才有个人、家庭、俱乐部、工会、大学、职业等等。……一个人一开始就是一个什么单位的成员……他的人格只有在社会里才能发展;他总是这样或那样地体现着某些社会制度"。[7] 这里,菲吉斯非常透彻地揭示了人的社会性的本质。

李嘉图的第二、第三假定:个人以对自己利益的追求作为动机,把逻辑思考作为手段,并不是对通常的工业事实的特点的反映,而是基于"对非常态情况下的人类行为的研究",或者用另一种说法,"对寻常情况下非常态的人类行为的研究"。梅奥说,这里所用"常态"这个字眼,意义很简单,所指也很明显。我们只要足够细心地和继续地观察工业里的工人或是大学里的学生,我们会看到那些被逻辑地精心考虑的自我利益的动机所驱使的人在比例上是十分小的。他们退回到自我利益上去是在社会的结合抛弃了他们的时候。因此,李嘉图等人的经济学,更像是研究人的疾病(非常态)的病理学,而不是研究人的正常机体运转的生理学。[8]

梅奥还以霍桑实验的成果作为例证,对李嘉图上述两个假定进行驳斥:霍桑进行的第一套实验的最后一部分称作"班克·威林观察室"。这里,工人的工资是按团体的增产奖励计划支付的,但是,实际上这个计划完全没有发生作用。工人所做的工作量是按照这个团体所认为的一天应当做多少的标准进行的;其中,只有一个人所做的工作额超过了这个标准,而这个人却为大家心里所厌恶。实际上产量也不是按照用某种测验断定的个人能力来规定的。"在这个观察室里,产量最低的人在智力上是第一名,在技术上是第三名;产量最高的人在技术上是第七名,在智力上是最低的。"[9]

梅奥指出,这个观察并不是独特的;马修逊等许多人在他们的工业研究里也见到相同的现象。所有这些都说明李嘉图经济学所假定的个人自我保存作为动机、逻辑思考作为手段,并不是寻常的工业事实的特点。"同伙伴搞好关系的愿望,亦即同人交往的人类本能,很容易超过单纯的个人利益和逻辑思考。"[10]

---

[7] 同上书,第59—60页。
[8] 参见同上书,第57—58页。
[9] [美]罗特利斯伯格:《经营管理和工人》,转引自同上书,第56页。
[10] 同上书,第57页。

梅奥充分肯定巴纳德在他的著作《经理人员的职能》中所阐发的主题：持续的合作对人们的共同生活、对文明秩序具有根本的重要性。梅奥指出，当巴纳德说任何特定的组织必须有效力（完成"这个体系的目的"），也必须有效率（满足个人的动机）的时候，他是在说明一个原则，这个原则可以应用于任何整个的社会。任何团体的社会组织一定要为它的成员得到：第一，他们物质需要的满足；第二，在完成很多的和不同的社会功能里和别人积极合作。一般说来，这两者都是重要的，没有主次之分。但是当我们考察一下原始社会的文化后就可以看出，后者，即持续的合作的需要对社会生活更为紧要。任何原始部落的仪式几乎完全是为了促进合作的和谐、为了工作中保证团结一致的纪律。很显然，原始部落已经不言自明地认为，如果合作能够得到保证，团体的物质需要就一定会得到满足。

总之，没有组织也就不能有合作。任何工业组织一方面是一种工作方式，即必须在技术上是熟练的和有效的，另方面又必须是许多人的一种生活方式，即必须是有效率的令人满意的体系。现代工业文明在物质和技术的成就上有很大的成绩，而在合作体系上却是完全失败的。

四、人际关系理论的管理哲学内涵

梅奥在总结霍桑实验的基础上，在他的著作《工业文明的人的问题》和《工业文明的社会问题》中阐述了人际关系理论。其基本要点可以概括为如下三个方面：

（一）工人是"社会人"，是复杂的社会系统的成员。

（二）企业中除了正式组织之外，还存在着"非正式组织"。

（三）新型的领导能力表现在通过提高职工的满足度，激励职工的"士气"，从而达到提高劳动生产率的目的。

上述三个基本观点是紧密相连的。其中，"社会人"学说处于核心地位，它充分体现了梅奥的人性观，是梅奥管理哲学的集中表现。第二点是第一点的佐证，第三点则是第一点的引申。这些观点在梅奥的合作者罗特利斯伯格那里得到进一步的充实和发挥，成为比较完整的人际关系理论。

提出社会人假说是梅奥的一大贡献。社会人学说的革命性意义主要在于它以新的人性观代替、超越了古典经济学奠定的、古典管理理论沿用的"经济人"人性假设。

社会人学说深刻揭示了管理中的人的社会性本质。社会人的本质特点之一就是,人在劳动中总要同其他人进行交往,紧密地结合在一起。具体地说,人不仅具有自然的属性,而且更重要的是具有社会的属性;人不仅有物质方面的需要,而且更重要的还有社会方面的、心理方面的需要;人的行为不仅受着理性的支配,而且还受着感情的即非理性的支配;在管理中的人(包括被管理者和管理者)不仅处于一定的正式组织之中,而且还处于一定的非正式组织之中。梅奥从人的本质进而演绎出管理主体和管理客体的关系,指出,两种组织遵循两种不同的逻辑:正式组织遵循效率的逻辑,非正式组织遵循感情的"逻辑"。管理人员主要奉行效率逻辑,被管理人员主要奉行感情"逻辑",也即非逻辑的感情倾向。为此,管理人员就必须善于在两种逻辑之间保持平衡。一旦这种平衡发生失调或被破坏,就会造成组织内和社会中的冲突。

关于"非正式组织"和"非逻辑行为"的问题也是"社会人"的一个佐证。所谓"非正式组织"是相对于正式组织而言的。正式组织是古典管理理论所指的,为了有效地实现企业的目标,规定企业各成员之间相互关系和职责范围的一定组织体系,其中包括组织图、方针政策、规划、章程等。古典管理理论的所谓的组织就是这种正式组织。

罗特利斯伯格在《走向一个统一的管理理论》一文中指出,非正式组织应该被看作是"一些惯例、价值观、准则、信念和非官方的规则"。本来,在梅奥之前,已经有人不同程度地发现工人中有非正式组织存在。例如泰勒,他就强烈地感觉到工人中存在着"有组织的"磨洋工现象。但对非正式组织进行深入系统的研究,还是从梅奥等人开始。梅奥等人依据霍桑试验的成果指出,非正式组织对工人起着两种作用:(1)保护工人免受内部成员疏忽所造成的损失,如生产得过多以致提高生产定额,或生产过少,以致引起管理当局的不满,并加重同伴的负担。(2)它保护工人免受因非正式组织以外的管理人员的干涉所形成的损失,如降低工资率或提高生产定额。[11]

梅奥等人发现,企业中不仅工人中有非正式组织,而且管理人员和技术人员中也有。不过,效率逻辑在管理人员和技术人员中比在工人中更占着重要地位,反之,感情"逻辑"在工人中比起管理人员和技术人员中更占重要地位。他们甚

---

[11] 同上书,第 56、87、91、93 页。

至认为,效率逻辑是"管理人员的逻辑",感情的"逻辑"是"工人的逻辑"。这个观点的实践意义就在于,假如管理人员和技术人员只是根据效率逻辑来管理,忽视了工人感情的逻辑,就会使"管理人员的逻辑"和"工人的逻辑"发生冲突,从而影响生产率的提高和企业目标的实现。

梅奥认为,一味遵循效率逻辑,而忽视感情"逻辑",这既是古典管理理论的弊病,也是现代工业社会的弊病。这正是现代社会冲突的根源。至于解决这种冲突的办法,梅奥认为,管理当局要充分重视非正式组织的作用。不能把非正式组织在正式组织中形成看作一件坏事,而必须看到它的产生有一定的必然性,而且起着有利的作用。它同正式组织相互依存,并对生产率的提高有很大的影响。梅奥从霍桑实验中发现:"工人们自己形成各个团体,各有各的习惯、责任和日常例行生活,甚至各有各的仪式;行政上成功或失败是要看它是否无保留地被这种团体认为它是权威和领导。"[12]管理者应当善于在正式组织的效率逻辑和非正式组织的感情"逻辑"之间保持平衡,以便使管理人员和工人之间、工人彼此之间能相互协作,充分发挥各个人的作用,提高效率。他们认为,整个来说,非正式组织利多弊少。

关于"职工满足度"和新的领导能力。所谓"职工满足度"主要指职工为获取安全感和归属感这些社会需求的满足程度。梅奥等人从社会人学说的基本观点出发,构筑人际关系管理哲学的基本出发点——这个出发点就是对"人为什么而工作"的回答。依据社会人的观点,金钱或经济刺激对促进工人劳动生产率的提高只起第二位的作用,起第一位作用的是职工的满足度,而这个满足度在很大程度上是由职工的社会地位决定的。

罗特利斯伯格在《管理和士气》一书中写道:"一个人是不是全心全意地为一个组织提供他的服务,在很大程度上取决于他对他的工作、对他工作上的同伴和他的上级的感觉。"金钱只是个人所需要满足的一小部分。工人所需要满足的还有"被社会所承认……在社会上重要性的明显证明……安全的感觉,这种感觉更多地是来自成为一个组织的公认的成员,而不是来自银行中存款的金额"。职工的士气正是和这种满足度正相关。工人满足度越高,士气就越高,士气越高,劳动生产率就越高。而工人的满足度又依存于工人个人的情况和工作场所的人际关系。这个人际关系是工人非常在乎的。霍桑实验的结果非常有力地证明了这

---

〔12〕同上书,第93页。

一点。为什么在实验中无论照明强度改变与否，也无论福利措施增加或减少，参加试验的工人情绪都一样激昂，生产效率都一样提高？原因很明显：因为他们真切地感觉到，他们正在被关注，被重视。就是说，这种人际关系使他们产生一定的满足感。这种满足感刺激了生产效率的提高。

梅奥等人正是从社会人的特性出发，引申到管理中的主客体关系上，从而提出一条管理哲学新原理：管理人员必须具备一种新的领导能力，这种能力就在于提高职工的满足度，以提高职工的士气，从而提高劳动生产率。

这条原理要求管理人员必须学会处理人际关系，具有激发和鼓舞士气的能力。这种对于管理者的新要求的提出，具有创新和变革的意义。梅奥指出，经理人员有三项重要任务：第一，将科学和技术应用于物质资料的生产；第二，系统地安排工序；第三，组织团体协作——就是持久的合作。[13] 这第三项就是处理人际关系，这一项正是古典管理理论，特别是科学管理理论所忽视的。他特别强调，是否重视人际关系，这是一个经理人员是否成熟的一个重要标志，也是一个组织是否有效的一个重要标志。这里，梅奥指出，人际关系哲学抓住并解答了管理的基本问题：作为管理人员，你把职工看成怎样的人，是像当时社会上流行的那样，把人看作"经济人"，还是把他们看成"社会人"？对于管理人员来说，这是一个观念的转变。还有，是给职工以受尊重感、归属感，还是把他们当作一群"群氓"，这对于管理人员来说，是一个对待被管理者的态度问题。这样的基本问题解决了，才有可能获得新的领导能力。梅奥断言，经营管理人员一旦抛弃群氓假设，重视企业内部的人际关系的不断调整，就能获得惊人的效果。

基于上述认识，梅奥等人认为，人际关系哲学对于管理者提出的新要求，实质上就是要求他们在具备技术—经济技能的同时，必须具备一种新的领导能力——人际关系技能。换句话说，新的领导能力就是能够区分事实与感情、能够在经济的逻辑和非逻辑的感情之间取得平衡的能力。

梅奥把这种观点放在更广阔的视野之下，在他看来，这种新的领导能力不仅能够弥补古典管理理论之不足，而且对于解决劳资之间以至工业社会的矛盾和冲突，都有特别重要的意义。所有这些表明，现代工业社会迫切需要在技术进步的同时，重视社会和人的问题。这就是梅奥在他的两本著作（即《工业文明的人的问题》、《工业文明的社会问题》）中所反复阐述的主题思想。

---

〔13〕同上书，第81页。

由此可见，在梅奥看来，人际关系哲学不仅是企业管理的哲学，而且也是治理工业社会的管理哲学。

五、社会人学说的划时代意义

人际关系学说的产生是西方管理思想的一次巨大的飞跃，它为西方管理思想的发展开辟了一个新的方向，也意味着西方管理哲学进入一个新的时期——"社会人时代"。它的产生有着深刻的历史背景。

人际关系学说和社会人假说的产生开启了管理思想的新时期。从此，西方管理思想史翻开了新的一页。雷恩把这个新时期称为"社会人时代"。并称："'社会人时代'这一概念所反映的，与其说是管理行为所确立的准则，不如说是当时正在涌现出来的一种管理哲学。"就是说，社会人时代以新的管理哲学的产生为标志。社会人时代的开始意味着以科学管理为主要代表的古典管理理论时代的结束。古典管理时代的管理哲学是以事为中心的重效率、重功能的哲学，以人际关系学说为开始的社会人的管理哲学是以人为中心的，以人际关系的和谐促进生产效率提高的哲学。

克雷纳在《管理百年》中认为，人际关系学说的开创性功勋在于它着力于"关于人的探索"。他写道："泰罗发现了工作。福特探索出大规模的工作。斯隆将工作组织起来。但没有人发现是人在做工作。……20世纪早期的企业家缺乏人文关怀，这并不是独特的现象。""而霍桑是一个例外，这一次，人得到了公正、体面的对待。"[14]的确，古典管理开启了关于"事"的探索，他们也只停留于对"事"的探索，而人际关系学说则开创了关于"人"的探索，并且促成了20世纪40年代末行为科学的诞生。有的学者认为，这种关于"人"的探索，其历史意义"就像文艺复兴时期人文主义思潮的兴起一样"。

梅奥以感慨的口气指出，近两世纪以来，工业文明在促进人际关系方面，几乎是毫无作为。他尖锐地指出，资本主义社会创造了高度的物质文明，同时也造成普遍的愤世嫉俗情绪，相互猜忌、敌对和仇恨。他大声疾呼，社会必须重视社会技能和技术技能的同步发展。也就是说，要高度重视生产关系的调整，一味追求生产力的发展而忽视生产关系的调整，将带来难以估量的后果。梅奥的这些

---

〔14〕同本章注〔1〕。

论述,尽管未能开出解决资本主义社会诸多矛盾的药方,但应当肯定,他对资本主义社会的分析不乏精辟之处。

当然,人际关系哲学关于人的探索也仅仅是开了一个好头。它的社会人假说也只是揭示人性的一个方面;它的关于管理中"非正式组织"和"非逻辑行为"的作用也有夸大的一面;还有,梅奥关于调和资本主义社会人际关系的设想也不完全切合实际。这些问题和不足之处,给它的后继者留下了宽广的发展空间。

第八章　巴纳德的协作系统组织哲学

我认为协作的扩展和个人的发展是相互依存的，它们之间的恰当比例或平衡是实现人类幸福的必要条件。

——切斯特·I. 巴纳德

一、善于哲学思考的大师

切斯特·埃尔文·巴纳德(Chester Irving Barnard, 1886 - 1961)是社会系统组织理论的创始人。他出生于美国的马萨诸塞州，早年丧母，由外祖父收养，外祖父一家人都很爱好音乐和探讨哲学，使得巴纳德从小就养成了用哲学思考问题和弹钢琴的习惯。他喜欢读书，也读过西方古典哲学家柏拉图、亚里士多德和现代哲学家怀德海(Alfred North Whitehead, 1861 - 1947)等人的著作。哲学式的抽象思辨使他着迷，这对他后来的职业生涯有着重大影响。

1906—1909 年巴纳德读完了哈佛大学的经济学课程，因缺少实验成绩而没有得到学位，完成学业后就谋生去了。不过，后来由于他探究组织和管理方面的杰出成就先后得到了 7 个名誉博士学位。

巴纳德组织理论的杰出成就和他丰富的高层组织管理的实践经验密切相关。他在《经理人员的职能》一书中反复强调，"如果说本书有什么价值的话，主要只是表现了概括经验的一种观点"。他在大学毕业后，即进入美国电话电报公司(AT&T)工作，1915 年被提升为美国电话电报公司的商业工程师。1922 年起担任美国电话电报公司所属的宾夕法尼亚贝尔电话公司的副总经理助理、总经理。1927 年，AT&T 创办了它的子公司——新泽西贝尔公司，巴纳德被任命为该公司总经理，直至 1947 年，他担任这个规模庞大的电话公司高层领导职务达 20 年之久。

此外，他还是一位社会活动家，他先后担任过许多社会兼职，其中包括，帮助制定过美国原子能委员会的政策,先后在新泽西紧急救济局、新泽西感化院、联合服务组织(USO)、新泽西巴赫会社等机构兼任过领导职务。退休后担任洛克菲勒基金会董事长(1948-1952)和全国科学基金会主席(1952-1954)。

巴纳德一生发表了许多著作,其中最有影响的是被称为美国管理文献的经典著作的《经理人员的职能》(1938)。该书是在他于1937年应波士顿洛维尔学院的邀请所做的八次演讲的基础上扩展而成的。这是一本富有哲学思维的独创性的著作。哈佛大学的众多知名教授包括亨德森、霍曼斯(George C. Homans)、梅奥以及克伯特(Philip Cabot)等人,都对这本书以及其中的哲学内涵给予了极高的评价,并且邀请他参加了国家研究委员会工业协会论坛。这本书连同他在十年后发表的论文集《组织与管理》(1948),可以说是巴纳德组织理论最有代表性的著作。。

巴纳德还有许多论文、报告、手稿,其中主要的有:《经理人员能力的培养》(1925)、《工业关系中的高层经理人员的职责》(1939)、《集体协作》(1940)、《伦理和现代组织》(1945)、《企业道德的基本条件》(1955)等等。

二、个人与组织

(一) 作为组织哲学的逻辑起点的个人

研究组织(和管理)问题,必须从"人是什么?"等这类哲学问题出发,把它作为理论的逻辑起点。因为人是行为的主体。个人为了满足自己的需要必须和他人发生协作的社会关系,于是才有了作为协作系统的组织。那么,"个人是什么?""人是什么意思?""人有多大的选择能力或自由意志?"巴纳德说,他发现,这些看似简单的基本问题,是研究组织问题时无法回避的问题。[1]

那么,人是什么呢?巴纳德认为,作为个人的人,其意思"是指一个单独的、独特的、独立的、分离的、完整的人,体现着过去和现在无数的力量和物质,包含着物的、生物的、社会的要素"。[2] 其实,这种定义只是对人的一种抽象,用以强调个人的完整性和独特性。实际上,巴纳德特别重视人的社会性,并且引出"社

---

〔1〕〔美〕C. I. 巴纳德:《经理人员的职能》,孙耀君等译,北京:中国社会科学出版社,1997年,第7页。

〔2〕同上书,第10—11页。

会关系"这个概念。他把个人比作有着许多条线交叉的点,用以说明个人的独特性,同时也用以说明每个人都是特定的社会关系的"交叉点",每一个个人都既有他独特的个(人)性,又有他不可避免的社会性。

人的特性是多方面的。人们可以根据需要,选择特定的角度来考察人,从而揭示人的某一侧面。"作为特定的协作体系的参加者的人,纯粹从他们的职能方面,作为协作的侧面来看,只要他们的努力是协作性的,他们的努力就被非个人化,或换句话说,被社会化。"〔3〕另一方面,"作为外在于任何一个特定组织的一个人,将被看作是物的、生物的、社会的一种独特的个人化,具有有限的选择能力"。〔4〕这两个方面同时存在,关键在于我们选择考察的角度。当我们把协作看成是两个以上的人的活动的一种职能体系时,讲的是人的职能或过程的侧面。而当我们把人看成是协作的职能或过程的对象时,人就被个人化了。

巴纳德指出,在实际工作中,这双重的处理方法都是必要的。管理人员的一个中心问题就是既要看到职工是一个完整的个人(其行为具有个性的、主观的、直觉的方面),给予人格上的完全尊重,又要明确在特定组织中每一个人所扮演的特定的有限的角色和职能(其行为具有理性的、客观的、非个性化的方面)。

人的特性。巴纳德认为,个人具有"人"这个词所包含的一定的特性。他提出一系列基本概念来规定人的一般特性:(1)行为,个人的一个重要特性是活动,活动的总体和易于观察到的方面叫做行为,没有行为就没有个人;(2)心理因素,人的行为是由一定心理因素,如动机等产生的;(3)选择的能力,人在行动中具有某种选择能力,就是说,具有自由意志,但是这种选择能力是有限的;(4)目的,目的是以上诸项结果的产物,人的行为是有目的的活动。这些关于人的特性的概念体系构成巴纳德组织理论的基本原理,巴纳德正是以此为依据,进而说明协作体系中各种个人的和组织的行为。〔5〕

在考察协作体系以外的个人行为的某些特点时,巴纳德指出,人们选择是否参加某一特定的协作体系。这种选择以下列两点为依据:(1)当时的目标、愿望和推动力,也即当时行为的"动机"。(2)个人认识到的在他之外的其他可供选择的"机会"。就是说,个人选择是否参加某一协作体系,是依据他个人内在的动机和社会外在的机会。个人受到以上两点的影响和支配而修正自己的行动。组织

---

〔3〕同上书,第14页。

〔4〕同上。

〔5〕同上书,第11页。

则由修正后的个人行为而产生。

因此,巴纳德认为,经理人员必须善于理解人的动机和需要,懂得如何通过修正人的动机进而控制人的行为。而且,任何一个人的动机和需要都是极为复杂的,必须学会通过条件的改变来影响人的动机。

这里,巴纳德提出了一个严肃的问题:个人的行为在多大程度上受他自己的自由意志的支配? 因而,人们应当在多大程度上对自己的行为负责? 我们经常认为个人的命运是由自己支配的,因而个人应当对他自己的行动负责。巴纳德回答道,个人当然是有自由意志的,但是只要认真考虑一下就会发现,个人受到环境中各种力量的影响,实际上并不是完全自由的。个人的行为、思考和感觉不仅取决于他自己的意志,而且取决于他的物的、生物的和社会的各种因素的综合。对于这些他是无法控制或者很难控制的。由此看来,这里就存在着一定程度的决定论或宿命论的成分。

因此,对于经理人员来说,重要的是既要让人们对他们自己的行为负责,又要认识到,在许多情况下,人们是无法对自己的行为负责的。因此,较为明智的做法是,不要盲目地对那些个人无法控制的事情进行指责,而是通过改变环境条件、提高恰当的刺激手段和诱导个人从事组织所要求的工作来指引组织的行为,这样能取得更好的效果。

巴纳德说,他不想调解这些哲学学说或它们依据的科学学说的对立。对于我们的目的来说,必要的是在什么条件下,在什么联接中,为了什么目的,可以有效地采用这些论点,并指出它们可以同时被认为是能够适用的。

(二) 作为协作系统的组织

1. 组织的定义

巴纳德所研究的组织是正式组织,他的定义是:正式组织是一种协作体系,"协作体系是由两个以上的人为着协作达到至少一个以上的目的,以特定体系的关系组成的,包括物的、生物的、人的、社会的构成要素的复合体"。[6]

上述定义的核心就是"协作行为组成的系统"。这是各类组织的共同的特征,这个定义有它的普遍适用性。它适用于一切教会、政党、友爱团体、政府、军队、企业、学校、家庭等,因为,尽管它们有着千差万别,但它们都是人们"协作行

───────────────

〔6〕同上书,第53页。

为组成的系统"。社会就是由无数的各种各样的正式组织构成的。

就定义的内涵看,它突出了下列两点:

第一,组织的协作性。巴纳德说:"我们称之为'组织'的体系是人们的行为构成的体系。"〔7〕这里讲的人们的行为是一种有意识、有目的的互相协调的协作性的行为,它是一种社会行为。突出这种协作性就是突出它的社会性。

第二,组织的系统性。巴纳德说:"我把组织这种协作体系看成是社会生物,它是'活的',正如同我看待个别的人一样,如果我们分析个别的人,他也是由各个局部体系组成的,是不同于这些局部体系总和的一个综合体。"〔8〕就是说,要把组织看作一个系统。它具有系统所具有的本质特性:整体性、开放性和层次性等。其中特别强调,组织的整体功能不是其各个部分的机械总和。组织的系统的层次是复杂的。组织有单位组织和复合组织。一个组织内部的各个部门或分支是较低层次的系统,各级组织又都是社会这个大系统的组成部分或方面。

以上两点表明巴纳德的组织观的基本观点是社会(协作)的观点、系统的观点。这就是巴纳德组织理论的基本立足点,所以,人们把巴纳德学派称为"社会系统学派"。这也就是它区别于传统的组织观之所在。传统组织理论的组织概念总是停留在职务分化和部门化上;人际关系学派虽然注意到组织中人的某些社会性方面,但是,他们都没有抓住组织是"协作行为组成的系统"这个本质问题。

对于组织的要素,巴纳德认为,作为正式组织的协作系统,不论其级别高低、规模大小,都包含有三个基本要素:协作的意愿、共同目的和信息交流。当上述三个条件具备时,一个组织就成立了。

首先是协作意愿。组织是由人组织成的,但是,"构成组织的应该是人的服务、行动、行为或影响,而不是人"。〔9〕显然,人们贡献努力的意愿是协作系统所不可缺少的。这里,个人的协作意愿意味着个人自我克制、交出对个人行为的控制权以及个人行为的非个性化。其结果是各个人的努力结合在一起,它的直接目标是"结合在一起"所必需的对个人的支配。没有这一点,就不会有对协作的贡献和持续的个人努力。

但是,不同组织成员的协作意愿的强度是不同的,同一成员在不同时期的协

---

〔7〕同上书,第62页。

〔8〕同上书,第64—65页。

〔9〕同上书,第67页。

作意愿也是不断改变的。这里,巴纳德提出了"诱因"和"牺牲"这一对概念。"诱因"(inducement)是指组织对个人提供的"贡献"(contribution)所作的报酬。而个人付出的这种贡献在个人看来就是一种"牺牲"(expense of)。个人的协作意愿,首先是诱因同相关的牺牲相比较的净结果;其次是同其他机会提供的实际可以得到的净满足相比较的结果。从个人的观点来看,协作意愿是个人愿望和厌恶的综合结果;从组织的观点来看,它是所提供的诱因同承受的负担的综合结果。

衡量诱因与牺牲的尺度通常由个人主观所决定,而不是客观的,比如有人重视物质的或金钱的诱因,而另一些人可能更重视威望、自豪感、理想追求等精神方面的满足。组织为了获得和提高成员的协作意愿,必须充分了解组织成员的需要和动机,适时地提供必要的物质的和精神的客观诱因。在各种诱因中,巴纳德非常重视组织内部人与人之间的思想感情的交流,他说:"最难以捉摸和微妙的诱因是我叫作思想感情交流的条件。……它意味着获得伙伴情谊、在人格态度上有互相支持的机会。"[10]另一方面,要运用说服的方法来影响或改变成员的主观态度,培养他们的协作精神,号召他们忠于组织,相信组织的目标。巴纳德一方面肯定物质诱因的重要作用,另一方面,又反对单纯依靠物质诱因的做法,在他看来,"为了使得人们作出足够的贡献以便协作体系能够长期维持,单纯依靠物质的或金钱的诱因,是违反人的本性的"。[11]

其次是共同目的。任何组织都有自己的目的,这个目的就是全体成员的共同目的。共同目的是达到协作意愿的必要前提。协作的意愿若没有共同目的是发展不起来的。没有共同目的,组织成员就不知道要求他们提供何种努力,同时也不知道自己能从协作劳动的结果中得到何种满足,从而不会进行协作活动。

一个目的如果不被将要参加组织的人们所接受,是不会激起协作行为的。但是,组织目的和个人目的既有联系又有区别。个人目的是内在的、个人的、主观的事物,共同目的则是外在的、非个人的、客观的。共同目的以组织利益为依据,它关系到组织内部的平衡以及同一般环境(包括社会环境)的平衡。严格说来,组织目的对个人来说并没有直接意义。对个人有意义的是组织同他的关系;组织加给他的负担和给予他的利益。个人之所以愿意为组织目的作出贡献,是

---

〔10〕同上书,第117页。

〔11〕同上书,第75页。

因为他意识到实现组织目的有助于实现他的个人目的。

这样,参加组织的每个成员可以被看成具有"双重人格":"组织人格"和"个人人格"。[12] 当组织成员树立起共同目的的信念,并为共同目的付出他应作的贡献时,他的行为属于组织行为,这种行为体现了他的组织人格。对此,巴纳德指出:"反复灌输存在着共同目的的信念是经理人员的一种主要职能。"[13]他说,这就说明了为什么在政治组织、工业组织、宗教组织中经常进行着许多教育工作或所谓的思想工作。否则的话,这种情形常常难以解释。

第三是信息交流。有了共同目的,有了愿意为这个共同目的作贡献的人们,还必须有信息交流。信息交流是使上述两个因素联系起来,形成一个现实的动态过程的中介。就是说,有了信息交流,共同目的才能被人们所共识;有了信息交流,对人们的诱因和要求人们作出怎样的贡献才能被普遍感知和认同;有了信息交流,组织才能够了解组织成员的协作意愿及其强度,才能够进行思想感情的交流和说服工作,从而将不同成员的努力协调成为有效的协作活动。总之,有了信息交流,人们才谈得上协作,组织才能成为协作系统。信息交流是组织存在和运行的必要条件。

信息交流方法的中心问题是口头语言或书面语言,并且还有其他种种形式和途径。这里,巴纳德提出一种不论在原始文明或高度复杂的文明中都存在的重要信息交流方法:"以心传心"。这种方法之所以必要,是由于语言作用的有限性和人们使用语言能力的差异。在专门训练和经验以及个人交往的持续方面,一个极其重要的要素就是不通过语言不仅能够了解环境和条件,而且能够了解对方的意图。这就是人们通常所说的:达到心灵上的"沟通",行为上的"默契"。

巴纳德断言:"组织理论说到底,信息交流占着中心的地位。因为组织的结构、广度和范围几乎全由信息交流技术所决定。"[14]

2. 正式组织和非正式组织

传统组织理论只关心正式组织,人际关系学派则把注意力集中于非正式组织。巴纳德研究的重点是正式组织,因为在他看来,"正式组织是社会的明确的

---

[12] 同上书,第 71 页。

[13] 同上书,第 70 页。

[14] 同上书,第 73 页。

构造材料。它们是使得人们的社会结合具有足够的一贯性以便持续下去的支柱"。[15] 但是,他并没有忽视非正式组织。他深入考察和分析了非正式组织存在的理由,以及它和正式组织之间的区别和联系。这正是他超越前人之所在。

巴纳德发现,有无明确的共同目的是正式组织和非正式组织的根本区别所在,指出,"非正式组织是由无意识的社会过程产生的"。[16] 当人们并不在一个正式组织中或并不受其管辖时,仍然常常接触和相互作用。所涉及的人数由两个人到一大群人不等。这种接触和相互作用不是基于联合或共同的目的,而是基于个人原因产生的相互作用,由于其反复性,通过它们对行动习惯和思想习惯的影响,通过它们对统一的思想状况的促进而成为有系统的有组织的。他指出,"社会结合是个人不可缺少的需要。这就要求有当地的活动和个人之间的相互作用。没有这些,就会发生人性丧失的情况"。[17]

从行为特征看,正式组织的行为比较而言是相当符合逻辑的,它适应于人们理智的和经过计算的行动和决策。"理性行为主要是一种有目的的协作行为。人的理性行为的能力主要是从有目的的协作行为产生的。"[18]非正式组织的行为则表现为个人无意识的和非理智的行动和习惯。

非正式组织和正式组织有着密切的联系。巴纳德指出,"非正式组织有两类重要的后果。(1)它使人们形成一定态度、理解、风俗、习惯、习俗。(2)它为正式组织的产生创造条件"。[19] 非正式联系是正式组织形成以前所必需的一个条件。要使得共同目的能够被接受,信息交流成为可能,协作意愿的精神状态得以达到,就必须有一个事前的接触和预备性的相互作用过程。当正式组织自发形成的时候,这点表现得特别清楚。另外,反过来看,正式组织为任何一个大的非正式组织或社会组织所必需。正式组织一旦建立起来,又创造出非正式组织。非正式组织作为信息交流、凝聚和保护个人人格的手段,是正式组织的运营所必需的。通常说,了解组织的决窍是,了解其非正式社会的人物、事情和缘由。所以,巴纳德说:"阅读美国的宪法、法庭的判决、法令或行政法规并不能精确确定美国政府是如何进行工作的。'看不见的政府'这句话虽然常用于贬义,但却表

---

[15] 同上书,第 95 页。
[16] 同上书,第 92 页。
[17] 同上书,第 95 页。
[18] 同上。
[19] 同上书,第 93 页。

达了对非正式组织存在的认识。"[20]

（三）个人和组织

组织中个人行为与组织要求的区别。个人和组织的关系问题是巴纳德组织哲学的理论核心。巴纳德认为,每一个员工都是一个独立的个人,每个人都通过不同的方式学习和了解周围的事物,但他往往并未充分意识到自己的思想过程、自己的价值观和行动。个人往往并不真正了解自己,他的行动往往受到自己无意识的个人需要和情感的影响,往往趋向于为自己的行为辩解,自圆其说,而并不是合乎理性地行动,他倾向于依据自己的直觉、预感和经验来行事。所以,总的来说个人的行为和思想往往是主观的、受感情影响的、非逻辑的、下意识的。巴纳德认为,在一个组织中个人的行为和要求与正式组织对其行为要求之间是有区别的:经理人员必须善于引导个人行为向组织行为转化。（其区别参见下表）

表 8.1 个人行为与组织行为

个人行为	组织行为
非逻辑的思维过程	逻辑的思维过程
非正式组织	正式组织
反应式行为	决策式行为
自由意志	决定论
效率原则	效力原则
道义上的责任	法律上的责任
以协议同意为依据的权威	以等级地位为依据的权威
主观地解释一种秩序	客观地揭示一种秩序

巴纳德所谓的"效率"是指组织中的成员个人目的的实现程度,也就是一个组织获得它所必需的人的贡献的"效率"。可见,巴纳德组织理论中的"效率"不同于通常所指的物质生产率意义上的或技术过程中限定意义上使用的"效率"。如果组织成员的个人目的不能实现,人们就会认为这个组织是没有"效率"的,他

---

[20] 同上书,第 97 页。

们就不会支持甚至退出这个组织。这种"效率"的唯一决定因素就是个人。巴纳德提出了"效力"（effectiveness，或译为"有效性"）和"效率"[21]这一对概念，用以说明个人目的与组织目的的区别和联系。当一个组织的目的实现时，这个组织就是有"效力"的。反之，当目的没有实现时，就是没有"效力"的，这个组织将会崩溃瓦解。在绝大多数情况下，目的的实现有各种不同的程度。目的实现程度的恰当性由组织的观点来决定。

由此可见，一方面，组织的"效力"是实现"效率"的前提；反过来，如果一个组织是无"效率"的，那它就不可能是有"效力"的，因而也就不可能存在。所以，巴纳德认为，"一个组织的生命取决于它获得和维持它实现目的所需的人的贡献（包括力量、物资和货币等价物）的能力"。他还说：从全局的观点来看，只有当组织的"效力"同"效率"相结合起来，才是举足轻重的。巴纳德的这种分析具有重大的意义，西方学者认为他的理论把组织目标和个人需要连接起来了，这在管理思想发展史上是一个里程碑。

三、组织与管理

（一）经理职能论

巴纳德认为，管理的职能取决于组织的本质。经理人员的职能实质上就是调节和协调组织内外，使组织达到动态的平衡，以实现组织的目标。这里，巴纳德指出："经理人员"（executive）这个概念和"组织"这个概念一样，也是广义的，它泛指一切组织的管理者[22]。

巴纳德说："协作和组织是相对立的事实、人的相对立的思想和感情的具体综合体。经理人员的职能正在于通过具体的活动促进对立的各种力量的综合，调节互相冲突的各种力量、本能、利益、条件、立场和理想。"[23]就是说，所谓平衡就是对立的统一，经理的职能就在于把各种对立的因素统一起来，使之达到平衡的要求。

据此，他认为，经理人员必须履行三项主要职能。这三项职能与组织的三项

[21] efficiency 一词，在中国社会科学出版社的译本中译为"能率"。
[22] executive 一词，原意为"执行者"、"行政长官"，非单指企业中的经理。
[23] 同本章注[1]，第 18 页。

要素是相对应的：建立和维持一个信息联系的系统；从组织成员那里获得必要的服务；以及规定组织的目标。他认为，这三项职能是互相联系、互相依存的。其中一项职能自动产生其他两项职能，并以它们为依据。所以，这三项职能是无法分开的，它们共同为维持组织的正常运转服务。

巴纳德指出，经理人员的第一项职能是建立和维持一个信息交流畅通的系统。他十分强调这个问题的重要性，认为这是经理人员职能的中心问题。信息交流系统是互相联系的中心。"只有在被叫做经理人员的人位于这个中心时，这个中心才能发挥作用。因此也可以这样说，只要信息交流必须通过中心点，经理人员的职能就是作为信息交流的渠道。"[24]

传统的组织和管理理论都强调组织和人事工作的重要性。巴纳德则站在信息交流系统的建立和维持这个崭新的视角看问题。他认为，信息交流只有通过人的中介才能实现，因此，必须做好职位的配置（组织结构问题）和人员的选拔、升降、解雇等工作。他把这些看作是维持信息交流系统的本质要素。没有这些，组织就不能存在。而对这些问题的控制职能都落在经理人员的身上。

另外，经理人员必须考虑到信息沟通的正式手段和非正式手段两个方面，必须获得一个以人员的相互和谐为本质特征的非正式组织。这个非正式组织的主要职能是，提供非正式交流的手段以减少正式决策的必要性，尽量减少不利影响，促进同正式职责构造相一致的有利影响。这里，对经理人员要求的唯一最重要的贡献是他的忠诚心，即他的组织人格必须占支配地位。没有这一点，信息交流线路根本无法发挥作用。

经理人员的第二项职能是促成个人提供必要的服务。这项职能主要有两项工作：一项是促使人们同组织建立协作关系；另一项是在人们同组织建立起协作关系以后，使之提供服务。第一项是组织对完全在组织以外的人做工作，属于招募、招聘等类的工作。在组织已经建立并持续存在时，第二项工作就更为重要。巴纳德说，"人们提供的服务才是组织真正的实体"。[25] 必须努力提高其成员的忠诚心、可靠性、责任心、热情、工作的质量和产量。"总而言之，每一个组织为了生存下去，必须有意识地增强协调、有效性和效率，以维持和增强自己的权威。……这些都依存于呼吁其成员作出努力。"[26]其实施的方法，如前所述，主

---

[24] 同上书，第169页。

[25] 同上书，第180页。

[26] 同上书，第181页。

要是维持士气、维持诱因体系、维持抑制体系、监督和控制、检查、教育和训练。

经理的第三项职能是制定组织的目的与目标。目的的制定是一项广泛地分配给许多人的职能。目的必须而且可以分解为不同阶段和不同部门的具体目的和目标。其中一般目的的制定是经理人员的职能。巴纳德认为,协作系统运营中最重要的内在困难就在于,如何把一般目的,即主要决策灌输给下层人员,使他们团结起来,能够作出协调一致的基层具体决策。"如果没有这种上下一贯的协调,一般决策和一般目的只不过是组织真空里头脑中的过程,同现实之间隔着误解之墙。"[27]

(二) 组织平衡论

组织平衡论在巴纳德组织哲学中处于核心地位。他认为,"一个组织的持续取决于在不断变动的环境中,物的、生物的和社会的各种物质、要素和力量的复杂性之间维持平衡。这就要求调节组织内部的各种过程。我们要涉及引起这种调节的外界条件的性质,但我们关心的中心是实行调节的过程"。[28]

这段论述的要点是:(1)在环境不断变化下,通过保持组织各种复杂因素之间的平衡来保证组织的持续存在;为此,需要(2)调节组织内部的各种过程;(3)还要涉及引起这种调节的外部条件的性质。(4)我们关心的焦点应当实行调节的过程。这里,(1)至(3)是组织平衡论的基本论点。

组织的平衡是组织得以维持和发展的基本要求。所谓平衡,首先是组织内部的平衡。而组织内部的平衡,从根本上说,就是要达到个人利益和组织利益相一致。为此,就必须在组织为人们所提供的"诱因"与人们为组织所付出的"牺牲"(贡献)之间保持平衡。"诱因—牺牲"二者之间,一旦失衡就会影响到组织的存在和发展。要使诱因能够有效,必须使它能够大于个人付出的牺牲,因而使个人获得应有的"净满足"。而诱因方法又有"客观诱因"和"主观诱因"之区分,必须把二者结合起来,也就是将奖励刺激和说服教育结合起来,以便取得组织目的和个人动机、组织效力和效率之间的平衡。

此外,还必须调节外部力量,使之达到内外平衡。巴纳德指出:"正式组织不稳定或短命的根本原因来自外界力量。这些外界力量既为组织提供使用的物

---

[27] 同上书,第 183 页。
[28] 同上书,第 5 页。

资,又限制了它的行动。"[29]在组织的构成方面,巴纳德反对那种把组织的界限固定于内部成员的传统观点,他认为一个组织还应包括它的投资者、供货者、顾客及其他对组织作出贡献的人。对于外部成员,组织提供的诱因与内部成员有很大的不同。由于组织不能对外部成员采取强制措施,所以,能够提供的客观刺激包括对顾客的优质服务和售后服务,对投资者和供货者的高额赢利,公司信誉对社会的吸引,等等;能够改变主观态度的措施包括广告宣传的影响,企业的公共关系等等,都属于诱因手段。

组织平衡论是经理人员职能理论的基础。经理人员的职能就是协调组织内外各种因素的关系以达到组织的动态平衡。

(三) 权威接受论

历来研究组织的学者都重视组织权威的研究,然而,对于权威的性质是什么,回答却是见仁见智,各有千秋。巴纳德提出自己独创的观点,他对权威定义如下:"权威是正式组织中信息交流(命令)的一种性质,通过它的被接受,组织的贡献者或成员支配自己所贡献的行为,即支配或决定什么是要对组织做的事,什么是不对组织做的事。"[30]就是说,一个命令之是否有权威决定于接受命令的人,而不决定于"权威者"或发命令的人。简单地说,权威来自于下属的接受,这就是巴纳德著名的权威接受论。从此,这个论点就成为管理学的教义之一。

巴纳德的权威接受论的思想渊源,可以追溯到十七世纪英国哲学家洛克(John Locke,1632 - 1704),洛克在他的政治学中提出"统治必须征得被统治者的同意"的论点,巴纳德把这个论点移植到管理学中加以发挥。同时,他的理论也是对当时方兴未艾的以韦伯为代表的权威来自上级的论点的有力矫正。另外,在巴纳德之前,他的先驱者福列特曾经提出权威来自形势(情境),由形势(情境)所决定的论点;这个论点是从认识的主客观关系的角度看问题,强调客观情势对主观认识的制约作用。巴纳德的权威接受论则是从管理实践的主客体关系的角度看,强调管理客体对管理主体的制约和转化关系。这里包括了两个方面:(1)主体或个人方面,把命令作为有权威的来接受;(2)客体方面,命令被接受的性质。巴纳德和福列特的论点都是一种创新,都达到了管理哲学的高度。只是,

---

[29] 同上。
[30] 同上书,第 129 页。

巴纳德的论点更加紧密地抓住了管理哲学的根本——主客体关系,而且实际上,巴纳德论点内涵也包含有福列特论点的基本内容。

巴纳德的权威理论的独创性还在于他从信息交流的角度来定义权威,信息交流的权威性在于接受信息的人同意这一信息的可能性。个人之所以承认它的权威性,在于它具备如下的条件:第一,作为下级的个人能够理解上级所传达的指令;第二,下级认为指令与能提供诱因的组织目标一致;第三,指令能够同满足下级的个人利益相结合;第四,下级在其精神上(如个人道德规范)和身体上(如健康和体力状况)能够执行或遵守这一命令。由此,组织需要考虑以上四个条件,根据不同的对象和条件,针对各自的特点而做出相应的对策,来维持组织的权威信息交流。个人之所以接受命令,还由于发布信息的人具有某种权威。这种权威要么是由职权地位形成的"职位权威",要么是由个人能力和影响而形成的"领导权威"。领导者除了个人人格外,还有一个同领导相适应的"组织人格"。就是说,他们不仅有权威,而且负有责任。他们的决定是受着组织的制约的,所以具有客观的权威。当职位权威和领导权威结合起来后,同组织有关的人一般就会承认其权威性,组织成员对其命令的服从远超出下面将要提出的"无关心区"以外。这种信赖甚至可以使服从命令成为一种诱因。

所谓"无关心区"(zone of indifference),是巴纳德"权威接受论"中一个重要概念。对此,巴纳德作如下的解释:如果所有的行动命令按实际可行的受令者对它们的接受程度的顺序来排列,则可以设想有一些显然是不会被接受的;另一些或多或少处于中立线上,即可能被接受,也可能被拒绝;第三部分是毫无疑问地被接受的。最后这一部分就是在"无关心区"之内。之所以叫做"无关心区",是指"在有关权威这一点上,受令者对这个区内的命令的内容是不大关心的"。[31] 在这个范围以内的命令,一般是在参加组织的时候就预料到的。

"无关心区"范围的大小,取决于诱因超过负担或牺牲的程度,超过的程度越大,该区域的范围也就越大,反之则相反。对于绝大多数贡献者来说,任何时候,维持所有在他们的无关心区范围以内的命令的权威,有着积极的个人利益。贡献者愿意维护命令的权威,因为发布命令者注意只发出能被接受的命令,这些命令一般都在无关心区以内。巴纳德有关权威的论述,至今仍对管理学界具有极大的启发意义。

---

[31] 同上书,第 134 页。

（四）责任道德论

经理人员责任的道德性。巴纳德十分重视管理中的道德因素，他认为，组织的道德性是组织活力之所在。他深感遗憾地指出，许多人对于这个"组织活力所依据的道德因素"缺乏深刻的认识，他们只是停留在"激励演说的没有多少内容的鼓舞性开场白上"。他说，组织的道德性是领导者质量的基础。领导的质量来自两个方面的优势：一是知识和能力方面；二是道德因素方面。前者是局部的、个人的、特殊的、短暂的；而后者则是更一般的、更不变的、最难于通过特殊培养而得到的、更绝对的、更主观的、反映社会的态度和理想以及社会的各种一般制度的方面。它决定着行动的质量，最能从一个人不做什么、回避什么上推断出来。它会引起人们的尊敬和崇仰。"它是通常用'责任心'这个词来表示的领导方面。它使得人的行为具有可靠性和决断力。使得目的具有先见性和理想性。"[32]

经理人员需要有高度的责任心，这是他的组织人格和个人人格相统一的集中表现。所谓"责任心"（或"责任感"）就是"个人控制从事反面行动的强烈愿望或冲动的特殊的私人道德准则的力量"，[33]"是影响到行为的个人品质"。[34]责任心属于道德范畴。按照巴纳德的定义，"道德是人的一种内在的普遍而稳定的力量或习性，它会禁止、控制或修正同这种习性不一致的当前的具体愿望、冲动或兴趣，而加强同这种习性一致的具体愿望、冲动或兴趣"。[35]"当这种倾向热烈而稳定时，存在着一种责任心的状态。"[36]责任心的有无或高低反映出一个人的道德素质。人们通常用"可靠性"、"忠诚心"这类的日常用语来表示它。

责任心是人的一种内在力量，它建立在一个人的内心信念之上。在组织中人们的有些行为准则可以借助于奖惩措施而确立。但是，奖惩毕竟是一种外在强制力量，它无助于责任心的建立。由于害怕奖惩而遵守准则，并不是道德因素的作用。巴纳德强调指出，良好的公民道德是不能通过特殊的诱因来获得的。"只有不顾特殊惩罚或特殊奖励的深刻信念，才是高度责任心的本质。"[37]因此，

---

〔32〕同上书，第 203—204 页。

〔33〕同上书，第 206 页。

〔34〕同上书，第 209 页。

〔35〕同上书，第 204 页。

〔36〕同上书，第 205 页。

〔37〕同上书，第 211 页。

责任和责任心是两回事。高职位固然承担更多的责任,但更主要的是要有更高的责任感。就是说,责任具有道德性,它要求人们以高度的责任心来对待责任。

道德准则的冲突。巴纳德指出,组织持续存在的基础是道德性。但是道德性是多元的,因而它是复杂的,包含着冲突的。一个人总有几套私人的道德准则,此外,还有一些必须遵守的公共道德准则。经理人员一旦担任管理职位,立即就会加上一些附加的准则,即他的组织的准则。这样,每个经理人员便面临着复杂的道德准则。职位越高,道德准则的复杂性程度就越高。

道德准则的复杂性使得经理人员在履行职能时常常面临道德冲突的难题。其中,最常见的是组织准则同公共准则或个人准则的冲突。例如,有些活动看来符合整个组织的利益,但却同几乎所有的个人准则和公务准则发生冲突。有些则属于相反的情况。当这种情况发生时,其结果或者是违背个人的道德准则,或者是不能履行公务的或专业的准则,而后者显然属于组织的道德准则。有时也会发生国家(或社会这类的"大组织")的准则同自己所属的组织的准则的冲突,总之,这种冲突是多层次的,难以避免的。经理人员的责任能力是相当固定的,随着职位范围的扩大,道德准则冲突的负担增加了。这就要求经理人员具有更高的承担责任的能力,即处理随着职位而来的道德准则冲突的能力。

这里有一个"无"产生"有"的哲理。经理人员必须善于处理道德准则的冲突,为此,经理人员既要具有一定的能力,而且还必须具有远大的理想和信念。有了理想和信念,才有可能在处理道德冲突时创造性地把组织利益和个人利益统一起来。对此,巴纳德是这样表述的:"协作所依据的伦理理想不仅要求个人的责任能力,而且要求把个人的眼前利益从属于个人的最终利益和公共利益的意愿得到广泛的传播。"[38]那么,对于到底什么有利于个人的最终利益,什么有利于公共利益,都必须由个人以外的条件来决定。巴纳德说:"这些就是社会、伦理和宗教的价值观。"[39]"凡是看到或观察到当代各种事件的人都会承认,理想和信念是很重要的,而且这种理想是协作所必需的。"[40]

最后,巴纳德用哲学的语言点出道德性问题是组织的生命力和组织管理的灵魂所在。他说:"所以,在协作的人们中,可见的事物是由不可见的事物推动

---

[38] 同上书,第 229 页。

[39] 同上。

[40] 同上。

的。形成人们的目的的精神是由'无'产生的。"[41]就是说,协作系统中一切可见的、有形的事物是由道德性这类不可见的、无形的事物所产生、所支配的。无形者产生和支配有形者。这就是哲学上所说的:"无"生"有","有"生于"无"。

四、结语

最后,在结论中,巴纳德运用他的哲学智慧深刻地指出,在对待协作本身存在着两种不同信念的对立斗争。一种信念把个人的自由作为重点,并把个人作为社会领域的中心。它无限制地宣传极端自由、理想的个人主义、自我决定。这种无限制的独断论会妨碍所有的正式协作。

另一种极端的信念则是把重点放在一些广泛联系的社会体系中,由协作决定的无数具体行为的秩序、可预见性、一贯性和有效性上。它无批判地主张集体化、绝对服从、彻底协调。这也是一种无限制的独断论,它会窒息个人的所有发展。

这样,问题又回到开始时所提出的自由意志和决定论的老问题上来。那些高举个人主义旗帜的人,为个人选择自由而呐喊;那些鼓吹国家和社会的人,指出个人选择自由是愚蠢的,并试图防止它。这样,以前是哲学和神学思辨的中心问题,最近是具有哲学思想的科学家论战的中心问题,现在成为不同社会教义派别的战场。

巴纳德发现,这个争论不是出现在哲学、神学或科学论文上,也不是出现在马克思主义的辩论文章上,而是表现在人们的协作中的行为、组织的社会限制以及经理人员的本质任务上。它不是一个脱离人们日常生活的抽象问题,而是表现为实际存在的协作的瓦解和活生生的人的道德崩溃的问题。他认为,尽管有人感到某个组织体系淹没了他的个性,但由于这是他自己的选择,大都会看到这个组织体系是属于他的。许多经理人员尽管有时感到自己只不过是难以衡量的一般力量的传送者,在所有的同事中自己是最不自由的,但他们仍认为,如果人们不做选择,没有愿望,不感到自己负有责任,而且别人也这么认为的话,协作的内容就不存在了。

由此,巴纳德宣称:在《经理人员的职能》这本书的深层,包含着人们生活中

---

[41] 同上书,第 222 页。

的这些深刻矛盾和感情上的冲突。这不是作者的本意,可能也不是读者所期望的。

他写道:"自由和不自由;支配和被支配;选择和被选择;诱因的提供和无法拒绝诱因;权威的来源和不能否认这个来源;独立和从属,培育着人们的个性,又使人们失去个性;提出目的,又被迫改变目的;为了做决策而探求各种制约条件,寻求特定事物,但又同整体保持联系;寻求领导者,但又否认其领导;期望支配现世却被未知所支配——这就是本书所讲的人在社会中的故事。"[42]

最后,他表示:"这样一个故事的结束,要求表明信念。我的信念是,具有自由意志的人的协作的力量,能够使人自由地协作。他们只有选择在一起工作,才能获得个人的充分发展。只有每个人承担起选择的责任,他们才能进入亲密的结合,并提出比个人行为和协作行为更高的目的。我认为协作的扩展和个人的发展是相互依存的,它们之间的恰当比例或平衡是实现人类幸福的必要条件。由于这对社会和个人来说都是主观的,我认为这种比例无法由科学来确定。这是一个哲学和宗教的问题。"[43]

---

[42] 同上书,第231页。

[43] 同上。

第九章　西蒙决策理论的管理哲学

　　决策行为是管理的核心；管理理论的词汇必须从人类抉择的逻辑学和心理学中导出。

——赫伯特·西蒙

一、获得诺贝尔奖的管理学家

　　赫伯特·西蒙(Harbert A. Simon,1916－2001)，西方管理决策学派的创始人之一，美国管理学家和社会科学家，在管理学、经济学、组织行为学、心理学、政治学、社会学、计算机科学等方面都有较深厚的造诣，堪称社会学科的通才。他是唯一因管理方面的研究成就而获得诺贝尔经济学奖的人。

　　西蒙出生于美国的威斯康星州密尔沃基市。他的家庭是一个典型的美国中产阶级家庭。家族中对他影响最大的，是他的舅舅哈洛德·迈尔科，迈尔科师从制度经济学家康芒斯，在国家工业委员会工作，是他最早把西蒙引上了社会科学的探索道路。在舅舅的影响下，西蒙很早就萌生一种认为人类行为可以采取科学方法加以研究的思想。

　　从1933年到1936年，西蒙就读于芝加哥大学。在经济学方面，对他影响最深的是他的指导教师计量经济学家亨利·舒尔茨(Henry Schultz)教授。舒尔茨的研究引导他走向组织决策并以此作为他的博士论文的主题。他在自传中写道："我认为，社会科学需要同样严密和同样的数学支持，正是这些才使得'硬'科学获得如此辉煌的成功。我准备使自己成为一个数量的社会科学者。"[1]

　　西蒙管理哲学的学理源泉在于科学哲学的启示。1936年前后，西蒙曾以超乎寻常的兴趣选修了著名科学哲学家卡尔纳普(Rudolf Carnap, 1891－1970)的

---

〔1〕〔美〕赫尔伯特·A.西蒙：《我生活的种种模式》，秦裕林等译，上海：东方出版中心，1998年。

逻辑学与科学哲学课程(卡尔纳普于 1936—1952 年任芝加哥大学哲学教授)。卡尔纳普主张"统一科学",主张任何科学(包括社会科学和自然科学)理论的推理都必须在逻辑上严密而且在经验上具有可检验性的科学哲学思想极其重要。在卡尔纳普的《世界的逻辑构造》(1929)的启发下,他立志探讨"管理科学的逻辑构造"。

在组织管理理论方面,西蒙说,巴纳德的著作《经理人员的职能》对他的管理学思维影响极大。他的组织决策理论就是在巴纳德的社会系统组织理论的基础上发展起来的。他称巴纳德为"故友",巴纳德曾经为他的《管理行为》初稿做了仔细的评审,还为该书出版写了序。

在 1946—1950 年期间他曾任多个政府部门或协会的顾问。1949 年西蒙应邀来到卡内基-梅隆大学,先是任行政学与心理学教授(1949－1955),后来任计算机科学与心理学教授。西蒙还是该大学工商管理研究生院的创办人之一,开创了组织行为和管理科学两大学术领域的研究,承担了组织理论家、管理科学家和商学院行政管理者的工作,他指导并帮助该研究生院成为美国最好的商学院之一。

这时,当计算机刚刚问世,他一眼就看出了这种机器有可能带来的奇迹。于是,他立即转向了"人类问题求解"的心理学研究上,特别是转到对人类用于思维过程的符号处理研究上,并赢得了人工智能创始人之一的地位。不仅如此,他把自然科学、社会科学、工程技术甚至还有部分人文科学融汇在一起,成为包括信息处理、决策学、问题求解、注意力经济学、组织理论、复合系统,以及科学发现的计算机模拟等众多崭新知识领域的创始人。

西蒙一生获得很多奖项,其中包括:美国计算机协会为他在人工智能方面所作的重要贡献而授予的有"计算机界诺贝尔奖"之称的图灵奖(1975);由于"对经济组织内的决策程序所进行的开创性研究"而获得的诺贝尔经济学奖(1978),他是管理方面唯一获得诺贝尔经济学奖的人;还有,美国国家科学奖(1986);以及因他一生对心理学所作的突出贡献而获得的美国心理学会奖(APA, 1993)。

西蒙的的著作非常丰富,最著名的代表作是《管理行为》(1945)和《管理决策的新科学》(1960)。其次,与人合著的有《公共管理》(1950,与史密斯伯格等合写)、《组织》(1958,与马奇合写),其他还有《人类问题求解》(1972,与纳斯威尔合写)、《人的模型》(1957)等。

西蒙与中国的关系十分密切,从 1972 年起,他先后来中国访问交流达 10 次之多。他同中国的多个大学和研究机构有着多方面的学术合作,被北京大学等聘请为名誉教授和名誉研究员。他是中美学术交流委员会成员并担任过这个委员会的主席,还当选过中国科学院外籍院士。他热爱中国,他在自传《我生活的种种模式》中称中国为"我的中国",称中国朋友为"良师益友"。

二、决策中的事实要素和价值要素

1945 年,西蒙发表了他的博士论文《管理行为》。这部著作的中心是人类作出理性选择——决策的行为和认知过程。这是他的第一部著作。在书中,他说:"我没有任何管理原理。如果一定要说本书包含了什么'理论'的话,那么就只有:决策行为是管理的核心;管理理论的词汇必须从人类抉择的逻辑学和心理学中导出。"[2]

决策要素是西蒙为了更深刻理解和认识管理者的决策过程而提出的概念。他按照逻辑实证主义关于事实和价值的区分,把决策要素区分为"事实要素"和"价值要素"。

"事实要素"是对环境及环境的作用方式的某种描述(信息)。这种描述是否准确,可以凭经验进行观察、判断,或通过实验加以验证。决策总是涉及到某种事实要素。从这个角度来说,决策是从事实要素引申出来的。

"价值要素"是关于管理者对某种事物喜好的表示,表明他对该事物的某种判断。即管理者对该事物的"态度"反映出的价值标准。西蒙认为,价值要素不是以客观的事实证明其是或非的,即不是能以经验证明其正确性的。价值要素既具有事实的内容,同时又具有价值判断的内容。价值要素反映的是管理者根据事实要素表现的情况,按自己的价值标准所作出判断、看法的表示,而这种看法是不能以事实来评价对错、真假的。

西蒙认为,在组织系统中,人们所从事的活动实际上都是一种决策活动,这种决策活动主要是要解决两个问题:目标的确定和目标的实现。西蒙把这两个问题分成价值判断和事实判断的问题。他说:"只要是导向最终目标选择的决策,就称为'价值判断';只要是包含最终目标实现的决策,就称为'事实判

---

〔2〕[美]赫佰特·A.西蒙:《管理行为》,詹正茂译,北京:机械工业出版社,2016 年,第 1 版前言,第 X 页。

断'."〔3〕

把组织中的每一项决策分成"事实要素"和"价值要素",对于管理来说,是具有根本性意义的。西蒙认为,通过这样的区分,"首先它可以让你理解'正确的'管理决策的含义;其次,它指明了管理学文献中经常提到的政策问题与管理问题之间的区别"。〔4〕

西蒙认为,对于事实要素,人们可以通过科学的方法检验其正确与否或者合理与否。对于价值要素,人们不可能通过科学的方法确定其是否正确。在这种情况下,是否就意味着管理问题不是科学的问题呢?对此,西蒙给予了明确的否定的回答。他说:"我们断言每项决策中都包含道德成分并不等于断言决策中就只包含道德成分。"〔5〕那么怎样判断管理者的决策是否科学合理呢?人们不能对目标本身的正确与否进行评价,因为它属于价值判断的问题,但人们可以对实现这个目标所采取的行动方案正确与否进行科学的评价,因为它属于事实要素的问题。所以西蒙指出:"严格地说,我们评价的不是决策本身,而是我们判断的决策与宗旨之间的纯粹事实关系。"〔6〕也就是说,判断一项决策是否正确,就看其所采取的手段是否能有效地实现目标,因为它是事实性的问题。

这里,西蒙的一个创造性贡献,就是对这两种要素进行了方法论的阐释。在他看来,价值要素和事实要素的区分相当于目的和手段的区分。行为目的的确定,属于价值判断的范畴;为实现目的采取什么办法最有效,则属于事实判断范畴。价值要素和事实要素既互相关联、互相交错,又在一定条件下互相转化。

西蒙曾多次强调:应当把决策看作由前提推出结论的过程。决策是一种链式反应的过程,人们的行为目的总是逐步实现的,在决策的每一步骤中以及在多个决策组成的复杂决策中,上一步骤或者上一决策所要达到的目的,反过来又是实现下一步骤或下一决策的手段。这样就形成了一种"手段—目的链"。"在手段—目的链上,某个要素如果靠近该链的行为端,该要素的手段特征就占优势;如果靠近该链的目的端,该要素的目的特征就占优势。于是,可以把描述行为结果的术语当作这种行为的价值标记。"〔7〕

〔3〕同上书,第4页。
〔4〕同上书,第53页。
〔5〕同上书,第54页。
〔6〕同上书,第55页。
〔7〕同上书,第80页。

因此,从决策的整体过程来看,初始阶段以事实判断为主,随着这一过程向最终目的逼近,事实判断所占的比重越小,价值判断所占的比重越大。

再说,决策又是一个多层次复杂系统。如果说实现组织的总体目标或者说最高目标是组织中最高层管理者的职责的话,那么为了实现这一目标所需要的手段就成了组织中下一层次的管理者的目标……这样往下不断进行分解,一直到组织的总体目标能通过现有的行动计划或其他具体的方法手段的实施而实现为止。这样,在组织中就形成一个连续不断的目标链或目标层级系统。在这个系统中,每一个层次的目标(手段)既是目标又是手段。

这种手段—目的分析框架,克服了以往的两分法(如行政学中的政治与行政两分法,经济学中的公平与效率两分法,等等,归根到底就是方法论中的价值理性与工具理性两分法)的对立状态,用二者的转化把它们统一起来,从而跳出了此前管理学中追求价值中立的偏失,为道德因素在管理学中的地位提供了理论依据。

关于价值要素,西蒙认为,就企业经营决策来说,管理者是以组织身份作决策的,因而必须考虑组织的利益,必须对社会负责。西蒙列举了"组织目标"、"效率准则"、"公正准则"等几个组织决策的价值要素。其中,"组织目标"是一切组织的管理决策的首要价值要素。在进行管理决策的过程中,应始终以组织目标作为价值要素对方案权衡利弊,进行评价和决断。"效率准则"是指在所用资源一定的情况下,选择能产生最大效益的备选方案。当资源数量和组织目标已经给定时,效率就成为管理决策的一个控制因素。"公正准则",即当组织决策涉及人的活动和利益时,公正标准就是决策的价值要素。

至于个人的价值观,在作决策时,决策者本人的价值观或多或少不可避免地也在考虑之列。从这一点看,个人价值观对组织决策来说,也成为了价值要素。

西蒙认为,由于决策中事实要素和道德要素"正确性"的评判标准不同,从而有助于人们认识在政策上和管理上"正确"含义的差异,进一步了解政治文献中经常提到的"政策问题"和"管理问题"的区别。人们经常把价值要素成分比较多的"政策问题"与事实要素成分比较多的"管理问题"混淆起来,没有在这两者之间划出清楚的界限。而划分这两者之间界限的依据是价值要素与事实要素之间的区分。由于对价值要素很难用"科学"的或"专门"的知识来进行衡量和判断,因此,就有一种验证价值判断的制度——民主制度,即可以把价值判断成分比较大的政策问题交给民主机构去处理,如国家中的国会或企业中的董事会;而把事实判断成分比较大的管理问题交给行政执行机构或管理机构去处理。当然,民主机构在进行价值判断时,也要作出许多必要的事实判断,所以它也必须获得有关事实的信息情报资料。而行政机构或管理机构也要在一定程度上作出许多必要的价值判断,所以要求行政管理机构要对它作出价值判断,在出现意见分歧时负完全的责任。

三、有限理性和满意原则

"有限理性"是西蒙决策理论也是他的管理哲学的一个核心理念。西蒙认为,长期以来,社会科学在对待"理性"的问题上深受严重的"精神分裂症"之苦。这里存在着两个极端。一个极端是经济学家的"经济人"假设,它赋予了人类无所不知的理性。在"经济人"的观察角度下,似乎人类能够拥有完整、一致的偏好体系,让他始终可以在各种备选方案之中进行选择;他始终十分清楚到底有哪些备选方案;为了确定最优备选方案,他可以进行无限复杂的运算,概率计算对他来说既不恐怖也不神秘。对此,西蒙进行了反驳。他指出,单一个体的行为不可能达到完全理性的高度,因为他必须考虑的备选方案的数量太大,评价备选方案所需要的信息太多。西蒙还以调侃的语气说道:虽然完全理性的假设在目前已经达到了托马斯式的精巧状态,并且也具有巨大的智慧象征和美学魅力,但是与现实中人的真实行为或可能行为之间几乎没有多大关系。

另一个极端是由弗洛伊德开始的,就是试图把所有人类的认知活动都归因于非理性的情感的支配。依照此类观点,从非理性的角度看,我们可以发现,穷人家孩子眼里看到的硬币,比富人家的孩子看到的更大。对此,西蒙提出了批评。他强调,组织成员的行为如果不是完全理性的,至少在很大程度上是符合理性的。情感的作用并不支配人的全部,哪怕对硬币再有好感,也不会把硬币看作钻石。因此,如果我们要从心理学的角度来解释人在组织中的行为,理性行为理论就必须在其中占有一席之地。西蒙的"有限理性"概念,就是在对这两种极端的批判的基础上提出的。他坚持认为:支配人们行为的既不是完全的理性,也不是非理性,而是有限的理性。

西蒙从人类决策行为的角度来定义理性。他说,"粗略地说,理性就是根据评价行为的某些价值系统来选择偏好的行为方案"。[8] 他对整个决策过程作了这样的概括：(在目标确定后)"决策的任务包括以下三步：(1)列举所有备选策略；(2)确定执行每个备选策略所产生的所有结果；(3)对多个结果序列进行比较评价。"[9]

针对上述过程，西蒙认为，决策行为中理性的限制首先是知识的限制，即知识不完备性的限制。完全理性意味着行为主体必须完全了解并预期每项决策产生的结果，而这在实际中是不可能达到的。因为每个人对于自己行动所处的环境条件只有片面的、局部的了解，从而对其中蕴含的规律和规则也只能有一个粗浅的洞察。所谓明察秋毫、全知全能，不过是说说而已的神话。既然人们是在这样的基础上来推导未来的结果，那么行为主体对决策结果的了解必定是不完整的。

再说，就算人们掌握了全部相关知识，也难免受到随之而来的预期难题所困扰。完全理性要求行为主体始终具有完整一致的价值偏好体系，只有这样，真实体验才能与预期始终保持一致。然而，从经验上就可以知道，真实体验可能比预期合意得多，也可能正好相反。西蒙认为，这种预期和实际差异的原因，在于我们的大脑并非在某一时间就掌握了所有的结果，而是随着对结果偏好的转移，注意力也会从某一价值要素转向另一种价值要素。因此，就算我们相当完整地描述了抉择的结果，这种预期所带来的情感波动也几乎不如真实体验所带来的情感波动效果明显。所以，要完整地预期价值是不可能的。

总而言之，决策者拥有知识的程度，决定着他决策和行动的合理性的程度；最后，还有行为的可行性范围的限制。按照完全理性的要求，行为主体要在所有可行的备选方案中作出选择。但令人遗憾的是，每种备选方案都有各自独特的结果，而人们却并不具备有关每个备选方案所导致后果的所有认知，所以许多可能方案甚至根本无法进入行为主体的评价范围。因此，无论在任何时刻，行为主体都只能想出非常有限的几个可能方案作为备选方案。你只有容忍选择中的可行性局限，你才能应对生活。

人们知识的有限性，决定了人们行为中理性的有限性。由此，西蒙说："决策的理性，也就是决策对实现特定目标的恰当性，就变成管理理论的核心关注点

[8] 同上书，第81页。
[9] 同上书，第75页。

了。……如果人类具有无限理性的话,那么管理理论就没有存在的意义了。……我们需要管理理论的原因,是因为人类理性实际上是有限度的,而且这些限度并不是静止不变的,而是取决于个人决策所处的环境。因此,管理的任务就是设计出一种环境,让个人在制定决策时,确实能接近根据组织目标来评判的理性。"[10]

从有限理性出发,西蒙进而提出了"满意"的原则以代替"最优化"的原则。西蒙提出用"管理人"替代"经济人"。他说:"尽管'经济人'追求最优,也就是从所有备选方案中选择最好的那种,他的近亲'管理人'却追求满意,也就是寻找一种令人满意或'足够好即可'的行动方案。"[11]从逻辑上讲,完全理性会导致人们寻求最优型决策,有限理性则导致人们寻求满意型决策。以往的人们研究决策,总是立足于最优型决策,在理论上和逻辑上,最优型决策是成立的。然而在现实中,或者是受人类行为的非理性方面的限制,或者是最优选择的信息条件不可能得到满足,或者是在无限接近最优的过程中极大的增加决策成本而得不偿失,最优决策是难以实现的。因而,西蒙提出用满意型决策代替最优型决策。所谓满意,是指决策只需要满足两个条件即可:一是有相应的最低满意标准,二是策略选择能够超过最低满意标准。在这里,如果把决策比作大海捞针,最优型决策就是要求在海底所有的针中间捞出最尖最好的那枚针,而满意型决策则只要求在有限的几枚针中捞出尖得足以缝衣服的那枚针即可,即使还有更好的针,对决策者来说已经无意义了。因此,西蒙说:"管理理论尤其是关于刻意理性和有限理性的理论,也就是关于因为没有寻求最优化的才智,所以退而寻求满意的人类行为的理论。"[12]

西蒙虽然因为提出有限理性和满意型决策而闻名于世,但是,他并不否定理性的作用,相反,他高度肯定那些试图突破有限理性的可贵尝试。一则,人类可以通过对行为过程的密切观察,来探索原来没有进入视野的可能方案,以此扩大可行方案的抉择范围。这样有助于部分地克服方案的可行性范围限制这个难题。西蒙认为,整个工具发明和技能领域都属于这一类情况。二则,如果在不存在显著间接效应(即经济学中所说的外部性)的前提下,在实际决策过程中,人们可以分离出一个只包括有限变量和有限结果的封闭系统,对系统外的变量和结

---

[10] 同上书,第 308 页。

[11] 同上书,第 111 页。

[12] 同上。

果忽略不计,而只考虑那些在因果关系上和时间序列上与决策最密切相关的因素。西蒙指出,这样有助于部分地克服知识不完备性这个难题。诚然,在可预见的将来,人类很难实现从有限理性向完全理性的飞跃,因而也无法完成满意型决策向最优型决策的最终跨越,但理想与现实的鸿沟会一直激励着人们将这种宝贵的尝试持续下去。

西蒙对待科学研究也是这种态度。在 1978 年获诺贝尔经济学奖的演讲中,西蒙曾说:在经验科学中,我们只想逼近真理,我们不幻想我们能找到一个单一的公式,或者甚至一个相当复杂的公式,能掌握全部真理,并且不包含其他东西。我们安心于一种逐步逼近的战略。

由此,我们可以看出,西蒙在否定完全理性后,又回归到崇尚理性的原点。在这一意义上,西蒙是对此前经济学理论中的完全理性假设与现实中的不完全理性进行了调适。他的贡献,在于从逻辑上打通了人类理想与现实的沟堑。

四、程序化决策和非程序化决策

西蒙把决策区分为性质相反的两种决策:"程序化决策"与"非程序化决策"。程序性决策也叫结构良好决策,非程序决策也叫结构不良决策。他说,这两种决策并非非此即彼,截然相反,而是像一个光谱一样的连续统一体:其一端为高度程序化的决策,如为普通顾客的订货单标价,为患病雇员核定工资,记录办公用品的供应情况等;另一端为高度非程序化的决策,即新颖、无结构、具有异常影响的决策,如新厂址的选定和新产品的设计等。在这两个极端之间,则可在这个光谱式的统一体中找到不同灰色程度的各种决策。而采用"程序化决策"和"非程序化决策"这两个词,只是用来作为光谱黑色频段和白色频段的标志。

他指出,区分程序化决策和非程序化决策的主要依据是这两种决策所采用的技术不同。对于以上两种决策类型,西蒙认为,制定常规性程序化决策的传统方式由于新的数学技术的研制和广泛的应用而发生革命。这种新的数学技术就是"运筹学"和"管理科学"。任何工商组织或政府机构,不管其规模大小,其经营方式很少不为这些 50 年代初期开始应用的新技术所严重影响。这些数学工具虽然在逻辑上与计算机无关,但它们在实际应用时要做大量的运算。因此只有在电子计算机应用后,它们才能充分发挥作用。(其区别参见下表)

表 9.1 程序化决策与非程度化决策

决策类型	决策制定技术	
	传统决策制定技术	现代决策技术
程序化决策 常规性、反复性决策,组织为处理上述决策而研制的特定过程	1. 习惯 2. 事务性常规性工作;标准操作规程 3. 组织结构:普通可能性;次目标系统;明确规定信息通道	1. 运筹学数学分析模型;计算机模拟 2. 电子数据处理
非程序化决策 单射式,结构不良,新的政策性决策	1. 判断、直觉和创造 2. 概测法 3. 经理的遴选和培训	探索式问题解决技术适用于: (A)培训决策制定者 (B)编制探索式计算程序

　　企业里制定非程序化决策的传统方式——包括大量的人工判断、洞察和直接观察——还未经历过任何较大的革命。但在某些基础研究方面正在形成某种革新,如探索式解决问题、人类思维的模拟等。我们现在对一个人在进行判断或直觉观察时头脑里的变化情况有了更多的了解,而且已经着手将这些过程在计算机上进行模拟。

　　我们对非程序化决策制定问题的日益理解在管理方面引起了两种十分不同的变化。一方面,这种理论将为非程序化问题领域内决策制定过程的某些方面的自动化开拓出新的前景,如同运筹学使程序化决策制定过程的某些方面实行自动化一样。另一方面,通过使我们深刻地洞察人类思维过程,这种理解将提供新的机会,特别是通过教育和训练来增进一般人,尤其是经理们在困难的结构不良的复杂环境中制定决策的能力。[13]

五、决策过程中的组织影响模式

　　管理是一种以决策为核心的组织行为。"组织指的是一群人彼此沟通和彼此关系的模式,包括制定和实施决策的过程。"[14]这种模式向个体成员提供大量

〔13〕［美］赫伯特·A.西蒙:《管理决策新科学》,李柱流等译,北京:中国社会科学出版社,1982 年。
〔14〕同本章注〔2〕,第 16 页。

决策信息，许多决策前提、标的和态度；它还预测其他成员目前的举动以及他们对某个成员言行的反应，并向该成员提供稳定的易于理解的预期值。"社会学家将这一模式称为'角色体系'。我们关心的是组织这种角色体系的形式。"[15]

组织上层制定的决策，若不向下层传达，就无法影响操作人员的行为。要对这一过程进行考察，就必须研究操作人员行为的方式。西蒙认为，这些影响大致可以分为两类：一类是强迫操作人员接受他人制定的决策；另一类是培养操作人员自身的态度、习惯和精神状态，引导他们制定出对组织有利的决定。第一类主要方式就是行使权威，包括提供咨询和信息服务的方式。第二类是对员工谆谆教诲，培养员工对组织的忠诚度，引导员工注重效率，以及对员工进行培训等。

这里，着重对权威和对组织忠诚这两种影响方式进行考察。先说权威，西蒙说："我们可以把权威定义为指导他人行为的决策制定权力。"[16]他说这个定义在本质上和巴纳德的定义相同。就是说，下属只要允许上级监督人员通过制定决策，指导自己的行为，而不独立审查该项决策的优劣，就可以说他接受权威的控制。这就是"用下属的行为来定义权威"。[17]

权威赋予了组织以正式的结构。因为它把作为组织参与者的个人行为与他们在组织以外的行为区分开来。权威关系是组织内的关系，可以用纯客观的行为主义的术语来定义，只有当上级和下属双方当事人的行为确实发生时，才发生权威关系。权威最显著的特征就是，"权威并不打算说服下属，而只要下属服从"。[18]当然，总的来说，权威的专断要素只有在下属的"接受范围内"才能产生影响。而且，在实际行使权威时，通常还混杂着建议和劝说的成分。这和巴纳德的权威接受论并无原则上的区别。

上级行为模式包括命令和预期。命令就是关于下属决定采取某种行为方案的命令陈述。而预期是该命令或信号会被下属作为决择准则接受。

西蒙认为，按照以上定义，在组织当中，权威行使的方向既可以"向下"，也可以"向上"和"横向"。他举例说，一个经理如果让秘书决定如何摆放文件柜，而且没有重新审查其决定的优劣就接受了他的建议，那么就可以说，这个经理接受了该秘书的权威。这属于广义上的权威。他还指出，组织中的"权威链"（职权层级

---

[15] 同上。
[16] 同上书，第171页。
[17] 同上书，第174页。
[18] 同上书，第189页。

系统)有着特别的重要性。当人们无法就某特定决策达成共识时,为了结束争论通常求助于这类正式的权威关系。由于这种上诉式的权威行使方式,一般要具备保障手段才能生效,所以组织中的正式权威结构,通常与人事任命、惩罚、免职等有关。在组织日常工作中,正式权威链往往还有非正式权威关系作为补充。正式的层级结构,在很大程度上是为解决争端而准备的。

权威作为群体行为协调的工具获得了广泛运用,体现了该工具的重要作用。这里,西蒙提醒我们特别要注意权威的三种职能:(1)它加强了个人对行使权威者的责任;(2)它保证了决策制定过程中专门知识和专门技能的运用;(3)它有助于活动的协调。这里,协调和专门知识不同,专门知识是为了采纳好的决策,而协调是为了让大家采纳一致的复合决策,以达到预定的目的。

在考察组织影响成员个人行为方式时,西蒙对组织和个人的关系进行论述。他指出,有人认为,正式组织要求成员施加和接受权威,而权威又不利于人格的成熟发展,它压制了个人的创造性,直接阻碍了个人的自我实现,造成了个人和组织的疏离感。有些人甚至对组织持怀疑态度,他们坚持认为,真正重要的不是组织,而是组织里的个人,等等。西蒙指出,这些说法在很大程度上是对组织和个人关系的误解。他强调指出,组织对于个人不是无关紧要,而是非常重要的。为什么?"首先,因为组织提供了塑造和培养个人素质和习惯的大环境;其次,因为组织为各负责人提供了与其职位相应的对他人行使职权施加影响力的手段;再次,因为它通过建立沟通渠道,确定了决策制定和实施所需要的信息环境。"[19]

西蒙进一步指出,在考察组织中个人和组织的内在关联时,不可忽视组织成员对组织的忠诚和认同这一现象。

组织成员对组织的忠诚是怎么形成的? 西蒙说,指导个人决策的组织价值和目标最初是通过行政权威硬性加到个人身上的,"但是这些价值在很大程度上逐渐开始'内在化',融入了每位组织成员个体的心理和态度中。个体逐渐培养出对组织的依从和忠诚,不需要任何外部的刺激就可以自动使个人决策与组织目标保持一致"。[20] 就是说,个人对组织的忠诚,是组织价值在组织成员个人心理上内在化的产物,是个人对组织价值自觉依从的体现。这种忠诚既包括对组

---

〔19〕同上书,第16页。
〔20〕同上书,第265页。

织的服务标的,即组织目标的依从;还包括对组织本身的存续发展的依从。

西蒙接受了巴纳德关于"个人个性"与"组织个性"的观点,指出,"组织参与者通过服从组织确定的目标,通过逐渐把目标吸收到个人态度中,养成了一种与其个人个性极为不同的'组织个性'"。[21] 组织给个人分配了角色,这个角色详细规定了个人进行组织决策所依据的具体价值要素、事实要素和各种备选方案。组织角色和组织个性的建立对于管理决策来说是必不可少的。组织通过限制个人决策和活动的范围,将决策问题降低到它们可以控制的程度。

组织成员在组织忠诚的引导下,从其行动给组织带来的后果的角度,评价各种备选行动方案。西蒙举例说,如果一个人赞成某一行动方案是因为"对美国有利",那么他就是认同了美国人;如果他赞成某一行动方案是因为能"促进伯克利的商业",那么他就是认同了伯克利人。他由此而引申到人们对民族和阶级的忠诚和认同,指出,"民族忠诚和阶级忠诚在现代社会的结构中具有根本的重要性"。[22]

组织成员之所以产生对组织的忠诚和认同,其根本原因在于前面所述的个人和组织的内在联系。此外,还可以从组织成员个人的心理机制方面得到解释:

首先,个人对组织成功的兴趣。个人愿意制定非个人化的组织决策,是因为各种因素或激励将他与组织联系在一起,比如说他的薪水、声望、友谊等许多因素。许多个人价值不仅取决于个人与组织的联系,而且也由组织本身的发展和成就来决定。由此导致了个人对组织目标和组织发展目标的认同。

其次,注意力焦点。就管理者来说,他们往往从他们在组织中充当的角色,也即从他所承担职责的角度出发,他的注意力一般集中在最直接受到管理计划影响的价值观和群体上,因为这是他个人目标和组织目标的交结点。所以,西蒙说,在管理型结构中,参与者的职位决定他们的注意力焦点。就非管理者来说,他们的注意力则往往集中在他们对组织所起的作用上。[23]

由此便促使了组织成员对组织的认同。西蒙认为,认同要素是决策心理环境中一个特殊但又具有根本重要性的因素,"它是建立决策环境的重要机制"。[24] 这种认同的现象,或称为组织忠诚的现象,执行着一项非常重要的管理

---

[21] 同上。
[22] 同上书,第 10 页。
[23] 参见同上书,第 213—215 页。
[24] 同上书,第 275 页。

职能。如果管理者每次面临决策时都必须根据人类所有价值去评价决策,管理就不可能存在理性。如果他只需要按照有限的组织宗旨来考虑决策,他的任务才处于人力所及的范围内。

通过认同,个人用组织目标代替个人目标,而且,有组织的社会通过认同,迫使个人接受社会价值系统,以此来取代个人动机。"如果一个组织创造的认同模式能够带来社会价值和组织价值之间的一致性,这种组织结构就有社会价值。"[25]

西蒙的决策理论具有重要的历史地位。从管理哲学方面看,他的贡献最突出的表现在以下两个方面:

(一)在管理思想史上第一次把决策在管理中的地位和重要作用提了出来;把决策看成管理的核心,认为管理从决策开始,并且决策贯穿于管理的全过程。彰显出管理行为的主体性和能动性。发现决策地位和功能,是西蒙的一大贡献。有研究者说,这等于是发现了管理的一个新职能。但是,在肯定和赞扬之余,也有一点质疑:按照西蒙的论述,似乎管理就是决策,决策就是管理唯一的职能,其他职能,如组织、激励等都可以用决策这个职能包办代替了。而事实并非如此。

(二)西蒙的另一个贡献就是对"有限理性"的发现,宣布"完全理性"的幻灭,于是才有"满意原则"对"最优原则"的转换、"管理人"对"经济人"的转换。这是对古典经济理论的挑战和扬弃,使得管理实践中理想和现实、主体和客体进一步融合。不过,也正是这个理性问题产生了一个疑问。由于西蒙区分了决策中的价值要素与事实要素,并且用目的与手段作为对应,决策主要的是与事实要素相联系,它的正确与否主要地是要看决策所提供的手段是否达到目的的实现,可见西蒙所谓的有限理性是属于一种工具理性。至于价值要素,它是关于管理者对某种事物喜好的表示,这种个人喜好显然属于情感的问题,情感属于心理学的对象,不是逻辑问题,人们不可能通过科学的方法检验其正确与否,因而不属于理性。这样,他所说的有限理性,只适合于事实判断,而事实判断和价值判断的关系是手段和目的的关系。手段是理性的,而目的却不是理性的,也就是说,决策中的价值判断不是理性的,而是非理性的。这就陷入了韦伯所批判的形式(工具)的合理性,实质(价值)的非理性。西蒙的这种倾向正是反映了他在哲学上的逻辑实证主义的局限性。

---

[25] 同上书,第 280 页。

第十章　德鲁克目标管理和自我控制的管理哲学

> 管理是一种实践,其本质不在于知,而在于行;其验证不在于逻辑,而在于成果;其唯一权威就是成就。

> ——彼得·F.德鲁克

一、"大师中的大师"

彼得·F.德鲁克(Peter F. Drucker,1909－2005;或译杜拉克)于1909年生于奥匈帝国的维也纳,祖籍荷兰。他的父亲为奥国负责文化事务的官员,他的母亲是奥国率先学习医科的女性之一。他成长的家庭具有优异的文化背景。德鲁克先后在奥地利和德国受教育,1931年从法兰克福大学获法学博士学位。1934年德鲁克迁居美国,1942—1949年,他在贝宁顿学院,担任政治和哲学教授;此后,从1950至1971年的20多年,在纽约大学担任管理学教授。1971年,德鲁克来到加州,他在当时的克莱蒙特大学研究生院为在职专业人士创办了一个全国第一届MBA课程。从此,他定居于克莱蒙特,直至2005年11月,他在克莱蒙特逝世。

德鲁克一生从事管理教学、咨询和著述。尽管被称为"现代管理学之父",但德鲁克一直认为自己首先是一名作家和教师。从1971年到2005年去世,他是克莱蒙特大学的社会科学和管理学的克拉克教授。他培养一批又一批的管理人员,30多年如一日。1987年,在他的名誉下,克来蒙特大学的管理研究生院被命名为"德鲁克管理研究生院"(后更名为"彼得·F.德鲁克与伊藤正敏管理研究生院")。2002年,他讲授他的最后一堂课,那时他已经92岁。

德鲁克的著作非常丰硕。他曾连续20年每月为《华尔街日报》撰写专栏文章,一生在《哈佛商业评论》上发表38篇文章。在他长达60多年的职业生涯中,平均每 2 年就有一本书问世。现在,德鲁克的 39 种书籍已经被翻译成 30 种以上语言。其中,1946 年问世的《公司的概念》一书,是他事业起飞的标志。该书是他深入当时世界最大公司之一通用汽车公司进行调查研究的结晶。1954 年德鲁克发表了《管理的实践》一书,按照德鲁克自己的评价,这是"一本视管理为整体、率先说明管理是企业的特殊功能、管理者肩负了明确责任的管理书籍"。这本书的发表,使得管理学从此成为一门学科,也奠定了德鲁克成为 20 世纪最有影响的管理思想家的基础。几十年来,管理专业的学生、立志成为管理者的年轻人和成熟的管理者,仍然视本书为打好管理学根基最重要的一本书。有一家全球最大银行的董事长一再告诉部属:"如果你只读一本管理书籍,那么就读《管理的实践》好了。"德鲁克说,他相信本书之如此成功,原因在于其内容既无所不包,又写得浅显易懂。每一章都很短,却又完整地说明了管理的基本观念。

德鲁克自述说,他后来发表的管理书籍,如:《成果管理》(1964)、《卓有成效的管理者》(1966)、《管理:任务、责任和实践》(1973)等,都是对这本书(《管理的实践》)的各个主题分别进行深入探讨和发挥。1999 年,德鲁克发表了《21 世纪的管理挑战》,对即将到来的 21 世纪新的发展趋势作出了预测,将"新经济"的挑战定义为提高知识工作的生产力。2001 年,德鲁克自己编辑的《德鲁克精华》出版,概述涵盖了从《公司的概念》到《21 世纪的管理挑战》的一系列作品。德鲁克曾为美国、加拿大和日本的各种政府机构担任顾问,他还为各种非营利组织进行过无偿咨询。

德鲁克在谈到自己的职业时说,"写作是我的职业,咨询是我的实验室"。在他漫长的咨询生涯中,受他咨询过的对象,不乏许多大公司,其中包括通用电气(GE)、可口可乐、花旗集团、国际商用机器公司(IBM)和英特尔。他还为许多著名的企业领导人提供过咨询,如通用电气的杰克·威尔奇、保洁公司的 A. G. 雷富理、英特尔公司的安迪·格鲁夫、丰田汽车公司名誉董事长丰田章一郎以及世界第二大零售组织伊藤洋华堂名誉理事长伊藤正敏等。德鲁克在现代管理事业上作出了突出的贡献,他不仅是现代管理学的奠基人、目标管理的倡导者,而且在市场、创新、变革、战略、知识管理,以及 21 世纪管理者的挑战等方面都有独到的真知灼见。他的著作、讲座和咨询工作,为攻读管理学的学生和管理者建立了丰富的宝库,他的思想和实践让诸多管理大师和成功企业家深受启发。当记者问到比尔·盖茨都读哪些经营管理的书籍时,他答道:"除了彼得·德鲁克的书外,还有哪些书可以看呢?"德鲁克的思想不仅在欧美,而且在日本和中国,都有着广泛的影响。为此,《经济学人》(*The Economist*)杂志曾经作出著名的断言:"假如世界上果真有所谓大师中的大师,那个人的名字,必定是彼得·德鲁克。"

德鲁克一生获得无数荣誉。其中,2002年7月9日他被美国总统小布什授予总统自由勋章。他还从日本和奥地利政府获得荣誉。从1990年到2002年,国际慈善机构"救世军"授予他救世军最高奖项"伊万捷琳·布斯奖"。2004年6月德鲁克荣获《哈佛商业评论》授予的第七个麦肯锡奖。1996年德鲁克入选美国青年成就名人堂商业厅。此外,他拥有来自美国、比利时、捷克、英国、西班牙和瑞士等国大学的25个荣誉博士学位。2009年10月,为纪念德鲁克诞生100周年,在加利福尼亚的克莱蒙特的学院大道和达特茅斯大道之间的第十一街被命名为"德鲁克之路"。

二、管理的本质和任务

德鲁克准确地界定了管理的本质,指出:"管理是一种实践,其本质不在于知,而在于行;其验证不在于逻辑,而在于成果;其唯一权威就是成就。"[1]

德鲁克强调管理的实践性,就是说管理属于实践的范畴,而不属于认识的范畴,虽然管理过程也包括认知活动,但其整个过程的目的是为了通过行动,改变周围事物,以求得实际效果,而不是为了求知。实践是主观见诸客观的过程,而认识则倒过来,属于客观反映于主观的过程。

他在他的另一本著作中指出:"管理就是界定企业的使命,并激励和组织人力资源去实现这个使命,界定使命是企业家的任务,而激励与组织人力资源是领导力的范畴,二者的结合就是管理。"[2]

这两个定义前一个侧重从知(认识)和行(实践)这两个哲学范畴上来界定管理,后一个则进一步从实践的内容(做什么)来界定管理。进而,德鲁克从管理的实践性出发,论述了管理的任务,指出管理的任务有三项:(一)设定组织机构的目标和使命(无论是商业企业还是医院或大学);(二)确保工作富有生产力,并且使员工有成就感,产生效益;(三)管理组织机构所产生的社会影响和承担

---

[1]《管理:任务、责任和实践》序言,转引自[美]彼得·德鲁克:《管理的实践》,齐若兰译,北京:机械工业出版社,2010年,第XIV页。

[2][美]彼得·德鲁克:《管理:任务,责任和实践》,刘勃译,北京:华夏出版社,2008年,第50页。

责任。[3]

关于怎么理解管理的任务，德鲁克认为，大多数论述管理的书，都是从内部考察管理，而他则主张首先必须从外部考察管理，也即从社会的角度来看企业和管理。他指出，"谈管理时必须将三个方面都纳入：一是成果和绩效；二是企业内部共同工作的人形成的组织；三是外在的社会——社会影响和社会责任"。[4]

很明显，这三个方面和管理的三项任务有着必然的联系，就是说，企业和管理都是社会的器官，企业管理的任务是社会赋予的，必须从社会的角度来看管理的任务。关于第一方面"成果和绩效"——这是要求在设定组织机构的目标和使命时必须考虑关注的。尽管组织机构因性质不同，其设定的目标和使命也千差万别，但是，不管它是企业，还是医院，或是大学，它的目标和使命实现与否都必须用成果和绩效来验证，"成果和绩效"是检验管理的唯一权威。任何组织都是社会的一分子。管理所创造的一切成果和绩效，归根结底都是为了实现企业的目的，也就是为社会作贡献。即使最彻底的私有企业仍然是外在社会的一个结构，发挥着某种作用。

关于第二方面，管理必须考虑：企业内部共同工作的人所形成的组织。这个组织其实就是正式组织。德鲁克认为，正式组织不只是个人的延伸，而且有其本身的关系。其中包括雇主和雇员这个基本的社会关系、管理者和被管理者的关系，还包括利润和工资的分配关系，以及由此带来的利益上的冲突，由此可见，企业内部的组织交织着人们之间各种社会关系，它是社会的组成部分。因此，要实现第二项的任务，确保工作富有生产力，并且使员工有成就感，产生效益，管理者必须善于协调融合组织内部各种人与人的关系，从而充分调动员工的创造性和积极性。这是"确保"第二项任务的最重要条件。

管理必须考虑关注的第三方面：外在的社会——社会影响和社会责任。这就是德鲁克规定的管理的第三项任务：管理组织机构所产生的社会影响和承担责任。组织通过管理为社会作出贡献，以企业为例，企业通过管理，创造绩效——为社会提供商品和服务，这是主要的，但是不仅如此，企业管理层的一些政策（如招聘、招工、收购、销售等政策）和决策也不同程度地给社会以影响。因此，德鲁克强调指出，尤其在工业社会，社会把创造财富的资源托付给企业，它赋

---

[3] 同上书，第28页。
[4] 同上书，第XXIV页。

予企业以相当的权力。企业的管理者必须具备高度的社会责任感,担当起肩上应负的社会责任。企业的所有行为都必须以管理者的社会责任为依据。

从以上可以体会到,管理的本质和管理的任务是紧密联系的。管理任务进一步丰富充实了管理的内涵,只有认清管理的任务,才能进一步体会管理的实践性和社会性的本质。而这一点是非常重要的。德鲁克认为,只有了解管理的本质才能了解管理的真谛。他断言,未来世界经济的发展,"更加不需怀疑的是,哪个国家的管理者最能够了解管理的真谛,并彻底地实现有效管理,该国家必将取得世界领导地位"。[5]

三、以人为主导与以工作为中心相结合的原则

按照德鲁克的定义,管理就是界定企业的使命,并激励和组织人力资源去实现这个使命。就是说,管理的任务就是确定使命,实现使命,为社会作贡献。这就是管理的中心工作,管理的一切活动都必须围绕这个中心而进行。就企业管理而言,德鲁克说,"管理层的第一个定义是,管理层是经济器官,是工业社会所独有的经济器官。管理层的每一个行动、每一项决策和每一个考虑,都必须以经济作为首要尺度"。[6]就是说,企业管理的一切,都必须以创造经济效益为首要尺度,围绕这个中心进行。

使命确定后,任务必须依靠人来完成。管理的任务就是要"激励和组织人力资源去实现这个使命"。人力资源是一切资源中最宝贵的资源。这里的人力资源指的是全体员工。按照德鲁克的说法:从推车的工人到执行副总裁都是"员工"——这个解释很重要,因为这里所说的问题同样适合于管理者。激励和组织人力资源,这个人力资源首先就是激励和组织管理者自身。管理者是企业最昂贵的、最有力的生产力资源。管理者是管理的主体,是使企业任务得以实现的主体。管理者必须被管理。"只有管理管理者,才能造就企业。"[7]管理管理者的实质就是使管理者组织化,实行自我管理,其目的在于最充分的调动(激励)管理主体的能动性和创造性,从而达到"利用人力和物质资源造就一家能创造经济价

---

〔5〕同上书,第18页。
〔6〕同上书,第7页。
〔7〕同上书,第10页。

值的企业"〔8〕的目的。

德鲁克所说的员工当然包括像"推车的工人"这样的广大工人。工人不单是被管理的对象、管理的客体，而且更重要的还是工作的执行者，是工作的主体。这就从另一层意义上显示人在管理中的主体地位。

关于怎么看待员工在工作中的主体地位，德鲁克指出，必须认识到，每位员工都是"一个人，一个独立的个体，一个公民"。〔9〕"我们必须把工作中的人力当'人'来看待。换句话说，我们也必须重视'人性面'，强调人是有道德和社会性的动物，设法让工作的设计安排符合人的特质。"〔10〕作为一个人，他有人类的需要和动机。过去假设员工不想工作，其实完全不正确，因为这并不符合我们对人性的理解。其实，人类不但在精神和心理方面需要工作，而且每个人通常都想做点事情。作为一个人，他具有不同于其他资源的特殊品质，"因为人（也唯有人）不能'被操纵'"。〔11〕因此管理者在运用这个特殊资源时，也需要他具有某些特殊的品质。作为一个独立的个体，他有独立的人格，有独立自主的权利，能够掌控自己是否要工作，以及做多做少和绩效好坏。

德鲁克说，由于以上理由，员工需要受尊重，需要激励、参与、满足、刺激、奖励、领导、地位和功能，并且使他们具有像管理者那样的愿景，从而树立责任感、自豪感和荣誉感。只有这样，他们才能以主人翁的态度对待工作，他说："生产力是一种态度。换句话说，员工的工作动机决定了员工的产出。"〔12〕另外，德鲁克还指出，员工作为一个公民，他在国家政治生活中和社会生活中处于主体的地位，并享有公民应有的权利和应尽的义务。要让员工树立公民意识，感到他的工作是在为社会作贡献。但是，那种要求员工对企业绝对忠诚，就好像企业承诺对员工负起百分之百的责任一样，都是不对的。

德鲁克指出，管理就是"管理员工和工作"，那么，管理员工和管理工作是什么关系？他说，一方面，"要对工作进行组织，使之成为最适合人类的工作"。另一方面，"对员工进行组织，使得员工有效地进行工作"。〔13〕就是说，既要员工最

〔8〕同上书，第11页。
〔9〕同上书，第212页。
〔10〕同上书，第213页。
〔11〕同上书，第281页。
〔12〕同上书，第213页。
〔13〕同上书，第11页。

有效地工作,又要使工作条件成为最适合人类——人性化的工作条件。

如上所述,一方面,管理必须围绕工作这个中心来进行;另方面,必须充分发挥人(管理者和员工)在管理中的主导作用。一切管理都是为了实现企业承担的任务,而任务的完成必须依靠全体员工主体作用的发挥。这样,才能达到"确保工作富有生产力,并且使员工有成就感,产生效益"。

德鲁克认为,在管理中,以人为主导和以工作为中心,这两个方面是密切相联、缺一不可的。任何割裂二者,片面强调其中某一方面,忽视另一方面,都是错误的。对此,德鲁克回顾了管理思想史上的两大思潮——科学管理与人际关系理论,它们在解决人和工作的关系问题上所留下来的经验教训。

对于科学管理,他指出,科学管理是美国产业界实际拿来管理员工和工作的根本概念。有组织地研究工作,以及针对每一个元素,有系统地改善员工的绩效,才是科学管理的核心做法。但是,"科学管理的见解其实只有一半是真知灼见",科学管理存在着一些盲点。其中之一就是试图组织人的工作,但却不经验证就假定"人只是机械工具(虽然是设计不良的工具)"。[14] 对于人际关系理论,德鲁克指出,人际关系理论认识到人力资源是一种特别的资源,并且大力强调这个观点,反对把人看作机器,好像"投币自动售货机"一样,会自动对金钱刺激有所反应。这是它的正确的一面。[15] 人际关系理论也具有消极的一面。在员工工作动机问题上,他们相信"自发性动机",似乎认为:"只要消除恐惧的心理,员工自然就愿意工作。"[16] 还没有提出什么积极的工作动机,只是泛泛而论。其次,"人际关系理论也没有把重点放在工作上。……却把重点放在人际关系和'非正式团体'上"。[17] 结果,他们认为员工做的是哪一种工作根本无关紧要,片面地认为,只有他和同事的关系才能真正决定他的态度、行为和效能。总之,"人际关系理论对问题的经济维度缺乏了解"。[18] 结果,人际关系理论很容易变为一些口号,而没有真正的组织管理政策。

德鲁克对于科学管理和人际关系理论的评论既中肯又深刻,它们对待管理中人与工作的关系,各执一个片面:科学管理正确地把重点放在工作上,着眼于

---

[14] 同上书,第 228 页。

[15] 同上书,第 225 页。

[16] 同上。

[17] 同上。

[18] 同上书,第 226 页。

改善员工的绩效,但是它忽视了人的特质,把人当作机器看待;人际关系理论认识到人力资源是一种特别资源,看到了管理员工的重要性,但是却没有把重点放在工作上面。德鲁克充分肯定它们的基本见解和历史功绩,又毫不含糊地指出他们的局限。他的基本态度是,维护它们的基本见解,超越它们的局限,这样,他就把问题的解决提高到一个新的水平。

四、目标管理和自我控制的哲学

目标管理是德鲁克发明的最重要、最有影响的概念之一。他认为,"企业管理也就是目标管理",[19]目标管理既表示着一种管理模式,又体现着一种管理哲学,并已成为现代管理学理论体系的重要组成部分。

德鲁克的目标管理的要义包含着两个方面。其一,突出目标在管理中的核心地位和导向作用。其二,以自我控制的管理方式取代强制式的管理。

先看第一方面。德鲁克对目标管理曾作过精辟的阐释,他说:"所谓目标管理,就是管理目标,也就是依据目标进行的管理。"[20]一切管理都应该注重后果、追求绩效,以成就为唯一权威。既然管理的过程是为了达到预期的后果,那么,在实践中就应该倒过来,用所预期的后果来指导过程,也就是用目标来引导管理。

德鲁克还指出,目标管理就是以目标为核心的管理体系。在这种管理体系中,目标在组织中具有十分重要的地位,管理的真正含义就在于设定目标,达成目标。目标是管理的核心,所有的管理都是围绕目标进行的。目标是指针,它指引管理者要做什么事情,需要达到什么标准,以及如何实现这一标准。在这种以目标为核心的管理体系中,组织有总的目标,各个部门有部门目标,每个管理者和员工也有自己的个人目标。部门目标和每个人的目标都是为实现组织总目标的需要而设定的,它们紧密联系,一致地朝着共同的组织总目标,为实现组织总目标服务。

德鲁克指出:"目标管理的主要贡献在于,我们能够以自我控制的管理方式来取代强制式的管理。"[21]这是目标管理的另一层要义。目标管理必须而且能够通过管理者和员工的自我控制来实现,突出管理者和员工作为管理主体的独

[19] 同上书,第9页。

[20] 同上书,第48页。

[21] 同上书,第106页。

立自主的能动作用。

自我控制从自我设定目标开始。德鲁克指出，"每位管理者必须自行发展和设定单位的目标。……这是他的首要职责"。[22] 他还说，"管理层是由个人所组成，因此管理管理者的第一个要求，必须将个别管理者的愿景导向企业的目标，而将他们的意志和努力贯注于实现目标上"。[23] 因此，每个管理者必须关心并且明确组织的总目标。德鲁克在《管理的实践》中讲了三个石匠的故事：有人问三个石匠他们在做什么。第一个石匠回答："我在养家糊口。"第二个石匠说："我在做全国最好的石匠活。"第三个石匠（仰望天空，目光炯炯有神）回答道："我在建造一座大教堂。"德鲁克说，只有第三个石匠才是真正的管理者，因为他明确整体目标，时刻不忘为整体目标而努力。

为了确立整体目标的观念，德鲁克要求，管理者和员工应该负责任地参与，协助发展出更高层级的目标，并且，在此基础上自行设定本职单位（或个人）的目标。只有这样，才能具有宽阔的视野和远大的愿景，将组织的整体目标转化为本部门（或个人）的目标，自觉自愿地为实现组织目标作出自己应有的贡献。他说："目标管理的精髓就是共同的责任感和团队合作。"[24]

目标设定以后，必须通过自我控制来实现目标。德鲁克指出，自我控制意味着自我激励，"自我控制意味着更强烈的工作动机；想要有最好的表现，而不止是达标而已，因此会制定更高的绩效目标和更宏伟的愿景"。[25] 这三个"更"，就是自我激励力量的体现。

自我控制能够通过自我测评控制自己的绩效。德鲁克说："目标管理最大的好处或许在于，管理者因此能控制自己的绩效。"[26] 为了控制自己的绩效，管理者单单了解自己的目标还不够，还必须有能力针对目标、对自己的工作绩效进行自我评估。自我控制就是通过自我测评，不断地进行信息的回馈，不断地调整和修正做法，从而达到预定目标的过程。

德鲁克还认为，自我控制实质上就是管理者和员工能够"以自由人的身份采取行动"。[27] 这里，德鲁克所说的"自由人的身份"，就是能以追求共同福祉为每

---

[22] 同上书，第 104 页。

[23] 同上书，第 96 页。

[24] 同上书，第 98 页。

[25] 同上书，第 106 页。

[26] 同上。

[27] 同上书，第 110 页。

位管理者的目标,并且以更严格、更精确和更有效的内部控制取代外部控制。管理者的工作动机不再是因为别人命令他或说服他去做某件事,而是因为管理者的任务本身必须达到这样的目标。"他不再是听命行事,而是自己决定必须这样做。"[28]就是说,"自我控制"是管理者和员工自我设定目标、自我决定如何实现目标、自我评估目标是否达到。这种行动受自己内在意志的驱使,不受制于他人外部力量的控制。这种行动就是自由的行动,作为行动主体的管理者和员工就是以"自由人"的身份进行行动。而由于这种行动是在组织目标指引下,最后又达到个人目标和组织目标的统一,所以,德鲁克认为:"目标管理和自我控制代表真正的自由、合法的自由。"[29]

德鲁克说,他向来不轻易使用"哲学"这个字眼,不过"目标管理和自我控制被称为管理'哲学'倒是合理的"。[30] 为什么这样说? 他提出如下几点理由:

第一,因为"目标管理和自我控制是基于有关管理工作的概念";[31]德鲁克曾经说过,"只有当管理者能以有意识、有方向的行动主宰经济环境、改变经济环境时,才能算是真正的管理"。[32] 目标管理正满足管理的这种鲜明的目的性、方向性特征。所以,德鲁克认为,"企业管理就是目标管理"。[33]

第二,管理者和全体员工需要团结在企业的整体目标之下,正如德鲁克所说,"企业需要的管理原则是:能让个人充分发挥特长,凝聚共同的愿景和一致的努力方向,建立团队合作,调和个人目标和共同福祉的原则。——目标管理和自我控制是唯一能做到这点的管理原则"。[34]

第三,目标管理和自我控制"与有关人类行为和动机的概念相关"。[35] 这就是德鲁克所说的,"人具有许多独一无二的特质。和其他资源不同的是,人对于自己要不要工作,以及做多做少和绩效好坏,握有绝对的自主权"。[36] 反过来说,人不能被操纵。如前所述,自我控制意味着排除外力的控制,能够自我激发更强烈的工作动机;想要有更好的表现,而不止是达标而已,因此会制定更高的

---

[28] 同上。
[29] 同上。
[30] 同上。
[31] 同上。
[32] 同上书,第 9 页。
[33] 同上。
[34] 同上书,第 110 页。
[35] 同上。
[36] 同上书,第 213 页。

绩效目标和更宏伟的愿景。

以上三个方面,表明目标管理和自我控制贯穿着目的性的原则、融合统一的原则和自由的原则。目标管理和自我控制是德鲁克的"以人为主导与以工作为中心相结合"的哲学理念(原则)的最生动、最集中的体现。

五、以责任为核心的管理伦理观

德鲁克的管理哲学的一个重要组成部分就是他以责任为核心的管理伦理观。责任问题在德鲁克管理思想中占有非常重要的地位。有的权威人士在熟读《管理:任务、责任和实践》这本 839 页的经典巨著之后,把管理诠释为:"管理任务、承担责任、勇于实践";也可以说:"任务"、"责任"、"实践"是德鲁克概括自己的管理思想的三个关键词。"责任"就是其中之一。权威人士在这本书中搜索"责任"这一词条时,非常惊异地发现该书索引中有多达 36 处谈到"责任",而竟无一处谈到"权力"。在《管理的实践》中,德鲁克以"管理层的责任"作为该书的结语,在结语中,他语重心长地指出,在我们的社会中,企业管理层的责任,不但对于企业本身,而且对于管理层的社会地位,经济和社会制度的未来,以及企业能否保持独立自主,都有决定性的影响。"因此,企业所有的行为都必须以管理者的社会责任为依据。基本上,社会责任充实了管理的伦理观。"[37]

德鲁克认为,"权力和职权是两回事。管理当局并没有权力,而只有责任。它需要而且必须有职权来完成其责任——但除此之外,绝不能再多要一点"。[38]在德鲁克看来,管理当局只有在它进行工作时才有职权(authority),而并没有什么所谓的"权力"(power)。管理者的"权"和"责"都来自他的职务,他要履行职务就必需有一定的"权",并由此承担相应的"责",因此称之为"职权"和"职责"。"权和责相互依存,缺一不可。主张管理层在某些方面的责任,就必须赋予其相应的权力。"[39]同样,反过来说,当管理者拥有某种职权时,就应该负起相应的责任。

德鲁克指出,企业管理者的首要职责是创造企业所需要的经济绩效。他说:"管理层的第一个定义是,管理层是经济器官,是工业社会所独有的经济器官。

---

[37] 同上书,第 307 页。

[38] 同上书,第 213 页。

[39] 同本章注〔1〕,第 311 页。

管理层的每一个行动、每一项决策和每一个考虑,都必须以经济作为首要尺度。"〔40〕工业企业职责就是为社会提供商品和服务,这也就是管理层的首要职责。此外,企业管理层必须获得充足的利润,以抵消经济活动的风险,保持创造财富的资源不受损害。就是说,企业必须盈利才能生存。同时,还必须增强资源创造财富的能力,从而增加社会的财富。这是管理者不能放弃,也不能推卸的责任。

同时,管理必须注重促进员工个人的发展。德鲁克认为,管理者有责任创造一种环境,在这种环境中,人类得以发展,个人得以自我实现,要使之成为现实。经理人的责任就是,首先承认雇员是一个人,一个"复杂的主体",更是"道德和社会的产物",他们有独立的人格,独立自主的权利。〔41〕经理人的责任,还包括创造一种组织结构,使身处其中的雇员能够高效率有效果地履行职责,该组织内的工作是适度的和具有挑战性的,使他们有责任心和成就感,并且有助于员工的成长和发展。

企业是社会的器官,社会要求企业及其管理层负起责任。上述创造经济绩效、促进员工的个人发展这两项实质上都是管理层应承担的社会责任。此外,现代企业集中使用社会上的大量人力、物力资源,他们的决策对社会有巨大的影响力,而且将影响未来经济、社会和人民生活的面貌。因此,企业管理层对于企业决策对社会所产生的影响负有不可推卸的责任。对此,德鲁克归结为一句话:"最为重要的还是企业管理者必须认识到:他们应该认真考虑每项企业决策和行动可能对社会产生什么影响,应该让企业的每项行动都能促进公众的福利,增强社会的基本信念,为社会的安定、和谐及强大作出自己的贡献。"〔42〕

在本书终结时,德鲁克指出管理的"最后一项责任,也是最主要的结论:设法让能增进公共利益的事情也成为企业的自我利益"。〔43〕他认为,对于社会领导团体而言,仅仅大公无私还不够,甚至将公共福祉置于自我利益之上,也都还不够。"企业必须能成功地调和公共利益和私人利益,让公共利益和私人利益协调一致。"〔44〕企业管理者必须把这个原则当作行为准则,努力达到这个目标,并

---

〔40〕同本章注〔2〕,第 7 页。

〔41〕同上书,第 213 页。

〔42〕同上书,第 311 页。

〔43〕同上书,第 313 页。

〔44〕同上。

且成功地实践这个原则。

德鲁克回顾历史指出，250 年前，英国时事评论家曼德维尔（de Mamdeville）曾以一句著名的警句对当时的新商业时代的精神做了概括，他写道："私利邪恶成了公共利益。"德鲁克说，究竟曼德维尔这句话是对还是错，其实无关紧要。实际上，没有任何社会能够长期建立在这样的信念上。因为在一个美好的、道德的、文化悠久的社会中，公共利益必须建立在私人的良好品质的基础上。没有任何秉持曼德维尔观点的领导团体能够为社会所接受。相反，每个领导团体都必须声称公共利益决定了他们的自我利益。这样的主张是领导地位的唯一合法基础，而领导人的首要任务则是实现这样的主张。

德鲁克进一步指出，根据 19 世纪的观点，资本主义乃是基于曼德维尔的原则，或许这说明资本主义为何在物质上如此成功，当然也解释了为何过去百年来，反资本主义和反资本家的浪潮席卷西方世界。他进而断言，"的确，无论曼德维尔的说法在逻辑上是多么天衣无缝，也不管他的利润有多么丰厚，主张私人之恶乃是大众之福的社会很难长远存续"。[45]

他说，20 世纪初的美国人完全接受曼德维尔的原则。但是今天，美国人已经能提出相反的原则——经营管理企业的时候，必须设法让公共利益也成为企业的自身利益。他说，"这也是'美国革命'的真正意义"。[46] 越来越多的美国企业管理者声称，他们有责任在日常活动中实现这个新原则，这将是每个社会，或许也是整个西方社会，未来最大的希望所在。

德鲁克在结语中语重心长地写道，确保不让这条新原则成为空谈，而是使它成为活生生的现实，是非常重要的。"这已成了管理部门最重要的终极责任。管理部门在承担这一责任时，他不光是在对自己负责，而且是在对企业、对我们的传统、对我们的社会及生活方式负责。"[47]

综合以上内容，德鲁克的管理哲学可以概括为：以实践为管理的本质作为他管理哲学的出发点；把坚持以人为主导和以工作为中心相结合的原则，作为他人本主义的基本原则；以目标管理——依靠自我控制达到自由人境界——作为他的管理哲学的精髓；以责任为核心的管理伦理观作为他的管理哲学的归结点。

---

[45] 同上书，第 314 页。

[46] 同上。

[47] 同上。

六、21 世纪管理的挑战

德鲁克在新老世纪交替之际发表了他的新作《21 世纪管理的挑战》，面对变革空前的 21 世纪，德鲁克从六大方面——管理的新范式、战略：新的必然趋势、变革的引导、信息挑战、知识工作者的生产率、自我管理——深刻分析管理者和知识工作者个人正面临的挑战。

他预测了 21 世纪头几十年间世界经济、社会和文化领域将会出现的几个主要趋势。这些趋势包括人口老龄化、知识工作者队伍的崛起、"信息"正在取代"技术"成为新兴的信息革命的主角、在可支配收入的分配上政府、卫生保健、教育和休闲等部门影响与日俱增、经济的全球化和政治现实越来越背道而驰等等，这些趋势将给管理理论与实践带来深刻的影响。作者的预测不仅基于对欧洲印刷革命以来西方社会五百多年的历史经验的总结，而且也建立在自身在欧美管理理论和实践前沿五十多年的亲身历练和经验的基础之上。[48]

在这本书中，德鲁克把丰富的思想营养呈献给那些希望管理好自己的组织的管理工作者，以及渴望经营好自己的事业与人生的知识工作者。他强调指出，"21 世纪组织最有价值的资产将是知识工作者及其生产率"。有六个主要因素决定了知识工作者的生产率：（1）要提高知识工作者的生产率，我们需要问这样的问题："任务是什么？"（2）要求知识工作者人人有责。知识工作者必须自我管理。他们必须有自主权。（3）在知识工作者的工作、任务和责任中必须包括不断创新。（4）对于知识工作，知识工作者需要不断受教育，他们同样也需要不断指导别人学习。（5）我们不能或至少不能只用产出的数量来衡量知识工作者的生产率。质量至少与数量同样重要。（6）最后，要提高知识工作者的生产率，组织应把知识工作者看做"资产"，而不是"成本"，并给予相应的待遇，等等。[49]

21 世纪管理面临的主要挑战是知识工作者必须进行自我管理。他们应如何学会自我管理呢？德鲁克认为，要做好这些事情，你首先要对自己有深刻的认识——不仅清楚自己的优点和缺点，也知道自己是怎样学习新知识和与别人共事的，并且还明白自己的价值观是什么、自己又能在哪些方面作出最大贡献。因

---

[48] 参见[美]彼得·德鲁克：《21 世纪管理的挑战》，朱雁斌译，北京：机械工业出版社，2009 年，第二章"策略——新的根本现实"。

[49] 同上书，第五章"知识工作者的生产率"。

为只有当所有工作都从自己的长处着眼,你才能真正做到卓尔不群。我们必须学会自我发展,必须知道把自己放在什么样的位置上,才能作出最大的贡献。[50]

德鲁克不愧是管理"大师中的大师",他对 21 世纪管理将面临的挑战的预测,尤其是关于经济全球化与政治现实越来越背道而驰、关于信息革命和知识工作者队伍的崛起的预测,在 21 世纪即将走完五分之一里程的今天,现实已经证明,这些判断是如此是准确无误,人们不得不惊叹大师敏锐的洞察力和准确的判断力!

---

[50] 同上书,第六章"自我管理"。

第十一章　阿吉里斯的组织哲学：
个人与组织的矛盾与融合

卓有成效的领导行为就是通过使个体和组织同时达到自我实现的目标来融合二者。

————克里斯·阿吉里斯

一、组织行为学家

行为科学家克里斯·阿吉里斯(Chris Argyris，1923－2013)出生于美国一个希腊移民家庭。第二次世界大战期间他曾应征入伍；二战后，进入克拉克大学学习，在那里他接触了德裔心理学家，被称为"社会心理学之父"的库尔特·勒温(Kurt Lewin，1890－1947；这时勒温在麻省理工学院研究中心研究群体动力学)。阿吉里斯最终学历是在1951年康奈尔大学工业和劳动关系学院获得的组织行为学的哲学博士学位。

阿吉里斯还以管理咨询而出名。许多知名大公司聘请他担任管理顾问。这些公司包括IBM、壳牌石油公司、通用食品公司、新泽西标准石油公司、利弗兄弟公司等等。他还曾担任全球咨询公司——摩立特集团(Monitor Group)的董事，成为该公司的思想领导。阿吉里斯走过的道路同众多专家学者相类似。从1951年至1971年，他一直在耶鲁大学教授行政科学。这一时期，他的学术才华开始显露。1957年《个性与组织》一书发表，由于他对组织与个人关系的研究有独特的见解，使他在管理学界一举成名。1971年至1986年，阿吉里斯来到哈佛大学教育学院，1986年后，又转至哈佛大学商学院，担任詹姆斯·布莱恩特·科南特(James Bryant Conant)讲座教授，主要研究教育学和组织行为学。此外，他还被法、英、德、挪、荷、希、意等国政府或公共组织聘请为培训和教育方面的顾问。

阿吉里斯的研究领域涵盖了心理学、经济学、社会学、教育学,其代表作是《个性与组织》(1957);后来关注点集中于组织变革,其代表作就是《行动科学》(1985,与罗伯特·普特南和戴安娜·M.史密斯合作);从 20 世纪 80 年代至今,它的学术研究眼界更为广阔和深入,重点放在组织知识的作用上,代表理论是《组织学习》(1978、1996,皆与唐纳德·舍恩合作)。至今,其著作已有 30 多部,论文 300 多篇。他研究管理咨询问题的《有瑕疵的忠告与管理陷阱》(1999),曾入选《哈佛商业评论》年度十大好书。

由于其理论贡献,阿吉里斯曾获得美国管理科学院、美国心理学协会、美国主管训练协会等机构授予的多项荣誉称号,以及 11 项荣誉学位与终生成就奖。授予他荣誉博士学位的有耶鲁大学和哈佛大学,有瑞典的斯德哥尔摩经济学院、比利时的鲁汶大学及加拿大的麦吉尔大学等。在这些荣誉中,最著名的是 1994 年美国管理科学院授予的"管理学科终身成就者"称号。

二、人格与自我

阿吉里斯声称,他写作《个性与组织》的初衷是"为了帮助读者了解人们在现行组织中行为表现的一些基本成因"。同巴纳德一样,阿吉里斯所研究的组织是广义的。这些组织包括工厂、银行、保险公司、工会和政府机关等。他强调人们的组织行为的普遍性。指出,"大量文献所记载的实践经验表明,人的一生中所参与的活动,大部分都是有组织的活动。有一些人甚至指出,组织是生命活动的一种基本形式"。[1]

阿吉里斯认为:"大多数社会组织,从其形成之初就至少由两种基本成分构成的……这两种基本成分就是个体和正式组织,当它们融合在一起时,就构成了社会组织。"[2]他的《个性与组织》的理论框架就是建立在这个基本原则之上。根据这个原则,他将组织分解为"个体"和"正式组织"。先是分析二者各自的特性,然后综合起来,对二者的关系进行研究。

(一) 从人格的研究开始

阿吉里斯认为,组织是由人组成的,"组织成员是人,是一个个鲜活的生命。

---

〔1〕〔美〕克里斯·阿吉里斯:《个性与组织》,郭旭力等译,北京:中国人民大学出版社,2007 年,第 260 页。
〔2〕同上。

他们有自己的'战略意图'，具体体现在他们的能力、需要和所追求的目标中。作为一个鲜活的生命，他门在充当组织成员同时，总会不断追求实现自我。因此，人格的本质是组织行为一个很重要的构成要素"。[3]

这里，阿吉里斯引出"人格"这个术语。"人格"一词，英文作 personality，来自希腊文 persona，原意是面具，指的是希腊演员在演出时所戴的面具，用来代表他们所演出角色的个性。因此，personality 这个词本身就包含有"个性"的意思。阿吉里斯用"人格"一词来表示个体的相对稳定的特质，即心理学上所谓的"性格"或者"个性"，而不是道德意义上所说的人品"高尚"或"卑下"的那个"人格"。阿吉里斯认为，人格的本质是组织行为一个很重要的构成要素。研究组织行为必须从人格、个性的研究开始。

阿吉里斯认为人格、个性具有鲜明的个体性和独立性，此外，他还强调人格的整体性。他认为，无论人格由哪些部分组成，这些部分及其相互之间的联系方式构成了一个整体。这个整体，就是理论家所称的"人格"。要想了解人格，就必须要了解人格的各个组成部分，还要了解各个组成部分之间的相互联系。一个人人格各组成部分相互保持平衡，谓之"内在平衡"；一个人人格达到内在平衡，他就是"自我调整就绪的人"。人格作为一个整体与其外部环境保持平衡状态时，称为"外在平衡"；达到这种平衡的人就是"适应环境的人"。人格各部分平衡会保持一种"稳定状态"，使其不致造成"平衡失调"。"保持人格不变的内在趋势叫做自我实现的基本趋势。"[4]从以上论述可见，阿吉里斯所说的人格或个性的基本属性其实就是人性在个体中的体现，所以，这种个体化了的人性又具有普遍性。

（二）自我和自我意识

人格组成被概念化为"自我"。"对于任何一个人而言，其人格的各个组成部分构成一个独特的整体，科学家们将其概念化为'自我'。"[5]这里的"自我"是一个主体性概念。"自我"既是认识的主体，也是行为的主体。把"人格"概念化为"自我"，意味着对个体的认识从心理学层次提升到哲学的层次。

自我的主体性的一种表现就是自我意识。人开始意识到"我"的存在，标志

[3] 同上书，第 26 页。
[4] 同上书，第 29 页。
[5] 同上书，第 43 页。

着自我意识的开始。这时,自我既是认识的主体又是认识的客体。自我意识不只是指认识自己的身体,它是由人的需要、目标、能力、情绪、价值观以及偏见等构成的独特的有机体,既包括对其自身能力的看法(如对自身能力的自信心),也包括对自己和他人的敏感性。这种敏感性也称为"移情"。一个人如果能做到移情,通常就能洞察他人的感情。阿吉里斯强调,单靠自我反思来建立自我意识是很难实现的。"人必须与他人交往才能了解自己,也只有了解自己才能了解他人。"[6]就是说,自我意识是在与他人展开的社会交往(相互影响)的过程中建立起来的。

自我意识一旦建立,就成为了指导人们看待经验的框架或指南。"事实上,对一个人来说,客观世界永远只是他自认为客观的世界,绝不是摆脱了主观认识的、纯粹的、真正意义的客观世界,永远是他的'自我世界'。"[7]经验都带有自我认识,一个人的世界不同于另一个人的世界,每个人都生活在属于自己的世界里。教育和社交能够促使自我世界的扩大,从而使人格变得成熟。另外,文化与人格密不可分。人的人格是文化背景的个体表现,而社会文化以及社会秩序则是各种人格的集中体现。

(三) 人格自我实现的基本趋势

以上是阿吉里斯从静态的角度来看待个体的人的特性,接下来,他进而从动态的角度进行分析。他指出,人是一个不断发展成熟的有机体。要更准确地预测可能遇到的问题,一个途径就是更准确地定义人必然经历的基本的成长过程和发展趋势。对于这个基本过程和发展趋势,他综合一些心理学家和自己研究的成果,概括出人从婴儿时期到成年以后若干种发展趋势:

1. 从被动状态,向主动性逐渐增强的主动状态发展。
2. 从依赖他人的状态向相对独立状态发展。
3. 从有限的行为方式向多种多样的行为方式发展。
4. 从兴趣经常变化、比较随意、肤浅短暂,向兴趣相对持久和专一发展。
5. 从只顾及当前向有长远打算发展。
6. 从在家庭和社会中处于从属地位,向与周围人基本处于平等地位甚至支

---

[6] 同上书,第56页。
[7] 同上书,第44页。

配地位发展。

7. 从缺乏自觉向能自觉自制发展。

以上就是阿吉里斯所概括的一个人从"不成熟—成熟"的基本过程。对于这个过程，他补充说明道，上述趋势被视为是对人的人格向多元化发展的基本过程的描述。一个人的成长过程可以参照这个发展过程来衡量。这是一个连续的过程，每一个人总是从连续体的一端（即婴儿时期的不成熟状态）走向另一端（即成年时期的成熟状态）。不过，上述内容仅仅是从某一个侧面来反映人的总体人格。在理解某个特定的人的行为时，必须将前面提到的人格特点考虑进去。人格发展在很大程度上还取决于人的自我概念、适应环境和自我调整的程度以及看待自我世界的方式。

上述发展模式意味着一个健康的成年人在工作中会倾向于获得最佳的表现，前提条件是提供给他们的工作必须允许他们：变得更加主动而不是更加被动；更加独立而不是更加依赖；眼光更加长远而不是更加短视；比同龄人拥有更高的职位；能够更加自制；能够将许多内在的和更加重要的才能表现出来。这些发展趋势可以视为人的人格的基本特征。管理者一旦决定聘用某人成为公司的职员，就必须按照这些条件办事。

三、正式组织

（一）正式组织是有理性的组织

在考察了作为组织成员的个体人的基本特性之后，阿吉里斯进而考察正式组织的基本特性。他认为："正式组织最基本的特性是，它是按照一定的逻辑建立的。组织具有基本的理性。"[8]组织创立者的任务就是要建立一个符合逻辑的世界，在这个世界里，正如法约尔所说："有恰当的秩序，人人（事事）都占有一席之地。"[9]他还转述了厄威克、西蒙等人的观点，厄威克认为，组织的创立者是以一种"冷静的、超然的态度……画一张理想的组织结构图"。西蒙也说："组织的建立是为了实现某些特定的目标。……人们在组织中的行为大多数都是有意

---

〔8〕同上书，第64页。
〔9〕同上书，第66页。

而为之的理性行为。"〔10〕

（二）正式组织的一些基本原则

阿吉里斯通过考证后进一步指出，无论是过去还是现在，研究传统组织的专家们一般都是按照一些必须遵循的基本原则来构建他们的组织的，而正式组织的理性特征集中体现在正式组织赖以建立的一些基本原则之中。这些基本的原则是：1. 任务（工作）专业化原则；2. 命令链原则；3. 统一指挥原则；4. 控制幅度原则。

接着，阿吉里斯对这些基本原则逐条进行分析批判。

1. **关于任务专业化原则。** 他认为，这个原则的信念就是，认为集中力量做好有限的几件事情可以提高产品的数量和质量，因此，如果将分配给组织成员的任务专业化，必然可以提高组织和管理的效率。这里包含着三个假设：（1）如果分派给员工的任务得到专业化，其工作效率就会提高；（2）在确定岗位责任制时，可以找到一种使工作速度更高的最佳方式；（3）使用智能化机器，可以消除个性中的个体差异对工作的影响。

他明确指出，任务专业化原则的实行必然对员工个性的发展和自我实现起着限制和阻碍作用。因为人的个性在走向成熟的过程中，形成一个独特的个体，专业化原则一方面无视人的个体差异，另方面使员工工作简单重复、枯燥乏味，并且限制了人的全面发展，从而阻碍了个体的自我实现。

2. **关于命令链原则。** 阿吉里斯说，这是建立在这样的假定之上，即上一级指导和控制下一级，一级指导和控制一级，就可以提高组织和管理的效率，而且为此，必须赋予领导雇佣、辞退、奖惩员工的权力，以按照组织目标的要求塑造员工的行为。但是，这样做的结果就会使得组织中的每一个人都处于依赖、被动和从属于领导的地位。这样就使人格发展受到阻碍，因而被动、从属、缺乏控制权和只考虑眼前正是一个人人格不成熟的表现，而作为一个成年人是不应该如此的。

3. **关于统一指挥原则。** 这个原则提出，如果每个部门都在领导者统一规划和指导下完成一个（或一系列）高度专业化的活动，那么就可以提高组织的工作效率。这就意味着，员工为之努力奋斗的目标、实现目标的途径以及实现目标所

〔10〕同上书，第64—65页。

要克服困难的大小，都有领导者来规定和控制。阿吉里斯认为，这种做法造成了一种使员工心理上产生受挫感的环境。因为，按照阿吉里斯的说法，只有当一个人出于自己内在需要而自己制定自我奋斗的目标，这时才会产生巨大的心理能量（成功欲），并且自觉地为之努力，当他克服困难实现目标时，才会真正地获得心理上的成功感。而统一指挥原则，只会使人处于被动、从属的境地，导致丧失人格的独立性。

4. 关于控制幅度原则。这个原则宣称，通过把领导者的控制幅度限制在五六个在工作上有互动关系的下属之内，就能提高管理效率。对于这个原则，阿吉里斯说，我们有不可争辩的理由得出这样的结论：如果按照控制幅度原则来执行，即把下属的人数控制在最小范围之内，将会使下属在工作中变得更加被动，更加依赖和服从，这又是一种典型的需要不成熟下属的工作环境。

四、成熟人格与正式组织之间的根本矛盾

（一）正式组织的原则使员工的人格处于不成熟的状态

综合起来，阿吉里斯认为，如果按照理论上的定义来执行有关正式组织的原则，那么员工就会工作在这样的环境中：（1）他们对自己的工作基本上没有控制权；（2）期望他们处于被动、依赖、从属的状态；（3）期望他们只考虑眼前的问题；（4）只能发挥出有限的几种表面的、没有智力深度的能力，并且还受到怂恿，要不断地重视和完善这几种能力；（5）期望他们在导致心理问题的环境中完成生产任务。总之，这种环境使员工的人格处于不成熟的状态。事实就是如此，组织愿意向员工支付高薪并给予足够的资历，但前提条件是，要求这些人格成熟的成年人要愿意一天8小时都像一个未成年人那样来表现自己！他列举了许多研究者提供的资料说明，事实上，许多组织中的上司，他们总是喜欢那些表现被动、依赖和从属于领导者的员工。常常看到一些不成熟的人，甚至大脑发育迟缓的人，能成为最佳员工。有的工厂甚至雇佣一些其智力仅相当于6—10岁儿童的弱智女工，管理层对她们的顺从表现非常满意，把她们看作优秀工人。为什么会是这样？因为这是贯彻正式组织所遵循的基本（理性）原则的必然结果。

（二）根本矛盾不可避免

由此，阿吉里斯得出如下结论："在健康人格的发展趋势与正式组织的各种要求之间，存在着根本的矛盾。"[11]

他说，之所以得出这样的结论，是因为所有这些特点都与我们所认定的一个健康成年人的需要不相符，而与沐浴在我们文化之中的婴儿的需要更为一致。他表示，"如果这一分析成立，那么这种不一致的矛盾就是不可避免的根本矛盾"。[12] 说它是"根本矛盾"，是因为这种不一致、不协调带有根本的性质，是由作为组织成员的个体人格的本性（基本特性）和正式组织的本性（基本特性）所决定的。个体人格失去它的本性，健康人格也就不复存在；组织除掉它的正式组织本性，它也就不再成其为正式组织。人格一定要往成熟发展，组织一定要贯彻它的基本原则。因此，这种根本性矛盾就是必然的、不可避免的。

不仅如此，阿吉里斯还指出，这种不一致的矛盾，在以下情况下还会日趋加剧：(1)员工越来越成熟；(2)（按照上述原则建立起来的正式组织）为了取得最高的效率而完全按照那些原则的要求来确定组织结构；(3)在命令链中的地位越来越低；(4)工作变得越来越机械化（即具有生产流水线的特点）。就是说，一端是组织成员的人格发展越成熟，另一端是正式组织的基本原则的贯彻越来越充分，在这种情况下，矛盾就越演越烈。更加说明矛盾的不可避免性。

当然，以上的表述似乎把问题极端化了。对此，阿吉里斯解释说，之所以说得极端化些，目的是为了使立场更加清楚，并没有假定在实际生活中遇到的都是极端的情况。

（三）矛盾的发展和人性的异化

在定义了个体人格和正式组织的基本属性之后，阿吉里斯推导出这样一个概念："健康的个体会由于正式组织的需要而封闭或抑制自我实现。"[13] 从这一命题可以得出另一个推论，即这种基本的心理失调所带来的结果是，健康的个性容易产生挫折感、冲突感和失败感和短视行为。员工对组织遵循其基本原则的措施可能会采取多种适应方式，例如，离开组织、努力工作追求升职、运用防卫机

---

〔11〕同上书，第 78 页。

〔12〕同上书，第 79 页。

〔13〕同上书，第 92 页。

制使他们的世界发生扭曲、变得冷漠和缺乏兴趣、降低质量、偷懒、设定定额、成立非正式组织来消除冲突起因（如管理层固有的正式权力和工作任务专业化）等。

员工的适应性行为还包括他们对非正式组织的需要，他们创建了非正式规范（准则），并使群体正式化（工会）。但是，发展到这一阶段，工会在行政构成上（不一定是哲学意义上）逐渐走向正式化，其实质就是韦伯所说的"官僚机构"。随着官僚化程度的提高，工会将会面临着与管理层同样的问题。例如，其成员变得依赖、被动、从属于工会官员。如果他们希望在工会组织中实现自我，那么他们将会经受挫折，遭遇冲突和失败。于是，冷漠、缺乏兴趣、偷懒和缺乏自我参与等现象依旧出现。于是，前面所讲的在正式组织结构中将会出现的员工适应性行为，也将会在工会组织中体现出来。

这种适应性行为还表现在，得不到满足的员工将会降低工作的心理重要性，变得更加重视物质因素。金钱变得很重要，这不仅是因为金钱能够提高生活必需品，而且是因为金钱象征着一种补偿，即员工被要求在他们不满意的条件下工作，从管理层那里得到的一种补偿（无意识性的）。

阿吉里斯指出，如果这一分析是正确的，说明我们正在进入这样一个时代，即员工拿到的工资是对其对工作岗位不满的一些补偿，员工将会变得更加以物质利益为中心，（不知不觉地）轻蔑人性因素，而管理者采取的措施助长了这个趋势的发展。他引用了弗洛姆（Erich Fromm，1900－1980）在《健全的社会》中的一段话，指出，弗洛姆是这样描述我们正在步入的时代的：

"不满、冷漠、厌倦、缺少快乐和幸福，无用感和一种认为生命毫无意义的模糊感觉，就是这种环境带来的必然结果。这种病理学上的社会综合症可能还没有被人所认识，可能掩盖在疯狂逃离的活动中，或者表现为狂热地追求金钱、权力和名望。追逐的动力之所以如此强劲，只是因为被疏远的人只能依靠这些补偿来弥补内心的空虚，而不是因为这些欲望是'与生俱来的'，或者是工作最重要的激励因素。"〔14〕

弗洛姆是法兰克福学派著名代表人物之一。众所周知，法兰克福学派以倡导"批判社会理论"著称，其批判矛头主要指向现代资本主义社会。在他们的批判理论中，"异化"是一个重要概念。这里，弗洛姆所用的"疏远"（英文

---

〔14〕同上书，第 129 页。

alienation)一词,在法兰克福学派的著作里,就是"异化"(德文 entfremdung)的意思。所谓"异化",在哲学上是指,主体发展到了一定阶段,分裂出自己的对立面,变成了外在的异己的、反过来统治自己的力量。弗洛姆在这里使用"异化",有两层意思:第一层意思是指社会的异化,就是他说的,"我们关于世界的概念……变得与我们的人文因素不相吻合"。[15] 就是说,社会是人的产物,然而却已经变得没有人的品质,变成人的外在的异己的力量。另一层意思是说,人已经被"疏远",即被异化,人性被扭曲,变成只能依靠金钱等物质刺激来弥补内心的空虚。而这正是前者所说的异化了的环境带来的必然结果。

阿吉里斯在这里用较长的篇幅引用弗洛姆的论述,显然是想借用弗洛姆的"异化"思想,来揭露员工在正式组织强化管理之下采取的适应性行为的实质,其后果造成人格的压抑和扭曲。把它提高到哲学上来认识,这种后果的实质就是人性的异化。

(四) 管理层的人性假设以及正式组织"重罪"的"加重"

对于员工在正式组织结构中采取的适应性行为,以及冷漠、缺乏兴趣、偷懒和缺乏自我参与等现象,管理者们却倾向于用另一种方式看问题,他们得出的结论是:(1)员工是懒惰的;(2)员工对工作缺乏兴趣,缺乏工作积极性;(3)员工狂热追求金钱;(4)员工造成了错误的浪费。总之,管理者指责员工,认为问题的根源在员工本身。不忠诚、没兴趣、偷懒是员工的本性,就是说,管理者们把问题的产生归因于人性,认为,人性决定了员工的消极态度和行为。要改变他们的态度和行为,就必须给他们施加更大的压力和刺激。显然,这种观点完全和麦克雷戈所抨击的"经济人"理论,即"X 理论"同出一辙。

从上述基本假设出发,管理层对员工的适应性行为的反应,就是依据他们对有效的正式组织领导控制的假设,采取一系列的措施,其中最主要的是,更强有力的动态领导、更加严格的管理控制和推行"人际关系"计划三种方法。

所谓"强有力领导",实质上就是命令式、专制式的领导。对于这种领导,阿吉里斯列举下属作出的消极反应于下:(1)选择离开;(2)顺从并依赖;(3)领导不在时,发泄愤怒和不满;(4)要求得到领导者更多的关注;(5)相互之间针锋相对(部门间冲突);(6)找替罪羊发泄不满;(7)更加重视相互关系中的物质因素。

---

[15] 同上。

　　而所谓"严格管理控制"，起源于科学管理之父泰勒，发展至今包括从组织政策控制、生产效率控制、工作规范控制……一直到公共关系控制。这样一整套管理控制，体现着一个核心观点（假设）："员工是机器"。阿吉里斯引用一个调查报告中的话，尖锐地指出，这里，"把员工当作机器的观点，与员工认为自己是一个完整的人的观点之间，产生了尖锐的冲突"。[16] 管理控制的影响与正式组织命令式领导对下属的影响是相似的。管理控制为命令式领导提供反馈信息和支持，"两者共同'加重'了正式组织每一年、每一天、每一小时、每一分钟所犯下的'重罪'"。[17] 按照阿吉里斯的观点，正式组织本来已经犯了扼制人的个性健康成长的"重罪"，现在又再采取强化领导、严格管理控制，更加加重对员工个性的压抑，更加引起员工的消极反应，这就使原先犯下的"重罪"重上加重。

　　至于所谓的"人际关系"，这似乎是一种新的举措，它是在"人性回归"、"人性化"等口号下，强调管理者与员工"沟通"，让员工有"参与"的机会，增加一些福利设施和物质奖励等。但是，管理者并没有真正理解什么是良好的人际关系。他们用以处理人际关系的"行动原则"仍然是正式组织和管理控制所依据的逻辑。他们认为员工需要被"注入活力"、"激励"、"点燃其热情"和"鼓舞"，而作为管理者的他们则是活力的注入者、激励者和鼓舞者。他们对人际关系的理解最多就是认为要好好待人，永远不要使别人不安，不要把感觉表露出来，保持自己的人格，感情用事是错误的。这种观念几乎成为一个"规范"，以至于管理者不会直接真诚地与其下属沟通，尤其是当要和下属说一些不好的事情时，则更是如此。所以，阿吉里斯把这种人际关系叫做"伪人际关系"，把其所推行的沟通、参与称为"伪参与"、"伪沟通"。他认为，某些类型的人际关系计划的增多，可能会使员工感到的依赖感和从属感更为强烈，会觉得管理层在利用福利和物质奖励安抚他。这样就会使员工更加看重物质奖励。

　　事实证明，以上三种办法，其后果适得其反，它们不仅无法从根本上解决问题，而且反而会使这些因组织而引发的问题变得更加严重。这就形成了一种恶性循环：按照正式组织基本原则采取组织措施—引起员工的消极反应—针对这些消极反映进而加强组织措施—进一步引起员工更加严重的消极反应。如此一轮一轮，周而复始，形成恶性循环。正如阿吉里斯所说，如此情况，是在每时每刻

---

〔16〕 同上书，第 156 页。
〔17〕 同上书，第 160 页。

地"加重"正式组织所犯下的"重罪"。

五、关键在于二者的"融合"

阿吉里斯说,既然组织中许多"人的问题"最初都是由一个最基本的矛盾引起的,即相对成熟的个体所具有的属性与健康的正式组织所具有的属性之间的不一致性。卓有成效的领导行为就是通过使个体和组织同时达到自我实现的目标来"融合"二者。个体借助组织来满足自身需要,组织"利用"个体来实现组织要求,这个过程被巴基(E. W. Bakke,1903 - 1971,美国管理学家)称之为"融合"过程。

(一) 工作扩展

研究指出,一种提高员工满意度或者自我实现的方法,是增加员工在工作流中担负的正式任务。这样做的结果是,使员工能够发挥更多的能力,从而使他们对工作感到更加满意。在对员工满意度的研究中,一致的看法是,满意度将随着工作的复杂度和对技术要求的提高而增加。当一个人能够展现出他全部个性能力时,他的满足感将会大大提高。随着员工依赖感、顺从感的降低,随着员工对其工作有了更大的(自我)控制权和员工视野的扩大,个人自我实现的程度也将得到极大的提升。

(二) 参与式领导以及以员工为中心式的领导

命令式领导无形中加重了正式组织、管理控制、伪人际关系计划等因素所犯下的"重罪"。因此,为了降低员工的依赖感,最基本的做法就是将命令专制式领导转变成"民主式"、"参与式"、"合作式"或者"以员工为中心式"的领导。利皮特(Ronald Lippitt,1914 - 1986)和怀特(Ralph K. White,1907 - ?)对民主式领导作出明确的定义,"民主式领导就是使下属有更大控制权的领导,就是鼓励下属发挥认知力和感知力的领导,就是减少下属对上级的依赖,并使其变得具有长远眼光的领导"。[18] 在以群体为中心式的领导中,最主要的领导力量是群体具有根据自己的主张实现自我引导和自我实现的基本权利。领导者并非总是领导,

---

[18] 同上书,第214页。

下属也不永远是跟随者。如果群体中每个成员都可以自由自在地发挥某些领导职能，那么这个群体的适应性行为将趋于最佳状态。麦格雷戈的结论认为，减少下属的依赖性是管理层最根本的任务。

（三）以实际为中心式的领导

但是，阿吉里斯说，分析结果表明，两个要素之间的基本矛盾，不可能通过简单的改变正式结构（工作扩展）或者命令式领导来解决，因为员工已经通过非正式活动适应了这些变革。他还说，我们也不认为采用民主式领导就能解决问题，因为"以员工为中心式"领导或者"民主式"领导主要满足的是个体需求。但是，满足个体需要并非组织的全部目的，还需要能够设法满足的是组织要求的领导力。所以，他将领导力定义为"帮助个体以最理想的方式获得自我实现并达成组织目标"。[19]

他还说：既然组织中许多"人的问题"最初都是由一个最基本矛盾引起的，即相对成熟的个体所具有的属性与健康的正式组织所具有的属性之间的不一致，那么，"卓有成效的领导行为就是通过使个体和组织同时达到自我实现的目标来'融合'二者。个体'借助'组织来满足自身需要，组织'利用'个体来实现组织要求，这个过程被巴基称之为'融合过程'"。[20] 这里所强调的融合是有基础的。因为组织和个体不仅有不一致，即矛盾的一面，而且还有互相依存，即统一的一面。因为个体需要借助组织来满足自身需要，而组织也需要利用个体来实现组织要求。卓有成效的领导就是要看到个体与组织统一的一面，善于抓住这个同一性，巧妙地使二者"融合"起来。

但是，事实上并不是所有领导者都能够做到二者的融合。阿吉里斯援引罗特利斯伯格的一段描述说道："许多公司的负责人一方面要竭力做到以客户为中心、以员工为中心、以群体为中心、以下属为中心以及以人为本，但若情况需要，他们又不得不以组织为中心、以产品为中心、以上司为中心、以决策为中心以及以任务为中心。"[21]他们总是在矛盾的两极徘徊，从一个极端走向另一个极端。为什么会这样？阿吉里斯认为，原因是他们的世界观出现差错，现实生活是一个多维的世界，而他们却把它当作一个一维的世界，因而无法摆脱"非此即彼"的思

[19] 同上书，第219页。

[20] 同上书，第240页。

[21] 同上书，第234页。

维方法。在他们看来,要么"以组织为中心",要么"以员工为中心",二者必居其一,无法实行二者的"融合"。

阿吉里斯认为,卓有成效的领导力取决于很多条件,没有现成的模式可循。领导方式的选择,应该基于领导者对实际情况的准确判断。如果人们非要给卓有成效的领导力起个名字,也许可称之为"以实际为中心式领导"。以实际为中心式领导并不是事先规定好的一套影响人们的最好方式。"它对领导者的唯一要求就是,应该对实际情况进行分析判断,然后再采用适当的领导方式。"[22]在对实际情况进行分析判断时,必须牢记所有的人都是带着自己的有色眼镜观察世界的。领导看到的现实,可能并不是其他人眼中的现实。因此,在对实际情况进行分析判断时,既要有自我意识,也要有他人意识。这又把我们引到了人格的特性问题。面向实际的领导者还必须牢记组织的含义。就是说,面向实际的领导者既要记住人格的特性,又要记住组织的特性,无论实际情况如何,都要把这二者融合起来。至于如何融合,则需视实际情况而定。

总的看来,阿吉里斯的组织哲学对个体和组织分别进行深入的分析,并且力图在此基础上,把二者综合起来。他对二者的对立方面的揭示可谓既尖锐又深刻——这正是他的主要功绩,但是,相比之下,对二者统一方面的研究则很不充分——这是他的局限性。对于这一点,阿吉里斯并不讳言。他表示,"不无遗憾的是,对于以实际为中心式领导的研究太少"。原因之一是,研究组织的视角经历了一些极端的变化,首先开展组织行为研究的是一些研究正式组织的专家,后来则是一些人际关系专家,前者偏重于组织的研究,后者偏重于组织中个体的研究。最近的情况是,这两种极端的研究视角正向中间靠拢。在我们看来,这是合乎认识发展规律的。人类对于事物的认识总是一个从片面到全面,从局部到全体的不断深化的发展过程。阿吉里斯也不能超越这种认识的必经阶段。

---

[22] 同上书,第 235 页。

第十二章 麦格雷戈：两种对立的 管理哲学
——X 理论和 Y 理论

随着时间的推移，麦格雷戈的理论的价值被日益证明是如此精辟经典、及时准确，占据着无可比拟的重要地位。

——彼得·德鲁克

一、管理大师

道格拉斯·麦格雷戈（Douglas M. McGregor，1906 – 1964)是美国麻省理工学院管理学教授、管理大师，他在著作《企业的人性面》(1960)中提出的 X 理论- Y 理论人性假设及其管理哲学对于美国的管理和管理教育界有着深刻的影响。

1906 年，麦格雷戈出生于底特律；1932 年，获得美国韦恩大学学士学位；1933 年，获得哈佛大学硕士学位；1935 年，获得哈佛大学博士学位；1937 年麦格雷戈进入麻省理工学院教书，成为当时劳资关系研究小组（现在为劳动雇佣研究学院）的创始人之一；1948 年，他作为心理学教授和劳资关系研究小组的执行理事，接受了安蒂奥克学院的院长一职，在安蒂奥克学院服务了 6 年之后，他重返麻省理工学院，担任产业管理学教授，并于 1962 年成为第一个斯隆学者。在职业生涯的不同阶段，他曾经担任杜威和艾尔米化学公司（Dewey and Almy Chemical Company)劳资关系部经理、安蒂奥克学院院长、社会科学研究委员会主任、美国国家培训所所长、心理协会会长、麻省理工学院学科委员会主席，以及政府和工业企业的顾问。

麦格雷戈的著作主要有三部：《管理的哲学》(1954)、《企业的人性面》(1960)和《经理人员在技术爆炸时期的责任》(1961)。其中，影响最大的是《企业的人性面》。他在这部著作中提出了著名的 X 理论-Y 理论。这个理论的最初提出，是 1957 年 4 月他在麻省理工学院斯隆管理学院五周年第五届校友聚会日上发表的演讲，其题目就叫做"企业的人性面"。同年 11 月，他以同样题目，以论文的形式在美国《管理评论》杂志上发表。三年以后，即 1960 年，《企业的人性面》（The Human Side of Enterprise）最终以书的形式发表。

麦格雷戈的理论提出至今已经有半个世纪，在国外，关于他的理论的研究十分深广，很多管理学大师纷纷撰写文章进行剖析，摘录援引的杂志更是不计其数。可以说，很少有这样一本书可以在经过巅峰之后，仍然持续受到欢迎。当代管理学大师彼得·德鲁克曾经评论说："随着时间的推移，麦格雷戈的理论的价值被日益证明是如此精辟经典、及时准确，占据着无可比拟的重要地位。"

二、X 理论-Y 理论及各自的人性假设

（一）任何管理工作都要以理论为基础

在《企业的人性面》这本书的开篇，麦格雷戈就强调理论对于管理工作的重要性。他明确指出，"任何管理工作都是建立在设想、假设与归纳的基础之上的，也就是说，是以一定的理论作为基础的"。[1] 尽管只是假设，甚至有时还自相矛盾，然而没有假设便没法预测。因为，只有根据一定的假设，才能预测采取方案 A 将会产生结果 B。而没有预测，便无法作出决策和制定政策，也就谈不上任何管理工作。在这里，麦格雷戈强调："理论和实践是密不可分的。"[2]

有的人强调管理不是科学，而是一门艺术。麦格雷戈认为，这一说法无异于否认了理论对于管理的重要性。他指出，在此，问题的关键不在于管理是不是科学。诚然，管理并不是科学，其目的也与科学不同。科学关注的是知识的进步，而管理重视的则是实际目标的达成。"问题的关键在于：管理能否应用科学知识来达到自身的目标。"[3] 坚持"管理是一门艺术"的观点，往往否认了系统化的经过验证的知识与实践之间是有关联的也就是否认了前面提出的理论和实践是密不可分的观点。

---

〔1〕[美] 道格拉斯·麦格雷戈：《企业的人性面》，韩卉译，北京：中国人民大学出版社，2008 年，第 7 页。

〔2〕同上。

〔3〕同上书，第 8 页。

实际上，人们在采取某种重大管理举措和行为之中，总是隐含着一定的前提假设。其中，最常见的就是关于人性行为的假设。为了证明这一论断，麦格雷戈鼓励大家尝试做一个"有趣的游戏"——"仔细聆听人性行为假设的内容"：当你参加管理会议或研究某项政策时，在讨论过程中，记录下人们对于人性行为的假设（包括信念、选择、看法和原则等）。这里要注意，有些假设是直接陈述出来的，但更多的则是隐含的。无论讨论的是人事问题、财务问题还是技术问题，都会涉及人性行为的假设；也无论这种假设是专指个人、群体或是泛指一般人性行为。最终当你看到记录结果的数量和种类时，一定会大吃一惊。[4]

麦格雷戈指出，正如自然界存在着客观规律一样，人性领域也存在着特定的规律。我们对自然界的控制是指顺应自然规律，而不是按照主观要求来支配自然。比如，我们不可能挖掘一条沟渠，想要让水自下而上地从山脚流向山顶……顺应规律的控制就是"选择性适应"。而在管理界，在控制他人行为时采取的方法，往往是希望"引水倒流"，不仅不是选择性适应，反而直接违背人性。就是说，我们常常是要按照自己的意愿去改变他人的行为，而根本没有顾及人性的客观规律。

在这本书的结语部分，麦格雷戈又回到问题的起点。他说，"本书目的不是为了劝说管理者支持 X 理论或者 Y 理论。而是提醒人们认识理论的重要性，促使管理者检查自己的假设，并理解其中的内涵。最终，打开一扇通往未来的大门。其结果很可能是带动未来几十年企业人性面的发展，就像过去半个世纪中科技领域所发生的改变一样"。[5]

（二）X 理论及其人性假设

麦格雷戈首先对传统的管理理论观点作如下概括：

1. 管理人员要负责为了经济目的而把生产性企业的各项要素——金钱、物质、设备、人员——组织起来。

2. 就人员来讲，这是一个指挥他们的工作、激励他们、控制他们的活动，矫正他们的行为，使之适合于组织需要的过程。

3. 如果管理人员不这样积极地干预，人们便会对组织需要采取消极的甚至

---

〔4〕参见同上书，第 7 页，脚注①。
〔5〕同上书，第 217 页。

对抗的态度。因此,必须对他们进行说服、奖励、惩罚、控制——必须指挥他们的活动。这就是管理人员的任务。我们常常把它概括为这样一句话:管理就是通过别人来把事做好。

他把这种传统的理论观点叫做 X 理论。他指出:X 理论实质上是以下列 3个假设作为理论基础:

1. 一般人都对工作具有与生俱来的厌恶,因此只要有可能,便会逃避工作。

2. 由于人们具有厌恶工作的本性,因此必须对他们进行指挥、控制、监督,以及予以惩罚的威胁,才能促使他们向组织目标奋进。

3. 一般人都愿意接受监督,希望逃避责任,胸无大志,安于现状。[6]

以上就是 X 理论的人性假设。

(三) Y 理论及其人性假设

麦格雷戈又对另一种管理理论——Y 理论进行概括,指出 Y 理论是建立在下列人性假设的基础上:

1. 工作对于体力和智力的消耗是再正常不过的事情,就像游戏和休息一样自然。一般人并非天生厌恶工作。工作到底是满足的来源(人们会主动表现),还是惩罚的来源(人们会主动避免),完全是可以人为控制的。

2. 要使人朝着组织目标奋斗,外在的控制及惩罚的威胁并非唯一的方法。人为了达到自己承诺的目标,自然会坚持"自我指导"和"自我控制"。

3. 人之所以对目标作出承诺,是为了得到实现目标后的各种酬劳。在各种类型的酬劳中,尊重需要和自我实现需要的满足可以驱使人们朝着组织目标而努力。

4. 在正常的情况下,人不但会学会承担责任,还会争取责任。常见的逃避责任、胸无大志、贪图保障等现象是后天形成的结果,而并非先天本性。

5. 以高度的想象力、智力、创造力来解决组织中各项问题,这是大多数人都具有的能力。

6. 在现代企业模式下,大部分人只是发挥了一部分智能潜力。[7]

与 X 理论相比,最重要的是,"Y 理论的假设说明了一个事实:组织中,人们

---

〔6〕参见同上书,第33—34页。

〔7〕参见同上书,第46—47页。

互相合作的限制并非来自人类本性，而是源于管理方法不当，不知道该如何充分利用人力资源的潜力。X理论为管理者提供了很好的理由，可以解释组织绩效低下的原因——人类本性所致。而Y理论则将问题归于管理本身：如果员工表现懒散、态度冷漠、逃避责任、拒绝合作、缺乏创新，那一定是因为管理者没有采取适当的组织与控制方法"。[8]

麦格雷戈声明，Y理论的假设还没有最终得到证实。然而，与X理论的假设相比，这些假设更加符合社会科学的既有知识。这些假设仍然需要通过进一步的研究，加以精炼、明确、修正，但绝不至于被全部推翻。

三、两种对立的管理哲学

麦格雷戈指出，X理论和Y理论是两种截然不同的管理哲学，两种理论建立在迥异的人性假设上，从这两种理论衍生出两种有完全不同意义的基本组织原则：X理论衍生出来的基本组织原则是"通过执行权威进行指挥和控制"，这个原则也被称为"阶梯原则"（the scalar principle）；Y理论衍生出的基本组织原则就是"融合原则"（the principle of integration）。

（一）X理论：强调权威和控制的管理哲学

X理论组织原则的关键词就是"权威"、"指挥"和"控制"。其中"权威"是核心，因为在这里，任何"指挥"和"控制"都是自上而下通过权威的力量而层层施加的，也正因为这样，所以也叫做"阶梯原则"。

如果说，传统组织理论具有某种主宰的假设，那就是以权威为中心的管理控制方法。

管理学教科书中讲述的组织原则——等级结构、权威统治、统一命令、任务分工、上下级划分、控制幅度、责权一致等等，共同构成一套逻辑性强、极具说服力的假设体系，对几代人的管理行为产生了深远的影响。[9]这些组织原则都是直接从这个主宰的假设衍生而来的。这个假设的核心就是权威。

麦格雷戈进一步对权威进行分析，他说，实质上，社会的影响或控制形式多

---

[8] 同上书，第47页。
[9] 同上书，第17页。

种多样,而权威只是其中之一。比如,直接体罚就是一种最原始有力的社会影响及控制方法。而今天的文明社会已经严令禁止。

社会控制的另一种方法是"劝导",劝导的表现形式多种多样。比如,在商场销售场所,显然不可能使用权威和体罚,因此只能求助于这种影响方法;在管理工作中,咨询和协商部分地代替了权威的功能。

最后,还有一种影响方法,即来自专业人士的"协助"。这种影响不同于通常意义上的劝导,但我们对其特点却知之甚少。专业人士——诸如律师、医生、建筑师、工程师等——凭借的都是"知识权威"。真正的专业协助,并不是在客户面前扮演上帝的角色,而是应客户的需要提供自己所拥有的知识和技能为之服务,在现代社会,这是一种非常重要的社会影响方法。

(二) 控制和依存

上述各项社会控制的方法都是相对的,而非绝对的。应该采取怎样的控制方法,要视具体情况而定。也只有如此才能实现有效的控制。

我们判断一种社会影响或控制方法是否成功,还要看它能否改变对方达成自身目标或满足需要的能力。控制结果或导致能力提高(比如通过提供产品、提出专业性建议或作出奖励的承诺),或者导致能力的降低(比如通过纪律的约束、量刑的宣判、职务的解除或惩罚的威胁等)。

但无论那种情况,影响力之所以能够发挥作用,必定是由于组织中的一方在某种程度上依存于另一方。这种依存或紧密或疏松,或单方或双方。但是,不管怎样,如果根本没有依存关系的存在,也就不可能进行控制。也就是说,除非我感到你影响我满足自身需要的能力,否则你不可能影响我的行为。由此可见,依存关系的存在是控制借以进行的依据。而且,"依存的性质与程度是决定我们选择的控制方法是否有效的关键性因素。从这个角度考虑,针对组织关系的选择性适应具有十分重要的意义"。[10]

现代企业组织的一个突出特点就是:各类组织关系之间存在着高度的依存。不仅下级需要依存于上级,以满足自己的需要并达成目标,而且上级也需要依存下级,才能达成自己及组织的目标。再说,组织中依存关系并不局限于上对下与下对上两种类型;除此以外,还有横向的相互依存关系,是行政职能与业务

---

[10] 同上书,第21页。

职能之间以及许多业务部门之间关系的重要特征（尤其是当一个部门的产出为另一个部门的投入时）。在群体之中，经常发生有关权力、地位及奖赏的竞争，这也正反映出群体内部相互依存关系的存在。

传统组织理论充分认识到下对上的依存性，然而对相互依存性却很少涉及。麦格雷戈认为，这正是一些理论家选择特定研究模式的结果。他们选择的研究模式并不是现代企业组织，而是教会和军队。教会作为组织，遵照的是单向的依存关系，一切权威和力量的终极来源都是上帝，其成员也全部依存于上帝。而军队作为一种组织，其建立的目的是为了战争。军人必须牺牲个人利益，以保卫国家的安全，因此，个人只能接受下对上的依存。所谓"军人以服从为天职"就是这个意思。

从另一方面来说，企业是社会的经济器官，最终目的是追求共同利益。企业中没有超越人类极限的权威，没有充分理由可以要求个人为组织牺牲自身目标（除非遭遇危急情况），更没有那种方法可以迫使人们达成组织预期。在今天的自由企业社会中，我们不能使用任何制裁力量来实行管理权威。事实上，由于依存是相互的。制裁可以自上而下，也可以自下而上。管理者也许可以通过规章制度巩固权威，但是员工也可以辞职，可以加入强有力的工会，也可以借助其他办法来影响管理者的决策。要知道，下级固然依存于上级，但上级同样依存于下级。

因此，麦格雷戈在结论中强调，我们必须了解依存关系的本质，必须认识到，"相互依存才是现代复杂社会的最基本特征，而这种关系乃是任何组织理论的基础所在。在今日美国的政治、经济和社会环境中，企业管理者已经不可能仅仅（或者主要）凭借权威来驱使员工完成组织目标了。上级对下级的依存关系日益加深，单方面控制的方法终将被抛弃"。[11]

在援引了马斯洛的动机理论（参见第十三章）的基础上，麦格雷戈指出，X 理论的动机理论实质上就是一种"胡萝卜加大棒"的理论。这种理论就像牛顿学说一样，在某些情况下能够行得通。也就是说，管理者有权决定，是否采取办法（在一定限度内）来满足员工的生理需要和安全需要。雇佣关系本身就是一种方法，另外还包括薪酬、工作环境、福利等。"只要员工仍在为生存奋斗，就无法逃脱这

---

[11] 同上书，第 24 页。

种方法的控制。在面包缺乏的时候,人们总是为面包而活的。"〔12〕

可是,一旦员工达到了足够的生活水平,行动动机开始转向高层次需要时,胡萝卜加大棒的理论便不再发挥作用。因为,管理本身已经无法满足员工自尊需要、被他人重视的需要,以及自我实现的需要。这时,如果不能创造一种新的环境,员工的需要便会受到压制。

这里所说的新的工作环境,指的是改变"胡萝卜加大棒"的控制方法。在今天科技高度发达的时代,人们的生活水平大大提高,生理需要与安全需要已经可以得到较为充分的满足。唯一例外的是,管理者无法创造出"机会公平"的工作环境,员工的需要因此而受到压抑。可是,管理者一旦使员工的低层次需要得到满足,便很难再有效地使用"胡萝卜加大棒"的,诸如薪酬、允诺、奖励、威胁等控制方法了。麦格雷戈总结道:"强调指挥和控制(无论刚性还是柔性)的管理哲学无法再发挥激励功能。因为在今天的社会中,这些管理哲学所强调的人性需要已经不再是人类行为的激励因素。社会需要及尊重需要一旦受到重视,指挥和控制对于行为的激励作用就极其有限了。"〔13〕

归根结底,X理论管理哲学的错误在于它的人性假设,这种人性假设是极端错误的。它违背了不断更新发展的社会科学知识;按照这种人性假设似乎人一旦成熟就永远不会改变。员工永远都会和过去一样。这里,麦格雷戈转引了阿吉里斯在《个性与组织》一书中的戏剧性论述:"传统的组织管理政策,以及企业人力资源的指挥与控制方法等,与其说是针对成人设计的,不如说更适合儿童的能力与性格。"〔14〕

(三) Y 理论:强调融合与自我控制的管理哲学

麦格雷戈把 Y 理论的管理哲学定义为"融合与自我控制"的哲学。"融合与自我控制的概念意味着:如果组织能够依据员工的需要与目标,适当地加以调节,将更加有利于其经济目标的达成。"〔15〕而所谓"融合原则"就是要求"同时兼顾组织与个人的需要",达到个人目标与组织目标的融合。"融合原则的应用,实际上是寻找一种最理想的'融合程度',使员工在为组织效力的同时也能实现自

---

〔12〕同上书,第 25 页。

〔13〕同上书,第 40 页。

〔14〕参见同上书,第 40—41 页。

〔15〕同上书,第 48 页。

身目标。"〔16〕这里,所谓"最理想"的程度是指:员工实现自身目标的最佳途径将是为组织效力,而不是对组织工作漠不关心、推卸责任、阳奉阴违、消极怠工等。

这里就牵涉到"自我控制"这个概念,他说,从融合的原则出发,员工将受到组织的鼓励,自主发展并运用自身的能力、知识、技能和天赋,为企业的成功作出贡献。而所谓的"自主发展"、"运用自身能力"等等,就是一种"自我控制"。

麦格雷戈指出,Y 理论的融合与自我控制的原则是建立在它的人性假设的基础之上的。他着重援引了马斯洛的动机理论中的需要层次理论。因此,Y 理论的人性依据就是前面引用过的:如,"要使人朝着组织目标奋斗,外在的控制及惩罚的威胁并非唯一的方法。人为了达到自己承诺的目标,自然会坚持'自我指导'和'自我控制'。人之所以对目标作出承诺,是为了得到实现目标后的各种酬劳。在各种类型的酬劳中,尊重需要和自我实现需要的满足可以驱使人们朝着组织目标而努力",〔17〕等等。

他还明确表示,采取 Y 理论绝不是什么"退让"或"柔性管理",也不等于"放任管理"。"柔性管理"和"放任管理"的概念基础仍然是权威,权威仍然是管理控制的唯一方法,"放任"只是为了缓和权威的负面效果而已。而 Y 理论认为,人们在完成组织目标的过程中可以实现自我指导与自我控制,指导与控制的程度取决于个人对组织目标的承诺水平。这里的关键是"承诺水平":如果承诺的水平低,自我指导与自我控制的程度必定有限,这时就需要施加一定的外在影响力;如果承诺水平高,各种传统控制的手段就相对多余,甚至还可能弄巧成拙。而管理政策与实际工作状况则是直接影响着承诺水平的高低的重要因素。

关于权威和外在控制的问题,麦格雷戈认为,要想让员工对组织目标作出承诺,施加权威并不是一种合适的方法。为了达到这个目的,还需要采取其他方法,比如采取融合的原则。按照 Y 理论的观点,减少外界控制反而更有利于员工对组织目标作出承诺。Y 理论的假设强调人类具有自我控制的能力,因此管理者应当对其他控制方法给予更多的重视。当然,在特殊情况下,只有运用权威才更为适当,尤其在员工不可能对组织目标作出承诺时更是如此。总之,"Y 理论并没有否认权威运用的实用性,而是否认了权威适合所有组织目标、所有工作

---

〔16〕 同上书,第 52 页。

〔17〕 同上书,第 46 页。

环境的观点"。[18]

四、Y 理论在实践中的应用

这里,麦格雷戈着重对以 Y 理论为基础的管理策略进行研究和讨论。这种管理策略的意义就是将 Y 理论应用到实践中,其目的在于创造适当的环境,促使员工实现自身目标,并最终通过努力实现组织目标。在其中通过案例的描述和分析,从而对 Y 理论的管理哲学进行检验和证明。

(一)融合管理与自我控制管理

麦格雷戈说,他提供的融合管理与自我控制的策略方案具有一定的特殊性,它不同于传统意义上的目标管理。这一点需要提醒人们加以注意。他还提供了详细的案例来说明融合管理和自我控制。

该策略分为 4 个步骤:

(1)明确担任某项工作所需要的能力水平。

(2)建立某一时间范围内需要完成的确切目标。

(3)制定该任务期间内的管理流程。

(4)对任务完成情况进行考核。

麦格雷戈强调指出:这里的关键就在于,它的每一个步骤都不是通过自上而下的下达指令、指挥来实现,而是通过管理者和员工之间的互动对话进行的。这样可以确保员工处于自主的地位,从而对每一步负责。麦格雷戈认为,"在(双方)讨论中,最重要的不是谈话的内容,而是双方对各自角色的重新定义"。[19]所谓"角色的重新定义"就是指,管理者所扮演的角色不再是发号施令的权威者,而是处于协助地位的咨询顾问,而员工也不再是唯命是从、被动机械的执行者,而是具有独立自主权利的行为主体。

上述角色的重新定义意味着双方关系的改变,这种改变的实质在于:要求管理者充分尊重员工人格的独立性和行为的自主性,使员工真切地感觉到自己是行为的主人,从而树立起主人翁的意识。这里,管理者的成功与否取决于他的

[18] 同上书,第53页。
[19] 同上书,第62页。

态度,也即取决于他能不能放下权威者的架子,站在伙伴、朋友的立场,为员工提供知识与经验的参考,最终帮助他把工作做好。当然,建立这样的关系需要时间,但是,它所产生的效应将是长期的,格外重要的。

　　既然是自己决定自己的行为,那就要求自己对自己的行为负责,就样就引申出责任的问题。上面说了,员工要对每一步负责。整合管理与自我控制管理的理念是个人目标与组织目标的融合。员工要承担自我发展的责任,同时也要承担实现组织目标的责任。当然,管理者也应承担协助的责任。麦格雷戈说,“根据 Y 理论的重要观点,责任的接受与目标的承诺有关。如果目标是从外部强加的,承诺将变得难以实现。如果被动接受外部目标,后果往往是冷漠和对抗”。[20]

　　以上管理策略是建立在 Y 理论及其管理哲学之上的。麦格雷戈说,他强调:“如果一位管理者认可 Y 理论假设条件并且能够正确理解相关策略概念,就能在此基础上制定自己的方法。如果他所信奉的是 X 理论,那么无论采取怎样的技巧或者管理方式,都不可能实现整合管理与自我控制。”[21]

　　此外,麦格雷戈还提出了“参与方式”和“管理气氛”问题。他认为,采取参与方式的主要目的之一在于促进员工成长,鼓励员工加强承担责任的能力。这也就是 Y 理论的管理哲学要义所在。员工通过参与获得了满足尊重需要的机会,同时也影响了他们向组织目标努力的行为动机。这正符合了 Y 理论融合原则的精神。

　　麦格雷戈提醒说,“参与并不是万能药,也不是操纵工具、花招诡计或者威胁手段。在正确理解的基础上合理应用,参与将成为一种自然的采取融合原则和自我控制的管理方式”。[22]

　　关于管理气氛,这是一个鲜为人关注的问题。按照麦格雷戈的说法,管理气氛(managerial climate)是指组织内部的一种人际关系所形成的心理环境(氛围)。当我们考虑人们在工作中的心理环境时,首先想到的便是上下级之间的关系。麦格雷戈认为,“事实上,关系气氛远比管理类型及管理者的所谓‘人格类型’更具意义。不论上级独裁还是民主,热情还是冷淡,随和还是强硬,这些个性

---

〔20〕同上书,第 65 页。

〔21〕同上书,第 70 页。

〔22〕同上书,第 119 页。

特征都远没有深层次的态度更为重要,因为后者才是下级真切感受到的东西"。[23]

所谓态度,首先是看管理者是否能够获得员工的信任。管理者要获得员工信赖,首先要看管理者自身对待员工是否信任。要知道,员工对管理者的日常行为和态度是十分敏感的。这里,麦格雷戈提醒说,"管理者的行为和态度所具有特性绝非空穴来风,而是来自他对管理工作以及人性本质假设的认识"。[24]

管理气氛究竟由谁决定?对这个问题,麦格雷戈的回答是,在上下级的相互关系中,真正决定关系性质的其实是管理者,员工的态度当然也会有所影响,但不对管理起决定作用。管理气氛将影响各项正规政策、方案及流程的制定与执行。因此,管理气氛的重要性是首位的,制度的执行则居于其次。[25]而管理气氛又是由管理者的态度决定的,因此,管理者的态度的重要性就是居于首位的首位了。

从上述三种管理策略的探讨中可以看出一个共同的关键问题:管理者和被管理者的关系问题。其中,管理者处于主导的地位,管理者的态度是关键,而管理者的基本态度又取决于他对于人性本质假设的认识。管理者必须改变他对员工的态度。这种改变的实质在于:要求管理者充分尊重员工人格的独立性和行为的自主性,使员工真切地感觉到自己是行为的主人。

(二)司凯龙计划

目标融合与自我控制管理方法是多种多样的,其中最不同寻常的就是司凯龙计划(Scanlon Plan[26])。

司凯龙计划产生于1937年,美国经济经历了大萧条之后,俄亥俄州曼斯菲尔德的安美尔钢铁和马口铁公司(Empire Steel Tin Plate Company)由于经营不善濒临破产。此时担任地方工会主席的约瑟夫·司凯龙(Joseph N. Scanlon,1899-1956)却同往常的工会领导人一味主张罢工、抗争的做法不一样;他认为,在这种情况下,一味抗争只能导致公司境况的进一步恶化,到头来受损失的还是工人。因此,与其抗争,不如合作。在这一思想指导下,司凯龙设计了工会与管

[23] 同上书,第124页。
[24] 同上书,第128页。
[25] 同上书,第131页。
[26] 亦译为"斯坎伦计划",参见同上书,第103页,原注①。

理层合作的计划。该计划主张管理层应该鼓励并积极采纳工人们的建议和想法。如果公司因为采纳了工人的建议而提高了销售额或提高了利润率因而走出困境，那么，无论对公司还是对工人，其效果将是互利共赢，而不是两败俱伤。该计划受到了公司上下一致的欢迎，取得了良好的效果。公司不仅免于破产，效益也大幅提高。而工人不仅免于失业而且得到更高的工资待遇。之后，又经过多家公司的实践，在经济及人性管理方面均取得了显著的成果。司凯龙去世后，其工作由其挚友及后继者弗雷德里克·莱西尔（Frederick Lesieur）在美国麻省理工学院继续推行。

麦格雷戈对司凯龙计划作了这样的概括："司凯龙计划并不是一道公式，一个项目或者一套流程。它基本上是一种完全建立在 Y 理论假设之上的工业生活方式，是一种管理体系。司凯龙计划与目标设定的不同之处在于：司凯龙计划应用于整个组织，而不仅仅应用于上下级关系或者小规模群体。但是两者的基本策略却极为相似。"[27]

司凯龙计划包括两大基本特征：第一大特征，是根据业绩的提高提供经济奖励。但这绝不是传统意义上的"利润分享制度"，而是一种独特的分享成本制度。此项制度建立在薪酬结构的基础之上，但不能取代正式的工资及薪酬结构。

这种方法的衡量依据是组织的总体人力成本与产出（比如产品的总销售量）之间的比率。而"产出"这一指数只有在对企业做过详尽研究之后才能得出，而且会因情况变化而异。当然衡量必须依据产品组合、存货及工作流程等情况进行适时调整。对大部分公司来说，比率一旦得出，便会保持长时间不变。多数改变往往来自于重大的技术发展或经济变革。实践证明，比率的调整一般并不太困难。

比率的改进意味着整个组织的全面经济效益得到提高。这时，应将节省的部分成本按照基本工资的一定比例（比如 50％，或者 75％，甚至 100％）按月发给参与人员。一般情况下，组织的全体成员都有权享受这项经济报酬。这样的报酬制度都会获得认可，并产生有力的激励效果。在内部依存的组织中，这的确是一种促成协调合作的好方法。组织中的相互竞争缩小了，与外界其他公司的竞争却增强了。

麦格雷戈指出，这种方法有三个方面的特点：

---

[27] 同上书，第 103 页。

第一,组织成员在改善组织全面业绩的过程中,也将影响到自身的成功。

第二,推行司凯龙计划,就要将公司的一切改善和创新与员工努力联系起来,从而使员工行为与组织业绩产生直接关联。

第三,经济报酬与执行者的行为密切相关。在司凯龙计划下,员工的出色行为可以很快兑现为当月奖金。因此,大部分人都从内心认可这种有意义的因果关系。

麦格雷戈明确指出,"司凯龙计划最突出的特征,在于将激励方法与其他内容联系起来,即通过正式规定为每位组织成员提供机会贡献自己的脑力、创造力和体力,从而提升组织的业绩。这正好体现了融合原则的管理应用。每位员工都可以通过为企业目标而满足自身的高层次需要"。[28]

即使在组织最基层从事重复性操作的工人,其潜力也绝不限于一双手而已。他们是人力资源的一部分。只要合理地运用知识和天赋,他们就会作出远远超过日常体力的贡献,当然,这并不是说体力贡献不重要。而且,他们也能因此获得赞赏以及其他重要的社会需要和尊重需要的满足。

司凯龙计划的第二大特征,是组成一系列委员会,对组织成员提出的改善比率的方法进行讨论及考核,进而实施其中有价值的方法。

"这种方式有利于人们更好地认识参与的真正含义,接受'相互依存'的事实,明白所谓依存对象是指组织中全体人力资源与创造力。相比之下,'参与制度'本身并不那么重要,重要的是制度所反映的人性假设。"[29]

在推行司凯龙计划的公司中,员工参与方式与传统的"建议制度"大不相同。根据司凯龙计划,无需填报正式表单,不用安置冷冰冰的"建议箱",也没有高高在上的委员会秘密地审查建议。员工在工作岗位上或在审查委员会的会议上,讨论各自的看法并参与评定。如果提出的意见的确有益,他们将获得赞赏;如果意见有参考价值但不切合实际,也会受到鼓励。麦格雷戈强调说:"重要的是员工们明白应该争取其他人的协助,共同完善意见;而不是独自偷偷研究,惟恐被人窃取了想法骗走奖金。这项制度的重点不在于争取奖金,而在于共同提高公司效益。获得的效益由大家共享,但社会需要与尊重需要的满足却是个人独享的。"[30]

---

〔28〕同上书,第105页。

〔29〕同上书,第106页。

〔30〕同上书,第107页。

此外，麦格雷戈还对"绩效考核"、"薪酬管理与升迁管理"、"行政职能和业务职能之间的关系"、"改善行政部门与业务部门的协作"进行评述，不过，单就以上四项就足以具有全局性的意义。特别是司凯龙计划。司凯龙认为以上两大特征将激发出崭新的人性管理假设，足以成为一项重大的社会发明。麦格雷戈给予高度的评价，他说，司凯龙计划"基本上是一种完全建立在 Y 理论假设之上的工业生活方式，是一种管理体系"。司凯龙计划有效地验证了 Y 理论管理哲学及其人性假设的优越性，其一旦推行，将使组织关系、组织形态及组织实务发生巨大改变。

五、结语

综上所述，麦格雷戈的管理哲学是积极进步的。它强调管理理论对于管理实践的指导意义。他在《企业的人性面》一书从开篇到结语始终强调"任何工作都要以一定的理论为基础"，"理论和实践密不可分"。他明确指出，他写这本书"目的不是为了劝说管理者支持 X 理论或者 Y 理论。而是提醒人们认识理论的重要性，促使管理者检查自己的假设，并理解其中的内涵。最终，打开一扇通往未来的大门"。

麦格雷戈提出的 Y 理论的人性和人的行为的假设，正如他本人所声明的，还有待于进一步完善和证实，尽管如此，与 X 理论的假设相比，Y 理论的这些假设更加符合社会科学既有的知识。它对于人的自我发展和管理的实践起着正面的积极的作用。

麦格雷戈对 X 理论和 Y 理论两种管理哲学进行比较，他分析了权威和依存的关系，指出在现代社会企业内外，无论是纵向，还是横向，其依存性都是双向的、相互的。X 理论的管理哲学是一种强调权威和控制的哲学，只看到下属对上级的依存性的一面，而忽视了上级对下属的依存性的一面，因而夸大权威的作用，这是传统管理理论的通病。

他强调指出，Y 理论的管理哲学是一种"融合和自我控制"的管理哲学。所谓"融合原则"就是要求"同时兼顾组织与个人的需要"，达到个人目标与组织目标的融合。由于这种融合，个人为了实现个人的目标，就必须而且能够依靠自我控制努力实现组织的目标。通过对案例的描述和分析，特别是对司凯龙计划的分析，使得 Y 理论的管理哲学获得实践的检验和证明。

麦格雷戈的 Y 理论在西方管理哲学发展史上的贡献是突出的。当代管理学大师彼得·德鲁克曾经评论说:"随着时间的推移,麦格雷戈的理论的价值被日益证明是如此精辟经典、及时准确,占据着无可比拟的重要地位。"

麦格雷戈的学生、著名的管理学家沃伦·本尼斯(Warren G. Bennis, 1925－2014)在 1985 年《企业的人性面》一书发表 25 周年时,对他的老师作了如下评价:"麦格雷戈是一位划时代的人物,在他所研究的领域无人能及。他为整个管理界带来一股与众不同的新鲜'风味',开创了全新的领域——'组织行为学'与'组织发展学'。……他的理论也成为众人争议的永恒焦点。正如每一位经济学家都会有意无意地信奉凯因斯一样,我们都在以这样或那样的形式信奉着麦格雷戈的理论。"

第十三章　马斯洛自我实现的
　　　　　　管理价值观

本书始终要面对并值得一再重申的两个主要问题或道德问题是——人的本性能容忍怎样的社会？社会能容忍怎样的人性？

——沃伦·本尼斯

一、"人本主义心理学之父"

阿伯拉罕·哈罗德·马斯洛（Abraham Harold Maslow，1908－1970）是美国人本主义心理学的主要创始人。他生于纽约的一个清贫的俄国犹太移民家庭。1934 年他在威斯康辛大学取得心理学哲学博士学位，后在该校任教 5 年；然后迁往纽约，在哥伦比亚大学和布鲁克林大学任教，并且在著名心理学家爱德华·桑代克（Adward Lee Thorndike，1874－1949）的帮助和指导下，从事"人性与社会秩序"课题的研究。

1937 年马斯洛开始在布鲁克林大学任教。在此期间由于希特勒上台，一些世界知名学者离开欧洲来到了美国纽约，使得他有机会结识许多重要的心理学家，其中包括阿德勒（A. Adler）、弗洛姆（E. Fromm）、戈尔茨坦（K. Goldstein）、韦特海默（M. Wirtheimer）等。1938 年夏，马斯洛到加拿大印第安人保留地进行黑脚印第安人考察，从这一年开始，他的研究方向从人类性行为转向人类动机理论和自我实现理论。

马斯洛的重大贡献首先是他在心理学领域进行的根本性变革。1943 年马斯洛发表了一生中最有影响的论文《人类动机理论》。1951 年马斯洛任布兰代斯大学心理学系主任，并开始理论研究。1954 年马斯洛另一部重要著作《动机与人格》完成。1958 年马斯洛到墨西哥度假，进行自由式研究，从而开创了人本主义心理学领域的思路。1961 年《人本主义心理学杂志》第一期出版,第二年,美国人本主义心理学协会成立。由于马斯洛对人本主义心理学做出了富有成果的开创性研究,人们把他称为"人本主义心理学之父"。

随后,马斯洛到加州新成立的西方行为科学研究所从事短期研究。1962年,访问了安德鲁·凯(Andrew Key)创办的"非线性系统"公司,写了一本日记,名为《夏日日记》(*Summer Note*),首次印刷出版时改为《优心管理》(*Eupsychian Management*,或译"优素琴管理"),当时只有一些学者和商业理论家对这本书略知一二。1967 年,马斯洛当选为美国心理学会主席,并被美国人道主义协会评为当年"人道主义者"。1970 年 6 月 8 日马斯洛因心脏病突发去世,享年 62 岁。1999 年,《优心管理》发表 37 年后,该书又以"马斯洛论管理"为名再版,并成为管理界争相评读的热门读物。

马斯洛的其他著作还有《反常心理学原理》(1941)、《走向存在的心理学》(1962)、《优心管理》(1965)、《人性所能达到的境界》(1971)等,并数百篇关于创造力、先进管理术、人的动机以及自我实现等方面的文章。

二、自我实现的价值观

马斯洛主张心理学研究必须以人为中心。其中,尤其着重于人性的研究,围绕这个核心,进而涉及人的需要、动机、潜能、创造力、生命意义、价值等问题的研究,这些问题对于个人和社会都有着重大意义,因而它的研究成果在社会上产生了广泛的影响。在马斯洛的影响下,在 20 世纪中叶,美国形成了一种新的心理学思潮——人本主义思潮。关于人本主义心理学的特征,1964 年,美国心理学协会第一任主席詹姆斯·布根托曾经作了如下的概括:第一,人是心理学的中心题材;第二,人必须被当作一个统一的有机整体来研究;第三,人本主义心理学高度评价个人自由;第四,在确定研究成果的价值标准方面强调人的目标的重要性。[1] 以上的概括简明扼要地揭示了人本主义心理学的本质。

马斯洛人本主义心理学被称为心理学的"第三思潮"。它之所以被称为"第三思潮",是因为他的心理学理论是在批判继承之前的两种理论的基础上进行的

---

〔1〕[美]弗兰克·G.戈布尔:《第三思潮:马斯洛心理学》,吕明等译,上海:上海译文出版社,1987 年,第149—150 页。

突破和创新的产物。第一种是弗洛伊德的精神分析学。它坚持的是一种内在本能冲动论，被称为"第一思潮"。第二种是以华生为代表的行为主义，它主张的是一种外在环境决定论，被称为"第二思潮"。这一发展进程非常富有辩证的哲理性——走了一个"否定之否定"的过程。按照马斯洛的基本观点，人活着总是要发展自己，达到自我实现。所谓"自我实现"就是人对天赋、能力、潜力等等的充分开拓和利用。[2] 这就是人的天性。人的这种天性，最初只是作为一种潜在因素，它的实现还有赖于外部环境的"挑战"和后天教育的"诱发"。由此可见，马斯洛的理论是一种内在天性与外部环境结合论。但它不是前两种思潮的简单相加。它批判了前两种思潮的片面性，认为人既不是本能的奴隶，也不是环境的附庸，人只能是他自己的主人。前两种思潮的通病就是对人的行为的解释没有超出生物水平。只有以马斯洛为代表的人本主义心理学才把对人的行为的理解提高到人的水平。

马斯洛人本主义心理学的哲学意义在于它致力于人类本性的探索。马斯洛说："人本主义的和第三思潮的人的形象明白无误地表明，有史以来我们一直没有给人类本性以足够的评价；而这种人的形象的改变就其后果来说无疑是一场革命。"[3]

自我实现理论是马斯洛人本主义心理学的核心。自我实现理论最初是作为人类需要—动机理论提出的。1943 年他在《人类动机理论》一书中首次提出了需要层次理论。他最初将人的需要分为：生理需要、安全需要、社交需要、尊重需要和自我实现需要。1954 年他又在原有的基础上增加了求知需要和求美需要，但是被人们认可的、最广泛的、研究最多的还是他最初提出的那个五层次的需要。（如右图所示）

图 13.1　马斯洛需求层次理论

关于这个理论，马斯洛做了如下说明：

（一）人类具有跨民族、跨文化、跨历史和超阶级的共同需要模式。

（二）人的需要是一个结构化的整体。这五种需要呈层级关系，从低级到高

---

〔2〕同上书，第 24 页。

〔3〕同上书，第 14 页。

级依次是：生理需要、安全需要、社交（爱和归属）需要、尊重需要和自我实现需要。

这五种需要一般是在低级需要得到满足之后才产生高一级的需要，在某一特定时间内总有某一级别的需要处于主导地位，成为优势需要；低层次需要不会随高层次需要发展而消失，它只是对行为的影响有所减弱，而且无论需要层次发展到哪级，只要低层次需要长期受挫，人就会倒退到这一层次需要上来；并不是所有的需要都一样容易得到满足，等级越高能得到满足的比率越小。据马斯洛统计，在现代文明社会中，生理需要的满足率是 85％，从第二级到第五级依次为：70％、50％、40％、10％。而且，人的需要还带有动态发展的性质，它和年龄和地位的变化有关，例如，婴儿时期生理上需要占压倒优势，随着年龄的增长、地位的提高和收入的增加，高级需要也就显得重要了。

（三）人的需要是先天的，但它的实现程度则取决于后天的环境。就社会而言，在经济不发达的社会，生理和安全的需要占主导地位，人们总是为衣食而奔忙；在发达社会，人们就追求更高级需要的满足了。

马斯洛认为，整个人类必须要有一个价值体系。他和他的同事的研究表明，这种价值体系是存在的。他们从人类需要层次结构中发现了人类共同的价值观。人本主义心理学把价值观看作心理学至关重要的课题，马斯洛深有感触地说："价值观的丧失是我们时代的最终痼疾……而目前的状况比历史上任何时代都要危险……人类只有通过自己努力来改变这种状况。"[4]

马克思说过，"人的需要即是他们的本性"。[5] 同样，马斯洛认为人的需要体现人的本性。马斯洛把人性五种需要区分为"基本需要"和"发展需要"两大类。这里所说的"发展"是指人的天赋、能力、创造力、智慧以及性格的不断发展，其目标就是为了"自我实现"。而所谓"自我实现"就是人"对天赋、能力、潜力等等的充分开拓和利用"。[6] 马斯洛把"发展需要"称之为"存在的价值"或"后需要"。这类需要包括：要求工作有意义、丰富、轻松；秩序、正义；对知识的追求；真、善、美；等等。马斯洛认为，只有"发展需要"才是人的高级本性。这是人区别

〔4〕同上书，第 99 页。

〔5〕［德］马克思、恩格斯：《马克思恩格斯全集》（第 3 卷），中共中央马克思恩格斯列宁斯大林著作编译局，北京：人民出版社，1960 年，第 515 页。

〔6〕同本章注〔1〕，第 24 页。

于动物之所在,因而也是人的价值之所在。

马斯洛把"自我实现"看作是人类共同的本性,是人类的终极价值,是全人类努力争取的远大目标。马斯洛强调指出,人类天性中有一种寻求发展和自我实现的倾向。他认为,人总是有"一种想要变得越来越像人的本来的样子、实现人的全部潜力的欲望"。[7] 不过,他认为,人的自我实现是一个从"潜在本性"到"现实"的过程。由于各个人所处的环境和经历不同、社会条件的不同以及先天心理素质的不同,各个人的潜在因素的发展和实现的程度也就各不相同。

马斯洛批评心理学中的"第一思潮"和"第二思潮"总是置价值问题于不顾。他坚持把人的本性和价值提到心理学研究的首位,自觉地把"自我实现"理论提升为人的价值理论。这样,他就超越心理学范畴而上升为一个关于人的本性、本质和价值的哲学理论。

三、优心管理

马斯洛产生"优心管理"思路的直接起因是在 1962 年夏,那时他应邀在加利福尼亚的非线性系统公司担任"访问研究员"。这是一家生产商用数字仪表的公司。公司领导人安迪·凯是马斯洛理论的崇拜者。他按照马斯洛的学说,在公司进行了一系列的管理创新,使公司和雇员的面貌都大为改观。马斯洛第一次接触到一个现代公司如此开明的管理。非线性系统公司的改革成果激发了他对应用心理学理论于管理领域的巨大兴趣。于是,他以"非线性系统"为经验实例,以德鲁克的《管理实践》和麦格雷戈的《企业中的人性面》所阐述的理论为前提,写出了一系列关于管理的笔记,名为《夏日日记》(*Summer Note*)。这些笔记于1965 年整理出版为《优心管理》(*Eupsychian Management*,曾译为"尤素琴管理")。1999 年重新出版为《马斯洛论管理》。

关于"优心"一词的由来,马斯洛说,"我杜撰了'优心'(Eupsychia)一词,并将它定义为由 1000 名已臻于自我实现的人在能遮风避雨又与世隔绝的某个小岛上共同塑造出来的文化"。[8] 不过,他说,"优心"一词还可以有别的解释。它可以代表"朝着心理健康的方向";也可以指为支持或鼓励这种发展而采取的各

---

[7] 同上书,第45页。

[8] [美]亚伯拉罕·马斯洛:《马斯洛论管理》,邵冲等译,北京:机械工业出版社,2013年,第57页。

种行动,采取这些运动的人可以是心理医生,也可以是教师;它还可以指更有助于达到健康状态的精神或社会条件,甚至可以理解为一种理想境界,即医疗、教育或工作的长远目标。[9] 他还说,他更喜欢"优心"一词,是因为它只涉及现实中存在的可能性或改进机会,而不谈论确定性、预见性、必然性、必要过程、完善性或对未来信心与预测等问题。

由此可见,"优心"一词就是"健康心理"的意思。"优心管理"就是"以增进人的心理健康为目的的管理"。这听起来像是一种乌托邦语言,但是,如果把它与古典乌托邦或其他虚无幻想相比,就会发现"优心"理论探讨了一些很现实的问题,正如本尼斯(Warren G. Bennis, 1925－2014)在《马斯洛论管理》的序言中指出,本书始终要面对并值得一再重申的两个主要问题或道德问题是——人的本性能容忍怎样的社会? 社会能容忍怎样的人性?[10] 马斯洛以他的自我实现理论揭示了人的本性,他说,既然我们已经知道人性能达到的"高度",我们就应该能据此推断人际关系和组织形式所能达到的"更高"境界,它们原则上是以"更高"人性境界为基础的。

优心管理的成立就是建立在人类本性的假设基础上。马斯洛在综合自己以及德鲁克、利克特、麦格雷戈和阿吉里斯等的相关理论的基础上,列举了代表优心管理理论的主要思想的 36 项假设[11]——这些主要是基于人类本性的假设,而且应该就是马斯洛所说的人性能达到的"更高"境界。他在关于人性最后一条假设写道:"我们最终必须假设,开明管理理论所要达到的最高境界,是指人们越来越适应现实世界,领悟人生真谛,与世界融为一体或到达最高精神境界并探索宇宙的本质等。"[12]

马斯洛概括了优心管理的目标,"优心管理与组织理论的目标是培养自我实现的潜在动机,促使人向自我实现方向发展,这是任何开明企业乃至一般组织理论的宗旨。而这种目标的实现是长期的,不是三五年,而是一个世纪"。[13]

既然管理的目标归根结底是为了人的自我实现的发展,那么,按照目标的要求,优心管理的实施应当达到"两种产品、两种结果":"一个是经济生产率、产品

---

[9] 同上书,第 XXXIX 页。

[10] 同上书,第 XIII 页。

[11] 参见同上书,第 27—33 页。

[12] 同上书,第 33 页。

[13] 同上书,第 XXII 页。

品质、利润创造等；另一个是工人们的心理健康、他们的自我实现的发展，以及他们的安全、归属、忠诚、爱的能力、自尊等的提高。"[14]利克特（Rensis Likert，1903-1981）在他的支持关系理论中提出了四种管理模式，并着重指出"参与式的民主领导"模式是其中最优的模式。马斯洛指出，尽管如此，利克特只看到经济产品、经济结果，而重要的是还要看到人的产品、人的结果。他预计后者的重要性将会越来越突出。

马斯洛的优心管理目标，体现了他把价值观放在管理理论的首位。他对那些忽视价值观念的管理理论提出质疑。他说，令人费解的是，一本接一本的书纷纷煞有介事地用人性，特别是人类动机等新知识、新理念来解释目前的形势以及组织和管理理论，"然而却只字不提价值观念、目标等字眼，或者含糊其词，发表一些近乎幼稚的见解"。[15]他还说，在组织管理方面，他极少看到敢于思考长远目标、拓宽思路、追求理想与价值的经理和著述者。一些经理常常自以为精明地把劳动力流动性小、缺勤率低、雇员积极性高及效益好作为识别成功管理与健康组织的标准。"但他们这么做却忽视了心理的全面和谐发展、自我实现以及开明企业中的个人发展等方面的因素。"[16]

但是，要实现优心管理的目标，并不等于在现实中实行千篇一律的管理方针。马斯洛认为，在现实社会中，由于每个人所处的环境不同，各人的需要层次也不一样。由于个体的差异性，泛泛而谈的一般化的理论是无法奏效的，因为它无法满足不同个体的不同需求，所以需要一种因人而异的管理模式。就是说，对不同需要层次的雇员应采用不同的管理方式。"如果我们面对的都是些具有成长潜力和欲望的高素质雇员，那么彼得·德鲁克凝固点的管理原则应该是可行的。"[17]但是，我们必须思考的是，怎样的管理方针才能适用于那些上述几方面需要还未得到满足的人呢？德鲁克及其他人探讨的普遍原则在多数情况下都显得太笼统了。他指出德鲁克理论存在两方面的不足，并把它们结合起来分析。"其一是他没有明确指出选择合适人选的必要性，因为他的理论必须应用到特定的人群中才能奏效；其二是他忽视了犯罪、心理变态等现象的存在，以及某些人

---

〔14〕同上书，第 XXIII 页。

〔15〕同上书，第 49 页。

〔16〕同上。

〔17〕同上书，第 19 页。

身上的劣根性。"[18]

所以,马斯洛主张因人而异的管理方针,认为这种因人而异的管理,不但可以同时满足不同人的需求,而且还可以降低因互相嫉妒造成的成本,提高整个集体的凝聚力。

四、协同作用

协同作用理念在马斯洛的组织理论中占有重要地位。因为他认为实行优心管理的开明经济必然假设组织中存在协同作用。该概念来自人类学家鲁思·本尼迪克(Ruth Benedict,1887－1948)对原始文化健康程度的研究,本尼迪克将协同作用定义为"融合了自私与无私、超越对立的社会制度安排"。马斯洛把协同作用视为调和自私与无私、利己与利他之间矛盾的办法。

马斯洛从检验该定义的这些陈述中可以推断出许多可检验的假设。这些假设共有 12 条,例如,良好的社会是善有善报的社会。[19] 其中的第 12 条假设是重新回顾亚当·斯密的哲学。亚当·斯密认为追求自我利益是"经济人"的目的,互利和利他是达到自我利益的手段。马斯洛说,也许他(指亚当·斯密)的原话可以换一种方式来表达:"在什么条件下开明的自私对整个社会是有利的?"这里,关键是"在什么条件下",在鲁思·本尼迪克那里,强调这是通过一定社会制度的安排而实现的。马斯洛则认为,这个条件应当是"当我们健康到能理解更高层次的统一体,当世界美好和富裕到没有匮乏,那时我们会明白全人类的利益是共同的,对一个人有益的对我也有益。因此,对其他人也有益"。[20]

他反复强调上述观点,说道:"现在,我要详尽谈的另一个问题是我曾经提到过的,即协同、相互依赖、共同利益、'对我有利的对你也有利'之类的哲学,在良好的条件下,从长期看,都是非常真实的。从短期看,在紧急情况下,在不良条件下,特别是在短缺条件下,则肯定是不真实的。"[21]这里,他举了需求是十块羊排而供应只有一块的例子。他得出结论说,所有我们称为道德、人道主义和好心的品质——仁慈、利他、无私、友好、互助等等——都取决于一个富裕的、公正的世

---

[18] 同上书,第 44 页。

[19] 同上书,第 125 页。

[20] 同上书,第 112—113 页。

[21] 同上书,第 135 页。

界，而且需要每个部分与其他部分之间的良好交流整合成一个整体，使得相互依赖的整体利益能够获得满足。他说，这种方式最终使得某种具体行为要么列为自私要么列为无私成为不可能，一个人会发现两者都是，或者两者都不是。这也与亚里士多德逻辑学的严厉批评有关联，特别是违反了亚里士多德的 A 类与非A 类互相排斥的排中律。[22]

　　他认为，协同作用更整体，反过来，更整体的也更有协同作用。这里，他重申他在《动机与人格》中提出的"套叠盒"理论，"'套叠盒'理论实质上是一种整体理论、一种整合理论、一种和谐理论和一种快乐地共同工作的理论"。[23] 与此相应，他有所指地批判管理理论中的原子论思想，指出，"特别是二十世纪二三十年代老掉牙的著作——是以原子论的企业概念为基础的，即把企业看作好像它本身是一个世界，与其他事物都无关联，好像它是以自私为立足之本的"。[24]

　　现在关键的问题在于：有关开明管理和人本管理的所有实验都可以看作来自这个观点，即在这种兄弟关系的情形下，每个人都会成为合伙人而不是雇员。"合伙关系与协同作用一样，都承认其他人的利益与一个人自己的利益是融合的、共同的、一体的，而不是分离的、对立的、相互排斥的。"[25]

　　马斯洛认为，协同作用需要一个富裕的公正的社会，但它的深刻根源在于人的本性。他抓住人和工作的关系这个核心进行考察和探究。德鲁克的观点使他找到了一条思考问题的新途径，德鲁克的管理理论强调人都有人类的需要和动机。假设员工不想工作的观点完全不正确，因为这并不符合我们对人性的理解。马斯洛说，德鲁克凭直觉得出关于人类本性的结论，就与第三势力心理学家们所持的观点非常相似。在整个研究中，值得一提的是，让人产生自我实现的工作本身都具有超越个体的特性，不必刻意追求就能让人进入忘我或无我的状态，而这正是日本人、中国人等东方人孜孜以求的境界。这就像音乐家必须创造音乐，画家必须绘画，诗人必须写作，否则他们就无法让自己淡泊宁静。是什么人就会想做什么事，我们把这种需要称为自我实现需要……它指人对自我满足的欲望，即把潜在的自我变作为真实自我的倾向，想成为自己有能力成为的人。

　　因此，马斯洛说："S-A（self-actualization，自我实现）工作技能让人追求和实

[22] 同上书，第 113 页。
[23] 同上书，第 132 页。
[24] 同上书，第 129 页。
[25] 同上书，第 84 页。

现自我,又能使人获得彻底实现真我的忘我状态。它调和了无私和自私之间的矛盾关系,以及内心世界和外部世界的关系——因为在 S-A 工作中,人们工作的动力发自内心需要,是其个体的组成部分,因而同样,主体与客体间的关系也不再是相互对立的了。"[26]就是说,人和工作,主体和客体的关系提升到一个新的境界。

他还认为,也许最终应该把个人与世界之间的心物同态学说加入到这个整体理论框架中去。那么,什么是"心物同态说"呢? 他说,"那就是,人像世界感知他一样感知世界并使它成为像他一样的趋势,这是一方面。另一方面,世界塑造人并把人塑造成与自己一致的趋势,结果人与世界往往变得彼此越来越相像,他们有互为因果、反馈、互相影响的关系。……我变得越是一体,我往往使世界越是一体。这就是我所说的心物同态"。[27]

五、创造力论

人的潜力和创造力是马斯洛着重研究的问题。什么是创造力? 马斯洛认为,无结构是创造力的本质,人的创造力取决于对无结构的承受能力。那么,什么是无结构,马斯洛从心理学的角度揭示:"所谓无结构指的是非逻辑、非理性、非分析、非书面、非现实的心理和思维状态,它的反面是诗情画意、想象力、隐语、或像荣格所说的'原始性'。"[28]

他指出,一说到创造,人们往往认为创造是顿然省悟的结果,就像黑暗瞬间变成光明,愚昧瞬间变成知识,是以前不存在的、全新的发现。他说,显然这种说法在大多数情况下是错误的。因任何创造,无论多么新颖,都有一个发展过程。"不管怎么说,经过适当组织的点滴知识突然整合的结果。创造的闪现经常是完形闭合,而不是无中生有……这些唾手可得的知识,在新的安排或模式中突然变得有影响和重要起来。"[29]

他探究创造力和自我实现的关系,认为,创造力是一种成熟的人格能力。他曾研究过他认为属于自我实现类型的 48 个人(其中有托马斯、杰弗逊、爱因斯

---

[26] 同上书,第 7 页。

[27] 同上书,第 137 页。

[28] 同上书,第 180 页。

[29] 同上书,第 222 页。

坦、林肯、罗斯福等人），发现这些人具有的 12 种特征中就包括创造力。他认为，"创造力的概念和健康的、自我实现的完人的概念好像彼此越来越接近，或许最后会成为一个概念"。[30]

在他看来，创造力并不是人们可以产生或逐渐灌输的东西。人们只可以帮助一个人释放他们自己生来既有的创造力。研究人员发现，4 岁的儿童达到了天才的水平，4 岁以后，由于培育过程，他们的测试分数反而下降了。他们不断从父母和社会那里得到信息，告诉他，不该干这个，不该干那个，等等。到了 35 岁 40 岁时，我们的创造力就完全被掩盖了。创造力不仅是出主意、解决问题或生产富有革新性的新产品，创造的过程包含着快乐、智慧、信心、直觉和激情。正是对生下来就有的创造力如此有信心，你才明白你能够随时随意地发挥它。

创造力是人们与生俱有的能力，如果这个观点成立的话，那么，我们要改变那种对创造感到惊讶，看到发明创造就像看到什么奇迹一样的思维方式。这里，关键问题就不是"怎样才能培养创造力"了，而应该是，奇怪，怎么不是人人都有创造性？这就涉及这样的问题："为什么在目前的组织环境下人们不愿创造和创新？"[31]对于这一问题的深入探讨，我们就有可能发现那些抑制创造和创新积极性的工作程序、政策以及思维方式等。马斯洛强调，几个世纪来，人类的天性一直被低估了。"我们需要摆脱秩序和结构，才能释放我们的创造力。"[32]

马斯洛主张必须充分发挥企业家的作用。他认为，企业家的作用被大大地贬低和低估了；企业家们——经理、整合者、组织者和计划者——自己也低估了自己的作用和价值，仍旧用过去的眼光把自己看作是剥削者、浅薄之人、没有真正劳动、没有实际的贡献。因此，作为一个群体，他们对自己的报酬感到内疚。

他认为，造成以上情况的原因在一定程度上与把劳动仅仅看作是苦活和苦力的理念有关，也是误解创造本质的结果。他的意思是不能把创造仅仅理解为体力劳动，企业家对社会财富创造的贡献是不容低估的。他举例道，如果要向一个衰败的社会引进最有价值的 100 人，不会是 100 个化学家，也不是政治家、教授和工程师，而是 100 个企业家。他说："以这种方式来表达，自我贬低的企业家们可以消除自己的内疚了。他应该知道自己有多么重要，甚至是至关重要。"[33]

---

〔30〕同上书，第 214 页。

〔31〕同上书，第 15 页。

〔32〕同上书，第 217 页。

〔33〕同上书，第 223 页。

六、功能性领导理论

马斯洛不满意管理文献中关于领导的论述，认为它们没有把环境的客观要求作为领导或组织观点的中心，如在麦格雷戈的著作中。他认为，在开明的情形下，环境的客观要求、任务的客观要求、问题的客观要求、集体的客观要求绝对起支配作用，除此之外不存在其他决定因素。

那么，怎样的人最适合当领导者呢？马斯洛说，"如果我们寻找最适合当领导人的人，也就是最适合解决问题或使任务完成的人，即最能理解情形的客观要求的人，因此，也是这种情形下最无私的人"。[34] 理想的情况是，强有力的上司应该是一个所有基本需要都已获得满足的人，即安全的需要、归属的需要、爱与被爱的需要、声望和尊重的需要，以及自信和自尊的需要。可以这样说，一个人越是接近达到自我实现，通常情况下他也越是一个优秀的领导人或上司。[35]

不过，只有在开明的情形下，人民才能知道谁是最佳领导人。当然，这是有前提的。马斯洛提出四点假定：（1）对集体中每个人的能力都非常清楚；（2）对问题的所有细节要完全了解；（3）所有人都是健康的；（4）每个人的任务、问题和目的完全被融合了。[36]

马斯洛将他的领导理论称为"B-领导"或"功能性领导"。他说，简单地讲，"B-领导"就是满足上述四点假定下的领导。就算所有这些理想的条件都具备，那么，将会出现的B-领导与他在印第安黑脚族中看到的功能性领导是一样的。他所说的B-领导，与客观情形、总体现实、自然现实、心理现实等等的客观要求是相符合的。

关于领导的权力和责任问题，马斯洛强调的是工作、责任与个人的同一。一个人热爱他的工作到了他认为自己与工作几乎无法分离的程度。这就是说，任务或责任不再是与自我相分离的东西，不再是外部强加于他的东西，而是他如此强烈地认同这项任务，以致离开了那项任务就无法确定他真实的自我。因此，他说，"任务的概念、职业的概念、责任的概念成为自我的确切的、必要的、不可缺少的部分，……无论喜欢不喜欢，无论愿意不愿意，他都要做那些工作，完全出于一

---

[34] 同上书，第149页。

[35] 同上书，第151页。

[36] 同上书，第XXV页。

种责任感"。[37]

另一个方面是,领导人完全没有专门给予他的任何权力。马斯洛指出,这与美国的政治情形完全不一样,例如,在美国,领导人往往自己选自己,有些家伙有当州长或其他什么长官的野心。他断言,"追逐权力的人恰恰是不该得到权力的人,……最可靠的掌权人是不喜欢权力的人,因为他最没有可能为自私的、神经质的或施虐欲的目的而使用权力"。[38]

马斯洛从"B-领导"引申出"B-权力"的概念。他说,所谓"B-权力",就是做该做的事情的权力,就是干该干的工作的权力,就是解决客观问题的权力,就是把该办的工作办成的权力,或者用更时髦的话说,"B-权力"是培养、保护和增强所有B-价值观念(诚实、善良、美、公正、完美、秩序等等)的权力。他认为,"可以这样理解,B-领导人就是寻求B-权力的人,就是依据B-价值观念的目的而正确行使B-权力的人。这是与我们在那些管理书籍中看到的概念完全不同的领导概念和权力概念。它和责任几乎是同义词"。[39]

这里,对非常善良的人、非常健康的人、非常正派的人,即得到完全发展的人而言,世界上的情形完全是引起愤怒需要整顿的情形。"要扭转这种情形,要使万物更完善、更真、更美、更正确、更公正、更合适等等,就需要权力。"[40]为追求更高的价值而需要权力,这就是马斯洛的领导观。

七、进步性和局限性

马斯洛的优心管理是一种以人为本的管理哲学。这种管理哲学坚持管理必须以促进人的心理健康,有助于人的自我实现为目的。这是一种全新的人本主义的管理价值观。它一经提出,便和麦格雷戈的"X理论-Y理论"互相呼应,给当时管理中的忽视人性的倾向以有力的冲击。此前,人际关系学说批评了科学管理,麦格雷戈又批评了人际关系学说,认为科学管理和人际关系学说所坚持的实质上都是X理论。但是麦格雷戈并没有以管理目的的根本不同来划分X理论和Y理论的界限。马斯洛的贡献就在于,他抓住管理目的这个核心,提出了

---

[37] 同上书,第147页。

[38] 同上书,第149页。

[39] 同上书,第150页。

[40] 同上书,第151页。

向传统的价值观念挑战的响亮口号,从而掀起了一场管理价值观的革命,同时也将管理中的人本主义思潮提到一个新的高度。

沃伦·本尼斯在《马斯洛论管理》的推荐序中写道:"本书始终要面对并值得一再重申的两个主要问题或道德问题是——人的本性能容忍怎样的社会? 社会能容忍怎样的人性?"[41]马斯洛以他的自我实现理论揭示了人的本性,他说,既然我们已经知道人性能达到的"高度",我们就应该能据此推断人际关系和组织形式所能达到的"更高"境界,它们原则上是以"更高"人性境界为基础的。

于是,他要探索如何造就一个与人类本性相适应的社会。他认为,他提出的优心管理,不仅适用于工业,而且还适用于整个社会。实行优心管理的社会能够造就一个健康的社会,健康的社会能够提供充分地实现绝大多数人的最大潜力的环境,包括自由、正义、秩序等等。这种"优秀社会"的早期叫做"协和社会",后期叫做"优心社会"。

马斯洛声明,他的这套造就优心社会的理论是一种社会改良理论。社会改良理论必须是整体的,他的理论"涉及了个人生活和社会生活最深刻的问题,涉及了社会、政治以及经济理论甚至一般哲学的最深刻的问题"。[42]他对整体理论是持十分严肃的态度的。他为这套理论确立十几条信条。其中,第十二条指出,他的社会改良理论的目标,就是强调"在一个人的才能、才干和天赋最大程度地发展过程中,自我发展、自我实现、自我约束和努力工作的必要性"。[43]

他主张社会改良要全面发动、缓慢推进和依靠科学。在第十三条信条中,他指出,"美国式的革命或社会改良不同于传统的革命,它不是永远不变的、不能改动的和最终的,而是开放的、试验性的甚至在采用科学方法上也是低调的"。[44]还说,"在这方面,约翰·杜威是一位应该受到崇敬的英雄"。[45]

然而,马斯洛的优心管理思想还不甚成熟和完整。正如有些学者所说的,马斯洛关于优心管理的构想,和他在心理学上的建树的系统性和深刻性相比,还只能说是一些闪烁的思想火花,还不能说已经有一个完整的思想体系。而且,这些思想和理论也缺少实践的检验,关于这一点,马斯洛自己也是心中有数的,他在

〔41〕同上书,第 XIII 页。

〔42〕同上书,第 274 页。

〔43〕同上书,第 275 页。

〔44〕同上书,第 276 页。

〔45〕同上书,第 277 页。

日记中写道："这些理论……还没有接受可靠性和有效性的真正检验。实际上，……还很不成熟。"实质上，他的优心管理在很大程度上是一种理想主义的产物，其中还有某种空想的成分。他自己也曾经把它称为一种"乌托邦"。

不过，他曾经声明，他的"新管理哲学"（指优心管理）和那种旧式的乌托邦有着原则的区别。他指出，过去所有的乌托邦，至少是其中的大多数，存在的共同问题是他们往往回避复杂的文明世界，实际上是尽力逃离社会，而不是尽力想办法改造社会。只要有工业化，布鲁克农场式的乌托邦[46]就不再有可能了。对此，他说："我们必须建工厂而不是逃离工厂，因此开明管理的社会心理思想可以看作是接受工业，而不是拒绝工业的条件下的乌托邦思想。"[47]尽管如此，其中的空想成分还是存在的。因为事实证明，自从 20 世纪 60 年代至今，他所倡导的"优心管理"从来没有真正完全实现过。

但是，话还要说回来，对待马斯洛的管理哲学必须力戒片面性。正如沃伦·本尼斯所说，马斯洛的日记"有些部分内容非常天真，有些部分又极具预见性和洞察力"。[48]而且，对于马斯洛管理哲学，无论是它的进步性，还是局限性，对于今天的我们都具有重要的启示意义。

首先，最重要的一点是，马斯洛管理哲学向人们提出了管理的真正价值，或者终极价值究竟是什么的问题。无论哪一种管理都有一定的目的，都有一定的评价标准，这就是管理的价值问题，管理的价值可能是一个系列或体系，那么，其中人的价值应当摆在什么位置？这是任何管理都必须回答的问题。

其次，进一步说，马斯洛提出的向传统价值观念挑战的口号，在资本主义社会不可能得到真正的实现，那么，这个口号对于社会主义社会则具有直接现实的意义。因为社会主义社会的本质决定了它的管理必须真正实行"以人为本"，必须和一切把人仅仅当作工具的传统管理价值观实行彻底的决裂。

第三，马斯洛人本主义管理价值观的内涵是，管理必须有助于人的心理健康，促进人的自我实现，这对于加深理解和充实社会主义社会以人为本的管理价值观的内涵有着重要的借鉴意义。马克思主义创始人在论述'未来的社会'时，

---

〔46〕参见同上书，第 81 页，原注（一）。

〔47〕同上书，第 82 页。

〔48〕同上书，第 XXX 页。

指出,"在那里,每个人的自由发展是一切人的自由发展的条件"。[49] 而按照马克思主义创始人的原意,"人的自由发展"和"人的全面发展"是一个意思。就是说,社会主义的目标是为了促进人的自由发展,即人的全面发展。人的"全面发展"是"人以一种全面的方式,也就是说,作为一个完整的人占有自己全面的本质"。[50] 而马斯洛所说的心理健康和自我实现则从个体的人的心理层面提供了人的全面发展的内涵。在他看来,心理健康的人是人格完美的人,是"整合的人、充分发展的人、充分成熟的人"。[51] 而他所说的"自我实现"的人是指追求"发展需要"的满足的人。他这里所谓的"发展",是指"天赋、能力、创造力、智慧以及性格的不断发展。发展就是越来越高的心理要求不断得到满足的过程"。[52] 所有这些,对于我们理解和充实社会主义社会"以人为本"的管理价值观的内涵有着不容忽视的借鉴意义。

---

[49] [德]马克思、恩格斯:《马克思恩格斯全集》(第1卷),中共中央马克思恩格斯列宁斯大林著作编译局,北京:人民出版社,1972年,第273页。

[50] [德]马克思、恩格斯:《马克思恩格斯全集》(第42卷),中共中央马克思恩格斯列宁斯大林著作编译局,北京:人民出版社,1979年,第123页。

[51] [美]马斯洛:《自我实现的人》,许金声等译,北京:生活·读书·新知三联书店,1987年,第53—54页。

[52] 同本章注[1],第64页。

第十四章　威廉·大内 Z 理论的管理哲学

公司文化的核心是企业的哲学观，而企业哲学的核心内容则是基本的价值观和理念。这些价值观和理念一方面在织组内部彼此保持一致，另一方面符合组织外部的经济市场和社会环境的现实。……

——威廉·大内

一、Z 理论的创始人

威廉·大内（William G. Ouchi，1943 - ）是美国日裔工商管理领域教授和作家。他出生、成长于夏威夷檀香山。1965 年获得威廉斯学院学士学位，后又获得斯坦福大学工商管理硕士和芝加哥大学工商管理博士学位。毕业后他担任斯坦福大学商学院教授 8 年，之后又在美国洛杉矶加州大学安德森管理学院担任教职多年。

上世纪 80 年代初，在总结日本企业的成功管理经验，并与美国成功及失败企业相比较的基础上，在美国先后出版了四本以论述企业文化为核心内容的管理学著作，其中，威廉·大内的《Z 理论：美国企业界怎样迎接日本的挑战》一书是最具影响力的著作之一；此外，还有理查德·帕斯卡尔（Richard T. Pascale）和安东尼·阿索斯的（Anthony G. Athos）《战略家的头脑——日本企业的管理艺术》；阿伦·肯尼迪（Allan A. Kennedy）和特伦斯·迪尔（Terry Deal）的《企业文化——公司生活和礼仪》以及托马斯·J. 彼得斯（Thomas J. Peters）和小罗伯特·H. 沃特曼（Robert H. Waterman）的《追求卓越》（又译为《成功之路》或《寻求优势》）。这四本批判色彩相当浓重的著作拉开了美国上世纪八十年代对旧的管理模式批判的帷幕，被称为美国管理"创新四重奏"，以此为发端，掀起了一股以走向新管理方式为特征的世界性的企业文化浪潮。这些著作的出版也就被公认为企业文化理论诞生的标志。

威廉·大内是"Z理论"的创始人,也是最早提出企业(公司)文化概念的人。他的最突出的成就是关于日本和美国的公司之间管理风格的差异的研究。从1973年起,他深入调查比较日美两国管理的经验。他的第一部书《Z理论:美国企业界如何迎接日本的挑战》于1981年发表,这本书集中地总结了他的研究成果。在这本书中,他提出了Z理论和企业文化概念,其研究的内容涉及人与企业、人与工作的关系以及人们的共同价值观等问题。这部书的发表受到各国管理界的广泛关注,在当时曾是美国内外的畅销书之一。

大内还有其他一些管理学领域的著作和论文。其中,比较主要的有在1984年发表的《M型社会:如何能够夺回美国团队的竞争优势》,这部著作考察了各种技术实施和方法。在组织管理方面,他提出了市场控制、官僚控制和家族控制等三种类型。大内还从事大量的社会工作,他有广泛的社会兼职。他曾先后担任美国总统辩论委员会咨询委员会等机构的职务。在商界,他在希尔顿基金会董事会、AECOM公司、第一美联储金融以及森普拉能源和水碧技术等机构都兼有职务。

二、日本大型组织的特点

为什么需要向日本学习?大内摆事实说理由:第二次世界大战以后,日本生产率的增长是美国的400%。更为重要的是,美国的生产率提高比欧洲任何国家都缓慢——包括饱受贬斥的英国。许多观察家对日本的成功虽然感到惊羡,却断定日本是一个我们不能向之学到东西的国家。他们认为日本的方法根本无法应用到他们所处的环境(美国)里来。大内说,事实并非如此。美国通用汽车的别克最终装配厂曾是全公司效率和质量最差的工厂之一,该公司以这个厂为试点,以近似日本的管理方式重新设计了该厂的管理。不到两年,该厂的效率和质量上升为全公司的第一名。大内说,这种改造就是他称之为Z理论管理方法的基础。"这个基本原则非常简单,它认为牵涉其中的工人是提高生产力的关键。"[1]

他一针见血地指出:"作为一个国家,我们已经认识到技术的价值并采用科

---

[1] [美]威廉·大内:《Z理论》,朱雁斌译,北京:机械工业出版社,2007年,第3页。

学的方法研究,但我们同时低估了人的价值。"[2]他说,我们的政府拨出几亿美元的经费去研究电机、物理和天文学的新技术,它支持复杂的经济思想的发展,却几乎没有拨出任何款项从事研究如何管理,以及如何组织从事生产工作,而这些只有通过对日本人的研究才能学到。

那么,我们能够向日本学习什么呢?大内认为,要了解这个问题,就需要对日本的管理方式进行仔细的考察,对日本企业的性质进行调查,并借此形成一个与西方企业做比较的指南。

(一) 终身雇佣制

日本企业最重要的特点是终身雇佣制。它已经不是一个单独的政策,而且还是把日本人多方面的生活和工作结合在一起的成规。终身雇佣制虽然为雇员所期望并且为雇主的奋斗目标,但在日本也不是所有的企业都具备终身雇佣制所需要的条件。日本的劳动大军中也许只有35%能在大企业和政府部门中享受终身雇佣制。他说,这些大企业是我们注意的中心目标。

日本的终身雇佣制是指一个大企业或政府部门每年春季——当青年人初中、高中和大学毕业时——进行一次招聘。新雇员一经雇用,一般一直工作到退休年龄55岁为止。所有雇员,到了55岁,除了在企业担任常务董事的几位高层领导外,都必须退休。企业一次付给每个退休人员一笔退休金,一般相当于五至六年的工资。他们没有养老金或"社会保障"。但企业负责把退休人员安置在其卫星工厂中,他在那里还可以做10年非全日性的工作。退休金和非全日性工作的工资可以使他们过着舒适的生活。

终身雇佣制只有在不同于美国方式的、独特的社会和经济结构的条件下才有可能实现。这里有三个需要考虑的因素:(1)日本企业只在有盈利时才给雇员发红利,而美国的雇员则在企业收益减少时也能增加工资。(2)日本的每个大企业都有一大批临时雇员,主要是妇女。(3)日本有大批卫星企业作为大企业防御不稳定的缓冲体。[3]

(二) 评价和升职

日本企业的组织是极其复杂的。其纵横交错的特点之一是评价和升职方

---

[2] 同上。
[3] 同上书,第20—21页。

式。假如有一位大学刚毕业的青年人接受了某大银行的一个职位。10年来,他的工资增长和晋级,完全与那些和他同时进银行的年轻人一样,只有在他工作10年以后,才会有人对他和他的同辈给予正式的评价并在工资和晋级上显示出差别。这种非常缓慢的评价和晋级过程虽然对有抱负的年轻经理来说似乎慢得令人厌烦,但却促进了人们以非常坦率的态度对待合作、工作表现和评价。因为这种制度使得真正的工作表现暴露无遗;它不鼓励人们玩弄某种短期见效、哗众取宠的手法。〔4〕

缓慢的正式评价和晋级对于许多美国人来说似乎是完全不能接受的。这不仅是由于美国人希望得到迅速的反馈和提升,而且因为这种制度似乎阻碍了最能干的人早日得到提升。但是,许多在日本做过谈判后回来的美国人说,在日本公司里,正式职衔和实际所负的责任往往不一致。经常是,一位资历较深的人拥有部门经理的职衔,而实际主持业务工作的却是一位没有职衔并年轻好几岁的人。这使得能干的人能迅速地负起更大的工作责任,但他们只有经过一定的年限以后才能得到正式的提升;而那些过去有过重大贡献的人,尽管有年轻人的威胁,在职衔和工资上仍有保障。这种人人都能看到的事实使得雇员比较愿意等待他们的机会。在这样的环境里,外界的评价和报酬不受重视,最主要的是同等地位的人所做的亲切、微妙和复杂的评价。这个重要事实不仅在日本,而且在别处也都是许多组织获得成功的基础。〔5〕

(三) 非专业化的经历道路

大内指出,日本企业中有一个经常被忽视而又非常重要的特点,那就是他们对职工在业务方面的培养。还是以前面举过的一位年轻的大学毕业生为例:他开始时担任见习管理的职务,大约在一年的时间里,他会见顾客并在执行任务中熟悉业务。然后他被派到一个分支机构中去学习银行业务,包括与出纳员一起工作并管理情报、文件和人员的流动等。接着,他从那里又被调回总行学习商业银行的大宗业务。随后又调回到另一个分支机构,在零星贷款部学习发放汽车贷款以及对个人的其他小笔消费贷款。之后,他可能又回到总行来,这回是进人事部了。这是他必须熟悉的重要工作之一。这时大概已经过了10年,他将第一

〔4〕同上书,第22页。
〔5〕同上书,第25页。

次获得重要的晋级，也许被提升为科长。他以这个身份又被调往另一个分支机构，也许负责新业务，大胆去拜访潜在客户，开拓生意。然后，他可能又被调回总行，这回是进了国际部，协调与美国或法国有业务往来的日本企业对银行业务的需要。当他到达他的事业的顶峰时，他将是这样一个专家：能够胜任该银行的每个职务、每个专业以及每个职责，并把它们紧紧地结合成一个整体。[6]

　　大内指出，美国企业就大不相同。在美国，人们会先后在若干个单位工作，然而，却总保持在同一个专业内。企业的高层领导在其职业生涯中从事过的专业不超过两种，许多人只做过一种专业工作。这种人倾向于以发展该专业为目标，而不是以面向整个企业为目标。他们对其他专业人员及其存在的问题既无认识又不了解，因此无法有效地帮助本企业中其他专业的工作人员。美国方式的巨大力量在于能够组织其专业化人员在任何环境中发挥其专长，能够轻易地从一个城市转到另一个城市。这种创新是西方社会的伟大奇迹之一，使得工业生产的广泛开展成为可能。其缺点是工人永远不能相互紧密结合，只能形成一个松散结合的力量。[7]

三、日本公司的运作方式

　　大内说，日本公司的基本管理方法包含在管理哲学观里。这种哲学观是含蓄的企业理论、描述企业的目标以及实现他们的步骤。这些目标代表业主、雇员、顾客和政府管理机构的价值观。在工厂或公司里，用什么样的方式能更好地达到目标，是以一套信念来规定的。这些信念涉及：公司应不应该考虑某种新产品，这个问题应当由谁来决定，等等。掌握了这种价值观和信念（或者说目标及手段）本质的人能够从概括的陈述中推导出无数的具体规则和目标，以适应不断变化的情况。这些规则和目标在人与人之间是有一致性的。因此，这种理论提供了两个优点：既控制了人们对问题作出反应的方式，又取得了他们之间的协调。故而，解决问题的各种方法就会紧密配合在一起。这种含蓄而不明显的理论是不能用若干句话把它完整地记下来的。它是通过骨干管理人员进行潜移默化的传播。[8]

---

〔6〕同上书，第 25—26 页。
〔7〕同上书，第 28—31 页。
〔8〕同上书，第 35 页。

这种公司文化的核心是公司的价值观、信念,形成了一种特定的管理哲学观,公司文化还包括一整套象征、仪式和神话,它们通过日常工作传输给雇员们。共同文化创造了一个共同协作的背景,大大地便利在具体问题上作出决定和计划。[9] 这种文化突出地表现在下列组织运作方式特点之中:

(一) 决策过程

也许最为人周知的日本企业的特点是集体决策过程。在典型的美国企业里科长、部门经理、总经理都一致地认为他们"不能踢皮球"(the buck stops here,美国总统杜鲁门放在他写字台上的座右铭)——只有他们自己才应当担起做出决定的责任。[10]

美国机构当然也有集体决策的例子。然而,集体决策在一个日本机构里所带来的影响远比在美国机构里更为深远、更为微妙。日本机构要做出重要决定时,每个有关人员都要参与。如果要决定一个新厂的厂址、是否应当改变生产方法,以及其他一些重要问题,那就意味着约有 60～80 人直接参加决定。一个三人小组将被指定负责与这 60～80 人谈话。而且遇有重大修订时,他们要再次与全部的参与人员联系。该组将重复这个过程直到取得真正一致的意见。用这个方法做出决定需要很长的时间。但一旦做出决定,每个有关的人员都会给予支持。理解和支持可能代替决定中的实际内容,因为好几个可供选择的解决方案可能同样地好或同样地坏。重要的不是决定本身,而是人们对决定负责和了解到什么程度。否则,"最好的"决定也能被搞坏,正像"最坏的"决定也能搞得不错一样。[11]

日本的集体决策过程是在哲学观、价值观和信念基本一致的框架里形成的,因而可以在每一次决策里包括许多人。如果像西方机构那样,60 个人里的每一个人对目标和步骤都有根本不同的观点,那么,集体决策的方式就要失败。[12]

日本集体决策过程的另一个关键性特点是,对于由谁来负责做出决定有意识地保持模糊。其实他们都很明白,他们每个人对所有任务都负有完全的责任,

〔9〕同上书,第 36 页。

〔10〕同上。

〔11〕同上书,第 37 页。

〔12〕同上书,第 38—39 页。

并且共同分担这个责任。[13]

（二）集体价值观

日本的工厂从来不采用对个人施行物质刺激的方法，如计件制以及与增加工资有密切关系的工作鉴定制度。以个人为基础的合理化建议制度也行不通。一家美国公司在日本开的工厂曾提出了这样一种个人建议制度，但在 6 个月内却没有一个工人提出任何建议。经理问工人为什么，工人回答说："没有人能够单独提出改进工作的方法。任何建议都是我们在一起工作的结果。如果把建议归功于某一个人，那是会使我们所有的人都感到难为情的。"于是，后来改为集体建议制度，奖金发给小组，取得了良好的效果。[14]

这里对于日本的集体主义存在着两种不同的解释：

第一种解释是，日本人对集体价值的信念是一个时代性错误，与现代工业化格格不入。集体主义似乎不利于以富兰克林、爱迪生和洛克菲勒为例的独立创造力。集体主义似乎不为个人提供超越别人的刺激，而这种刺激曾使美国企业获得了巨大的成功。如果完全不考虑它的经济效果，集体主义就意味着丧失个性，丧失不同意见的自由。

第二种解释是日本的集体主义在经济上是高效率的——他使人们和睦地在一起并相互鼓励做得更好。工业生活要求人们相互鼓励。日本的集体主义在经济成就方面还有一项不大显著但意义深远的因素，它与责任制度有关。按照日本人的想法，集体主义既不是企业或个人的奋斗目标，也不是追求的口号。更确切地说，事情的性质在起作用，以致没有什么重要的事情是由于个人的努力而做成的。生活中的一切重要事情都是由于协力或集体力量做成的。工业生活基本上是结合一体而且是相互依存的。一个人不能独自造汽车，一个人无法独自进行银行交易。因此，企图把成果归之于个人的功劳是不合理的，也不适应它的工业环境。而在西方的这种集体主义则引起矛盾。一切都取决于我们的文化与技术之间的适应程度。[15]

（三）强调在整体上关心人

在雇主与雇员的关系方面，西方大多数组织实行的是一种"局部关系"，即雇

---

[13] 同上书，第 39 页。

[14] 同上书，第 40—42 页。

[15] 同上书，第 43 页。

主和雇员之间的关系仅仅涉及与完成特定任务直接有关的那些活动。对比之下，日本的组织则是整体关系。在企业中，雇主与雇员之间不仅有雇主工作上的角色关系，而且还存在着类似一个家庭那样的整体关系，包括雇主组织一些与雇员的共同娱乐活动、体育活动、晚餐等。在这种情景下，雇员和雇主是一种新的角色关系，可以与雇主进行交流，提出不同意见，而且，企业还尽可能为员工的其他社会需要提供支持。这样，企业就通过各种途径把经营与人们的社会生活融为一体，使人们之间形成多重的密切关系。这种密切关系不仅使每个人真正付出的努力和创造的绩效变得一目了然，而且使得人们能够了解彼此的需要和打算，由此，对组织的存在来说，就起到促进成员之间的相互信任，防止组织内自私和不诚实行为的重要作用。

社会学家早已注意到整体关系在"全面机构"内的发展，但又认为整体关系是一种变态的东西，只限于监狱、精神病院、修道会及军事单位。但是，日本人明明白白地向世人证明，整体化在工业化生活中是可以实现的。[16]

四、Z 理论和 Z 型组织

通过对美、日的组织和管理方式以及各自的文化传统进行仔细的比较和深入的研究，大内概括出他的 Z 理论，并且论述了 Z 型组织的特征。

（一）Z 理论

Z 理论的第一个原则是建立相互信任。就是要建立一种管理制度，使一个组织的各个部门之间、上下级之间、雇员之间形成相互信任的关系。大内认为，生产力和信任是紧密相关的，这种信任能够使组织作为一个整体内部协调行动，应对组织所遇到的困难和暂时的损失，使组织整体实现利益最大化，取得长远的成功。要搞清这个问题，先看看英国经济在 20 世纪的发展情况。这是一段工会、政府和管理层互不信任的历史，这种不信任使经济瘫痪，使英国人的生活水平一落千丈。这从反面告诉人们生产力和信任的关系。

Z 理论的另一个重要原则是微妙性。这也是把日本做法转化为美国方式的另一重要课题。人与人之间的关系总是复杂而易变的，一个熟悉本组工人的领

---

[16] 同上书，第 38—41 页。

班可以精确了解每个工人的个性,能够决定谁与谁在一起干活最为恰当,因此可以组成效率最高的搭档。这些微妙性从来不是轻而易举能捉摸到的。如果是官僚主义的管理或是硬性的工会合同,领班严格按照资格来分配工作,微妙性就会丧失,生产力也就会随之降低。生产力、信任和微妙性不是孤立的要素。通过更有效的协作,信任和微妙性会提高生产力,而且它们是密不可分的。

Z 理论的第三个原则是人与人之间的亲密性。亲密的关系像一根线一样普遍贯穿于日本人的生活中。没有关爱、支持和不轻易动摇的无私精神,人们也不可能有美好的生活,而这些都来源于亲密的社会关系。在美国人的生活中,密切的关系过去存在于家庭中、俱乐部里、邻里间、终身的朋友之间和教堂内。然而,所有这些亲密的关系的发源地以及与其他人联络的最原始的方式,受到了我们现在的工业化生活方式的威胁。工作场所的人们可以或应该保持密切关系的想法,是不为美国人所接受的。而在日本人的例子中,我们看到的是一个成功的工业社会,其中不仅在其他环境中有密切的关系,而且在工作场所也有密切的关系。日本人的例子迫使我们重新思考我们根深蒂固的观念,即在社会中什么是密切的关系的真正发源地。[17]

(二) Z 型组织

大内指出,但是,在美国,也有许多企业具有与日本企业相似的特点。有一次,大内在对美国 IBM 公司的经理们描述他的美日管理比较研究初步结果时,IBM 公司的一位副总裁大声地说:"你知道你一直在描述的日本人的组织形式恰恰是 IBM 所拥有的东西吗? 让我告诉你,IBM 按照自己的方式发展,已经逐步采用了这种组织形式——我们没有抄袭日本人的东西!"大内说,根据他的采访了解,的确是这样,在美国,除了 IBM,还有惠普、柯达、宝洁……还有美军。这些组织都被公认为世界上管理最好的组织之一,在被采访者看来,它们都具备与日本公司相同的特征。[18]

虽然这些组织在美国的发展是符合自然规律的,但它们所具有的许多特征与日本的公司非常相似,大内把它们称为"Z 型组织"。之所以选择这个符号,大内说,是他有意地参考了麦格雷戈的 X 理论-Y 理论。在大内的框架中,西方的

[17] 同上书,第 3—7 页。
[18] 同上书,第 56—57 页。

组织主要被视为 A 型组织,J 型组织是专供在日本见到的组织形式使用的术语,而 Z 型组织则是用来称呼那些具有类似日本公司某些独特特征的美国公司,也即,大内称之为"在成功的过程中表现出独一无二的特征"的美国公司。就像大多数经理不完全符合"X 理论"和"Y 理论"假设的描述一样,组织也很少是纯粹的 A 型或 Z 型。然而,对 A 型或 Z 型的理解可能有助于突出组织的基本趋势。大内表示,"在我领悟到各种类型之间的这种差别后,我就要弄明白是什么因素导致现在的 Z 型组织在成功的过程中表现出独一无二的特征"。[19]

每一个 Z 型公司都有自己独特之处,例如,美军具备不同于 IBM 或柯达的特色。然而,所有 Z 型公司都表现出非常类似于日本公司的特征。

(1) Z 型公司和日本公司一样往往都实行长期雇佣制。实行这种制度,通常是植根于企业的复杂性质。这种业务通常需要在实践中学习。公司为了培养雇员们在特定条件下的工作技能已经花了钱,因此愿意将他们留下。而对于雇员来说,则由于他们的技能往往更适用于该公司,他们很难轻易找到具有同等报酬和同等性质的工作,所以也倾向于留下。

(2) 这些工作上的特点带来了长期雇佣关系,同时也使得评估和升职成为一个相对缓慢的过程。不过,在这里,有一个不同于日式组织形式的重大变化。Z 型公司不会等 10 年才启动评估和升职程序:任何这样做的西方公司留不住精明强干的雇员。因此,这样的公司经常提供各种各样的、透明的考察绩效的机会,而这样的机会是司空见惯的。然而,升职的机会来的比 A 型公司慢。

(3) 在 Z 型公司中,职业发展模式更多地表现出在不同职能部门和不同职位之间"徘徊"的特点,而这个特点正是日本公司的典型特征。这种模式有效地培育出更适合于特定公司的特殊技能,从而有助于人们在设计、制造和销售阶段展开密切的协作。经历这种"非专业化"发展的雇员是要承担风险的,即最后形成的技能在很大程度上对其他公司没有吸引力。因此,长期雇佣制下的雇员冒着风险与事业的发展结合成一个整体。

(4) 在 Z 型组织中,典型的决策过程是一个体现集体意志和重视雇员参与的过程。其中,组织选择许多人参与重大决策的策划。这种参与式的决策过程是组织的机制之一,它有助于在组织内部广泛传播信息和价值观,而且还象征性地、明明白白地传达出企业的合作精神。不过,虽然这种决策是一种集体行为,

---

[19] 同上书,第 58 页。

但最终负责决策的仍旧是一个人。这种集体决策和个人负责相结合的制度需要一种信任的氛围。只有人们坚定地认为所有人都具有基本相容的目标，而且任何人都不参与自私自利的活动，个人才会承担起实施集体决策的个人责任，并满腔热情地完成本职工作。[20]

（5）Z型公司的整体化倾向在许多方面类似于日本组织的整体化特征。这种类似性表现在上级对下级和各级雇员对同事的倾向上。Z型公司一般对下级和同事的福利表现出广泛的关注，认为这种关注在工作关系中是很自然的事情。人们之间的关系往往是无拘无束的，而且这种关系强调的是，所有的人都要在工作中与他人处理彼此之间的关系，而不只是经理与工人、办事员与机械工处理彼此之间的关系。作为组织的一个主要特点，这种整体化的倾向不可避免地维系着一个具有强烈平等主义色彩的氛围，而这种氛围正是所有Z型组织的特色。[21]

五、Z型文化的特点

公司文化是由传统和气氛构成，它代表的是公司的价值观，如进取心、防范心或灵活性等，用以规定行动、舆论和行为的模式。Z型文化拥有一套独特的价值观，其中包括长期雇佣制、信任和密切的个人关系。这种文化渗透到公司的方方面面，其中以人事战略首当其冲甚至它的产品也靠这些价值观来塑造。

Z型文化认为任何劳动者的生活都是完整的，他们不具有双重性格，即从上午九点到下午五点是机器，在此前此后的时间里是人。Z理论提出人性化的工作条件不仅会提高公司的生产力和利润，而且还会增强雇员的自尊心。每一个人都感到无拘无束，就像"人"一样发挥更大的作用。迄今为止，美国经理们转变他们关注的目标，重视人，重视人与人的关系，建立Z型文化。在当今条件下，Z型组织之所以能够取得成功，主要原因就是它的文化带给雇员一个稳定的社会环境，雇员在其中认清自己所处的地位并获得支持，以便应付和增强他们在生活中扮演的其他角色。

具体地说，Z文化具有以下鲜明的特点：

---

[20] 同上书，第65—66页。
[21] 同上书，第66页。

(1) Z型文化容纳批评,欢迎开诚布公。 Z型组织可以说是一种非宗教的关系密切的团体。这种关系是人们自愿地展现自己的方方面面,包括渴望、担心、缺点,由此形成相互接受的宜人氛围。人们相互之间开诚布公,每个人的贡献和错误都会被别人看到,由此,每个人都愿意努力工作。Z型文化就是这样发挥作用的。[22]

(2) Z型文化把信任作为企业内外行为的基础。 信任是一种合作的方式,一种沟通的方式,它使人们意识到他们是平等的、重要的,他们是人而非部件,这就使得决策的实施变得更加容易。

(3) Z型文化体现团队精神。 由于Z型文化高度重视人与人的关系,公司内部会有新的许多具有强大凝聚力、拥有一半自主权的工作集体。因公司创造出一种有助于增进人与人之间的良好和密切关系的文化,而这些条件鼓励工作集体形成强大的凝聚力,这种具有强大凝聚力的集体就形成一种密切合作的团队精神。[23]

(4) Z型文化强调走动式管理。 经理和由雇员组成的团队之间的合作是通过"走动式的管理"实现的。Z组织的一位经理说,他通常把高层经理的办公桌搬到问题集中的地方,这样他就置身于冲突的中心。要在不同情况下运用管理能力管理不同类型的人,高层经理需要放下架子。走动式管理说明经理需要以亲身实践的方式直接参与管理,而不是遥远地发号施令。他所专注的显然不是给雇员洗脑,而是设定目标,使得每一个人既满足自己的个人利益,同时又能满足公司的利益。他们追求的是种和谐的利益结构。[24]

(5) Z型文化以顾客为本,重视产品的社会价值。 Z型文化强调立足于长远,立足于为顾客年复一年地提供他们愿意购买的产品和服务。Z型文化认为,利润是顾客发给公司的奖金,而之所以如此,是因为公司解决了他们的问题。由此,决定公司是否成功的是顾客。而有些公司是从另一个不同的角度认识利润,他们认为利润是价格与成本的差值,因此只要做好两件事:提高价格或降低成本,而这两种方法都意味着欺骗顾客。[25]

大内指出,Z型文化上述优势特点突出表现在Z型组织中的雇员身上。以

---

[22] 参见同上书,第153—158页。

[23] 参见同上书,第159—160页。

[24] 参见同上书,第159—160页。

[25] 参见同上书,第161—162页。

Z 型公司为例,Z 型公司的雇员与 A 型公司的雇员明显不同。第一,Z 型公司的雇员感觉到公司具有与众不同的哲学和微妙含蓄的控制手段,而 A 型公司的雇员则没有感觉到这一点。第二,Z 型公司雇员比 A 型公司的雇员明显地具有更强烈的集体主义精神。第三,Z 型公司雇员在情绪上比 A 型公司的雇员更快乐,没有像 A 型公司的雇员那样作出反常行为和不友善。这与 Z 型公司的雇员拥有比较健康的工作关系直接相关。第四,Z 型公司的雇员对外表现得心平气和与从容不迫,而 A 型公司的雇员对外表现得似乎有些匆匆忙忙、焦头烂额,几乎控制不了局面。[26]

六、从 A 到 Z：使 Z 理论发挥作用的步骤

大内首先说明,在整个变革过程中,下列步骤不是严格地按照一二三的顺序实施的。由于迈向 Z 理论的变革就像 Z 理论本身一样是一个整体,因此许多步骤是彼此交织在一起的。他的想法是列出变革的各个要素和提供一些指导意见,以便帮助人们预测未来。另外,他还要求人们认识到,变革不是针对个人的,而是针对整个组织的。[27]

第一步：了解 Z 型组织和你扮演的角色。这一步要求变革的领导者一开始就要营造一种信任的气氛。如果领导变革的人能够开诚布公、坦率地反对别人的观点和接受别人的批评,平等待人,并鼓励雇员的参与,这就是发展基础性和普遍性的信任关系的开始。[28]

第二步：审查公司的哲学观。接下来的几步都是关于公司的哲学观问题。首先是审查。企业目标(即哲学观)手册应当让人们认识到工作和生活的价值观,提出人们在组织中的行为方式和组织的行为方式,以便满足组织的雇员、客户以及组织服务的社区的需要。[29]

第三步：确定适当的管理哲学并让领导参与。没有最高领导人的直接支持,组织的变革是不能成功的,必须向领导人解释所期望的管理哲学。使之真正

---

[26] 参见同上书,第 165—168 页。

[27] 同上书,第 81 页。

[28] 同上书,第 76—77 页。

[29] 同上书,第 77—79 页。

理解并积极参与。[30]

第四步：哲学观的实现靠的是搭建结构和提供动力。为了实现所期望的哲学观,大多数组织需要建立一定的组织结构和激励措施来引导人们实现合作和发展微妙的人际关系。

第五步：培养人际交往的能力。大内认为,处理人际关系技能,在Z型组织中处于经营方法的核心地位。因为,协作和体谅是Z型组织取得成功的关键。人际交往的能力既是与委托人、顾客等打交道所需,也是与同事、合伙者融洽共处以及下级特别是雇员们参与决策必须学习的一种技能。[31]

第六步：自我检验和系统检验。对实施的改革必须进行某些检验看它是否达到预期效果,以便说服那些持怀疑态度的人。另外试验也有助于那些真正支持革新的人冷静下来,使他们看到变革的缺点。检验的方式,一种是自我检验,另一种是邀请不参与组织变革的人到组织参观,并让他们提出意见。Z型组织成功的重要标志是组织中的每一个人在一个平等与和谐的环境中真正地参与管理。[32]

第七步：让工会参与。在讨论对工作条件实行重大改变之前,使工会参与。在健全的环境中,工会实际上是公司的一个现成管道,通过这个管道公司可以与雇员沟通,把他们组织起来,向他们解释福利计划,并把教育、社交和娱乐结合在一起。工会组织可能会为公司的成功贡献出自己的力量。[33]

第八步：稳定雇佣关系。稳定的雇佣关系在很大程度上是由公司的政策直接导致的。一般可以通过使工作更有挑战性,在工作中更为平等,给他们提供更多参与决策的机会等办法,使雇佣关系稳定下来。[34]

第九步：确定缓慢的评估和升职制度。使雇员认识到长期绩效的重要性是至关重要的。只有这样他们才会忘记短期而去做那些对短期或长期都有根本意义的事。企业内部放慢对他们的提升速度,这样就可以使他们从长远的角度看问题。[35]

---

[30] 同上书,第80页。
[31] 同上书,第81—83页。
[32] 同上书,第85—87页。
[33] 同上书,第87—89页。
[34] 同上书,第90—91页。
[35] 同上书,第91—93页。

第十步：拓宽职业发展的道路。在大内所处的时期，美国经济正在进入一个持续的增长相对缓慢的阶段。这使得中年的、中等级别的专业人员或经理进一步提升的前程有限。必须发展非专业化的职业道路，鼓励雇员转移到能使他们学到新东西的有关职务上去，以培养人的多种才能。这需要高层管理群体以身作则，树立好榜样。[36]

第十一步：做好在基层实施变革的准备。大内指出，Z理论的变革采取和传统惯例相反的做法，主张自上而下的改革。这意味着只有上层经过改革之后，下层的管理人员和职工才能参与改革。成功的Z型公司要花时间让组织内部担任职务的人员对参与式管理有一定的认识，并真正坚定不移地实施这种管理方式。[37]

第十二步：选择从哪些方面实施参与式管理。要做到这一点就要把工人们看作一个整体，向他们征求意见，而不是从几个无名无姓的意见箱里寻找建议，同时，要把职工的合理意见付诸实施。[38]

第十三步：提供发展整体文化关系的机会。大内强调，整体化的关系是组织成为一个整体的结果，而不是其原因。整体化关系的实质是团结性，是内聚力，而这是在共同工作并共享其归属感的雇员团体中涌现出来的。同雇员们谈谈公司如何对付竞争者，谈谈公司的成功和问题，这些同工作有关的论题是发展整体关系的关键，并且可以使这种关系摆脱公司的任何家长式管理方式的束缚。[39]

大内总结说，上述这些步骤只是作为一种大致的指南和讨论的中心，在实施过程中是完全可以根据实际情况而灵活调整的。他说，作为一个大致的指南，从开始启动这个流程直到它贯彻到各级管理人员，大约需要两年时间，而使这种变革落实到每一个办公室和工厂中的每一个职工，也许需要十年到十五年时间。由于参与式管理方式符合所有雇员的基本价值观，因此一开始实施，一般可以自我维持变革并将保持旺盛的生命力。[40]

---

[36] 同上书，第93—94页。

[37] 同上书，第95—97页。

[38] 同上书，第97页。

[39] 同上书，第98页。

[40] 同上书，第99页。

七、从 A 到 Z：设计哲学观

在从 A 型企业向 Z 型企业转变的过程中，大内非常重视企业哲学观的重新设计。

大内认为，企业哲学的核心内容是基本的价值观和理念。这些价值观和理念一方面在组织内部彼此保持一致，另一方面也符合组织外部的经济市场和社会环境的现实。这些价值观体现在企业如何确立组织目标、如何构建组织的管理程序以及如何对待经济和社会环境对组织的制约这三个关键要素之中。[41]

大内强调指出，企业哲学对于 Z 型公司尤其重要，因为它明确规定什么重要，什么不重要，从而有助于企业保持它的独特性；其次，它还有助于组织成员在共同文化下高效地制定计划和开展合作；同时，由于 Z 型公司在共同价值观指引下，立足于长远发展。因此在决策上，必须认真权衡利和弊，而且，Z 型公司的决策是以合作和参与为基础的，这就需要对组织的目标和价值观形成共识，以便统一组织成员的行为。以上种种，表明企业哲学对于 Z 型公司的特别重要性。哲学作为组织行为的指南，它提出处理问题的标准模式，说明组织为什么要如此决策，为什么某些行为会受到奖励，这些行为如何体现公司的形象等关系到组织发展的重要问题。[42]

企业如何形成自己的哲学？大内提出了供选择的两种方法：一种是调查—反馈法。即一两个人对关键的经理们一个一个地进行访谈，然后把这些有关哲学的各种观点"反馈"给预先特意建立的各种小组。人们以此为出发点，进而讨论企业的战略和方向、风格和形式。这样的讨论有助于对价值观的各个要素达成共识。另一种方法是鼓励主要经理去总结他们认为能够使组织获得成功的原则，初步确定组织的哲学。同样，如果要使企业哲学作为控制和决策的基础而有效发挥作用，那就必须在整个组织中进行广泛的讨论并获得普遍的接受。[43]

大内指出，制定企业哲学的根本目的是使它发挥作用。如果企业所有成员都认可企业哲学，他们对本公司的文化都了解得非常清楚，他们就有了共同语言，就很容易进行彼此沟通，从而对企业遇到的各种问题达成共识。大内认为，

---

[41] 参见同上书，第 102 页。

[42] 参见同上书，第 100—101 页。

[43] 参见同上书，第 106—107 页。

在日本,自觉运用哲学比在美国更为普遍。这表现在日本企业一般都有哲学手册,向成员清楚地说明企业哲学的具体内容。在美国,大多数公司没有完整地提出公司的哲学,许多公司把哲学的主要部分埋藏在心里而不是体现在纸上。美国公司趋向于用正式的训练计划和非正式的口头语言相混合的方式向雇员传达他们的基本价值观。这种方法的主要缺点是,如果不是白纸黑字地写清楚,就会显得没有经过很好的考虑,因而有较大的不一致和缺乏对理想的注意。[44]

大内在此强调哲学手册的作用,并指出要在灵活运用过程中不断地加以完善。他举了惠普的例子,惠普公司的管理者每隔几年就对哲学手册进行一次修订,从而确保他们能够以一种与时俱进的态度处理企业面临的新问题和新业务。他们的基本价值观之一是,不要成为一个"雇佣和解雇"的公司。为了坚持贯彻这一政策,他们不得不放弃许多有利的政府合同。因为这些合同常常意味着雇佣一大批雇员一年或两年,然后当合同结束时就把他们解雇。[45]

以上内容就是大内提出的 Z 理论的基本内容。大内的 Z 理论的提出,有两个突出的特点。第一点,在研究方法上,Z 理论是在对日、美的管理方法、模式进行深入的调查研究,然后比较分析,而后在取长补短、综合概括的基础上而产生的。这是管理学研究方法的一个突破,开创了比较管理学的新途径。大内的比较研究并不是为比较而比较,而是在比较的基础上,通过综合,产生一个新的、更高级的东西来。他的 Z 理论并不是日、美双方管理方式优点的机械相加,而是既有否定,又有肯定,更有创新,这突出地表现在他所描述的 Z 型文化上。Z 型文化重视人、重视人与人的关系,认为工人是完整的人,他们不存在"在工作时间是机器、在工作以外时间才是人"这样的双重性格(人格),等等,这就把 J 型(日式)公司文化的优点提高到一个新的水平。

第二点,在思想观念方面,大内开创了公司文化研究的先河,而且在公司文化的建设中,十分重视组织的哲学观。他认为公司文化的核心是哲学观,而哲学观的核心内容则是基本的价值观和理念。这些价值观和理念一方面在组织内部彼此保持一致,另一方面也符合组织外部的经济市场和社会环境的现实。这些价值观体现在企业如何确立组织目标、如何构建组织的管理程序以及如何对待

[44] 同上。
[45] 参见同上书,第 109—112 页。

经济和社会环境对组织的制约这三个关键要素之中。他认为,哲学观对于 Z 型公司尤为重要。它是企业行动的指南,它明确规定什么重要,什么不重要,从而有助于企业保持它的独特性,等等。在从 A 型企业向 Z 型企业转变的过程中,大内把企业哲学观的重新设计摆在优先的地位。

以上两点是大内 Z 理论研究的特点,也可以说是大内在管理哲学方面的贡献。当然,大内关于企业文化的研究只是开了一个好头,他的重点在于指出企业文化对企业管理的重要性。至于系统地建立企业文化或者组织文化理论,还需要后人开辟和建设。

第十五章　沙因：组织文化理论和领导哲学

领导者所要做的唯一重要的事情，就是创造和管理文化，领导者最重要的才能就是影响文化的能力。

——埃德加·沙因

一、组织文化理论的开创者

埃德加·沙因（Edgar H. Schein，1928－）是美国麻省理工大学斯隆商学院教授，著名的心理学家和行为学家，组织文化和组织心理学领域的开创者。沙因1947年毕业于芝加哥大学教育系，获文学学士学位；1949年在斯坦福大学取得社会心理学文学硕士学位；1952年在哈佛大学取得社会心理学哲学博士学位，此后一直任职于斯隆学院，现为该学院的荣誉退休教授。

在组织文化领域中，"组织文化"一词被公认是由沙因"发明"的。沙因在他的名著《组织文化与领导》（*Organizational Culture and Leadership*，1985；第二，三版分别于1992年、2004年出版）一书中，率先提出了关于文化本质的概念，将组织文化定义为：一种基本假设的模型，即由特定群体文化在处理外部适应与内部聚合问题的过程中发明、发现或发展出来的；由于运作效果好而被认可，传授给组织新成员以作为理解、思考和感受相关问题的正确方式。他还对于文化的构成因素进行了分析，并对文化的形成、文化的进化过程提出了独创的见解。

在1972至1981年期间，沙因曾担任斯隆管理研究所组织研究小组主任，他是享有盛名的管理咨询专家，在美国、墨西哥和欧洲很多大企业担任顾问，从事企业咨询工作。他获得许多荣誉和奖项，其中有2000年2月由美国培训与发展协会授予的终身成就奖；2012年由国际领导协会授予的终身成就奖，以及同年由斯洛文尼亚布莱德管理学院授予的荣誉博士学位。

沙因的代表作除了上述《组织文化与领导》外，还有 1965 年出版《组织心理学》；此外，还有《强制性说服》(1961)、《人际动力学》(1964，与他人合著)、《一些新动向》(1972)、《职业动力学》(1978)、《互相帮助》(2009)等著作。

二、关于人性复杂性的假设

沙因认为，要了解组织是怎样工作的，首先就必须理解在这些组织中的人们是如何工作的，尤其是制定组织的决策、政策和规则的管理人员是怎样工作的。按照他研究的组织心理学的原理得出的结论，认为："人的行为，是我们的意图、我们对眼前处境的感觉以及我们对这种情景和其中的人物所持的假设或信念的复杂结果。反过来，这些假设又是以我们过去的经历、文化规范和别人教会我们去期望的事物作为基础的。"[1]为此，他要重新探讨管理人员对人性和激励所作的假设，因为这种假设在很大程度上决定了组织对于刺激物、奖酬和其他的个人事物的政策。

沙因秉承麦格雷戈的观点，认为每位管理干部都有一整套世界观，他们对人为什么要工作以及应该如何去激励和管理他们的看法，就是这种世界观的一部分。他举例说，例如，社会心理学家莱茨曼就曾试图对他称之为"人性的基本宗旨"的六个方面进行测定，这六个方面就是："1. 我们相信人是可以信赖的或是不值得信赖的程度；2. 我们相信人是利他的或是利己、自私的程度；3. 我们相信人是独立的和自力更生的或是依赖并顺从于群体或权威人物的程度；4. 我们相信人是有意志和理性的或是相信他们是由非理性的内部或外部因素控制的程度；5. 我们相信人是有不同的思想、知觉和价值观的，或是相信他们的价值观、知觉等是基本一样的程度；6. 我们相信人是简单的或是十分复杂的生物的程度。"[2]

接着他对历史上先后出现的三类主要的人性假设——理性—经济人假设、社会人的人性假设和自我实现人性假设——逐个进行考察和验证。他的总体结论是："从历史发展的趋势看，我们对于人性的看法是沿着两个方向演进着的，即

[1]［美］埃德加·薛恩：《组织心理学》，余凯成等译，北京：经济管理出版社，1987 年版，第 59 页。
[2]同上书，第 60—61 页。

从更犬儒主义的观点[3]向更理想主义变化和从简单的观点向更复杂变化。"[4]

他的评价是，每种关于人性的观点都在一定程度上是正确的，这样就为认识组织是怎样发挥其功能的以及应当怎样管理组织的问题，提供了某种见解。可是，正如新出现的领域中常见的那样，每一种理论都会把复杂的现实过分简单化和过分一般化了。他说，"我们对人类的行为研究得越多，就越发现它的复杂，从而我们就越来越发现自己对组织中人的行为必须采用社会学的、发展的与情景的观点熔为一体的综合观点来认识"。[5]为此他认为，要想公正客观地对待人性的复杂性，就应当对人性提出如下的假设：

第一，人的需要是有许多种类的，并且会随着人类的发展阶段和整个生活处境而变化。第二，由于需要动机彼此作用并组成复杂的动机模式、价值观和目标，所以人们必须决定自己要在什么样的层次上去理解人的激励。第三，职工们可以通过他们在组织中的经历，学得新的动机，从而更新原来的需要。第四，人们在不同组织，或在同一组织不同的下属部门中，或在不同时期对待不同任务，也会有不同需要和动机。第五，工作任务的性质、职工个人的能力和经验，以及同事间所形成的环境气氛等，多种因素相互作用会产生不同的需求和动机。第六，由于种种因素，致使人们的需求和动机不尽相同，因此，不会有什么在一切时间对所有人都能起作用的唯一正确的管理策略。[6]

沙因用大量证据证明人性复杂性的假设是更加符合实际、更加合理的人性假设。由此，他得出结论说，既然人性是复杂的，人的动机和需要是千差万别和千变万化的，那么就不可能存在一种适用于一切情景、一切人员的唯一正确的管理策略。管理人员必须摈弃那种过于简单化和一般化的方法，提高分析诊断的洞察力，学会因具体情况而异采用机动灵活的管理策略。他指出，这种以现实的情景为基础的可变的或灵活的行为就叫做"权变论"。它表明了这样一个事实，就是在某一给定的情景中，正确的组织、管理或领导方式要随大量因素而定。近年来，权变论在管理学科领域之所以变得十分普遍，就是由于人们对人性、工作任务等具体情景以及领导与管理过程本身所固有的复杂性已经有所认识的

---

〔3〕犬儒主义是古希腊的一个哲学学派，它主张摒弃一切世俗事物，对道德上的善良表示怀疑，自己则过着极其简朴无求的生活。这里转意用来专指对人的真诚表示不信任。

〔4〕同本章注〔1〕，第61页。

〔5〕同上书，第90页。

〔6〕同上书。

缘故。

沙因说，到此为止，我们一直把重点放在激励上，尤其是放在职工的激励上；可是激励并不是有效绩效的唯一决定因素。他认为，人们是否能有效地工作，是否能对组织及其目标萌生出责任感、忠诚心和热情，以及他们是否从自己的工作中得到满足，在很大程度上取决于下列两个条件：1，职工对组织会向他们提供什么和他们将给组织以什么回报的期望，与组织对于他将付出什么回报的期望，二者相互匹配的程度如何；2，双方实际上交换的东西的性质如何，是用钱来交换花在工作上的时间，还是用自我实现的机会和挑战性的工作来交换优良的工作质量，等等，或是别的一些东西的各种各样的组合。[7]

为此，沙因提出了"心理契约"这个创造性的假说。"心理契约的意思是说，在任一组织中，每一成员与该组织的各种管理者及其他人之间，总是有一套非成文的期望在起着作用。"[8]如上所述的职工和组织相互间的期望，就是一种心理契约。心理契约是可变的，它随着组织的需要及员工的需要的变化而变化。心理契约假说告诉我们，"个人和组织之间的关系是相互交往和相互影响的，……如果我们的眼光只停留在个人激励的一方，或者仅注视组织的条件和它的习惯做法，我们是不可能懂得这种心理动力学的变化规律的。这两方面以一种复杂的方式彼此交往，这种方式要求人们采用能够处理相互依赖现象的系统方法才能理解"。[9]——这正是沙因组织心理学最具启发性的独到见解所在。

三、组织文化的本质和层次

沙因在他的著作《组织文化与领导》一书开宗明义地指出，组织心理学和社会学为了解组织中个人的行为和企业形成自身结构的方法提供了很多有用的思想，但对于企业为什么和怎样成长、变化，往往无能为力，企业文化理论则能够阐明这一为其他理论所无法解释的问题。因此，他强调，深入了解组织文化是十分必要的。组织文化理论不仅能够解释组织内部的运行情况，更重要的是它能够向领导者指出什么是最重要的问题。他认为，领导者所要做的唯一重要的事情就是创造和管理文化，领导者最重要的才能就是影响文化的能力。因此，他把他

---

〔7〕同上书，第124页。

〔8〕同上书，第25页。

〔9〕同上书，第124页。

的著作命名为"*Organizational Culture and Leadership*"（"组织文化与领导"，中国友谊出版公司中译本译为"企业文化与领导"），其主旨就是阐明文化管理职能在领导理论中居于中心地位的思想。

沙因指出，在考察文化与领导的关系之前，我们必须先要明确什么是组织文化。而在这之前，有必要对一般人所理解的"组织文化"的含义作一些了解和评论，他把这些一般含义归纳为六种：其一，组织文化是人们相互作用时共同遵守的行为规范；其二，组织文化是在工作群体中逐步形成的规范；其三，组织文化是为一个组织所信奉的价值观；其四，组织文化是指导组织制定职工和（或）顾客政策的宗旨；其五，组织文化是在组织中寻求生存的竞争"原则"，是新成员要为组织所录用必须掌握的内在规则；其六，组织文化是组织内通过物体布局所传达的感觉或气氛，以及组织成员与顾客或外界成员交往的方式。

在沙因看来，上述所有这些含义以及其他一些解释都反映了组织文化，但这些都不是文化的本质。他认为，无论在哪一层次上，"文化"是指："由一些基本假设所构成的模式，这些假设是由某一群体在探索解决外部环境的适应和内部的结合问题这一过程中所发现、创造和形成的。这个模式运行良好，可以认为是行之有效的，是新成员在认识、思考和感受问题时必须掌握的正确方式。"[10]

以上这段表述包含了如下几方面的意思：首先，概括地说，组织文化是由一些基本假设所构成的模式，所以沙因直截了当地说，"我把基本假设作为文化的本质"。[11] 其次，展开地说，（1）组织文化是某一特定群体的产物，组织文化的主体是群体，不是个体；（2）组织文化是习得的，是特定群体在实践（探索解决外部环境的适应和内部的结合问题的实践）中创造的；（3）由于这些假设的模式反复作用，行之有效，所以它们很容易被认为是理所当然的，处于无意识的、习惯成自然的状态；（4）组织文化一旦形成，便成为一种无形的传统力量，新成员进入组织后必须熟悉它、掌握它，使自己融入组织，成为组织的一员。

沙因认为，组织文化是有层次性的，文化是由三个层次构成的。这三个层次是：人为事物、价值观和基本假设。

第一层次：人为事物（Artifacts）。这是文化的表层，也是最明显的层次。指的是某一群体建构起来的物质和社会环境，包括一切可感知的人为事物和创造

---

[10]［美］埃德加·H. 沙因：《企业文化与领导》，朱明伟等译，北京：中国友谊出版，1989年，第11页。
[11] 同上书，第17页。

物,诸如它的物体的空间布局、技术成果、艺术装饰、它的书面报告和口头语言、行为方式和感情表达方式,等等。[12] 文化的这个层次其特点是易于观察,但难以解释。就是说,它们都是可视、可听、可捉摸的现象,但是对于它们所包含的意义却是难以理解。为此,这就需要进入第二个层次。

第二层次：价值观(Values)。从一定意义上说,组织文化最能够反映某个人物的基本价值观,价值观回答的是"应该"是什么的问题,它和"是"什么的问题有明显的区别。前者是价值判断,后者是事实判断。一个特定群体的价值观主要体现在它所明确表达的组织目标、发展战略和哲学信条之中,它对于组织成员处理一些关键性问题具有重要的指导作用。群体价值观的形成是一个过程。群体中的某个成员——组织的创始人或领导者对于现实的本质和怎样处理这些事物充满信心,并基于这种信心提出解决方法。他可能认为自己提出的方法是基于事实的信念或原则,但是,对于群体而言,只有按照这个方案经过共同努力获得成功之后,才能产生同样的信心。如果该方案产生较好的效果,并且持续发挥作用,群体对它的成功有了共识。一旦形成共同认识,这个价值观就会逐步上升到信念,最后到假设。当这种价值观开始被认为是理所当然的时候,他们就会逐步变成信念和假设,并进入无意识状态,就像习惯成自然一样。

第三层次：基本假设(Assumptions)。基本假设一旦形成便逐渐成为决定群体成员的思维模式和解决问题的方式,深深扎根于群体成员头脑之中,成为一种无意识。他们既然把这些基本假设看成是理所当然,那么,对于那些基于别种假定的行为,他们自然而然地觉得不可接受。沙因说,他所指的基本假设符合阿吉里斯的"应用理论",它们是实际指导行为的蕴含的假设,并指导群体成员怎样去认识、思考和体验各种问题(见本书第十一章)。与应用理论一样,基本假设是无可非议的。要在"应用理论"范围内重新学习、创造、检查和改变基本假设是非常困难的,因为从定义上来说,假设具有不可对抗性和不可争辩性。[13]

沙因认为组织文化是由以上三个层次构成。这三个层次是由表及里、由浅入深的构成。其中,人为事物是文化的表层,它们是深层次价值观的直接表现,而价值观又是基本假设的反映。基本假设一旦形成,便反过来又支配着价值观和人为事物,对于组织内的生活和行为起着指导作用。由此可见,组织文化是一

---

[12] 同上书,第18页。

[13] 同上书,第22页。

个层次性、系统性的整体。

那么,作为组织文化本质的基本假设包括哪些假设呢? 按照沙因的意见,应该包括:人和自然的关系;现实和真相的本质;人性的本质;人类活动的本质以及人际关系的本质等。[14] 实质上,这些假设就其内容看,都是属于世界观的范畴,它们之所以被看作"基本的"假设,正是因为它们所涉及的都是世界观的基本问题,只不过是采取假设的形式出现罢了。

这里有一个可以商榷的问题,就是文化的价值观和基本假设的关系问题。在沙因那里,价值观和基本假设在组织文化中分别属于两个不同层次,他强调价值观和基本假设是有区别的。但是,实质上,人们的价值观就其内容应是属于世界观的范畴,而其形式按沙因的说法,则也是采取假设的形式。因此,价值观和这里所说的基本假设不存在什么原则上的区别,价值观也是世界观的内容,对于人们的认识和行为起着支配的作用。

四、组织文化的功能

沙因认为,在组织的产生和发展过程中,组织文化能发挥的作用在于它解决群体的两个基本问题:(1)在外部环境中的生存能力和对外部环境的适应能力;[15](2)保证组织长期生存和适应的内部结合能力。[16]

(一)解决外部问题:生存能力和适应能力

1. 对中心任务、基本工作、表现形式和内在功能的共识。他指出,每一个新的群体或企业对自己的长期生存问题形成共同的观念,从中往往引申出中心任务最基本的含义或"理应如此"的感觉。在很多企业组织中这种共同观念主要指经济的生存与企业的成长等问题,也包括向顾客提供其所需要的产品或服务。同时,群体明确了自己作为经济部门劳动分工的一部分,必须为社会提供就业机会,使群体成员取得谋生的手段。从功能的角度看,中心任务或基本工作可以看作最优先考虑的工作。这种优先权可以随着内外环境的变化而变化。但是,不论什么时候总归有一个优先的问题。解决这个问题,研究解决问题的方法可能

[14] 同上书,第95页。
[15] 参见同上书,第59页。
[16] 参见同上书,第56、74页。

成为文化的中心要素。

2. 对派生于任务的业务目标的共识。目标是根据中心任务而制定的。为了实现中心任务,组织必须把抽象的或一般意义的任务分解成若干环节和组成要素。例如企业,必须将总体任务分解为设计、制造、销售或服务等的具体目标。为了实现目标的共识,组织必须有共同的语言和规定应当承担的职责。沙因说,只有在诸如此类的问题上实现了共识,我们才可以开始把一个组织的这些目标看成是潜在的文化要素。

3. 对方法的共识。一个群体只有对实现目标的方法形成明确的共识,才能完成它的基本工作。群体在努力适应环境中所获得的技能、技术和知识的应用,以及结构、程序的建立,规章制度、体制和规范,都应该被看作实现组织目标的方法。如果组织成员在这些方面能够形成明确的共识,并把它们传递给新成员,它们就能够成为组织文化的组成部分。

4. 对衡量成果的标准的共识。一旦群体开展工作,它就必须对如何判断自己的成果,以及在工作出现偏差时采取怎么样的修正措施等有共同认识。包括在标准和收集信息的方法上都必须实现共识。对判断成功的标准缺乏一致性认识将会对改进整体工作成效和提高组织产业满意度造成严重困难。反之,有了这种共识,群体就会齐心协力,众志成城,形成团结一致精神,汇入组织文化之中。

5. 对补救和修正战略的共识。这一项共识是如果需要改变文化,那么我们应该做些什么以及怎样去做。如果情报显示组织偏离了目标,对问题应采取什么样的诊断和修正措施?组织群体必须达成共识。这种情况并不限于处理问题方面,一个成功在望的组织也应决定其下一步的发展战略。对于组织战略修正是经常的,因而在这方面必须不断地形成共识。这里特别重要的是组织对"坏消息"或威胁组织生存的情报的反应。没有经历周期性危机的组织就不会有应付这些危机的能力。这种反应的实质将体现文化的深层要素。

(二)解决内部问题:结合能力

1. 发展共同语言和概念范畴。沙因认为,群体要发挥作用,群体成员间必须建立信息沟通系统和能够解释内部运行情况的语言。生命有机体难以承受巨大的不稳定性和(或)过于重大的刺激。使感觉实现条理化,从而在处理问题时不至于抓住芝麻,漏了西瓜,这不仅使工作应付自如、得心应手,而且对于联合协作行动来说也是必要的前提条件。

2. 对群体界限的共识问题。 群体要发挥作用并得以发展，对实现共识的最重要方面之一就是认识谁在群体"内"，谁在群体"外"，以及制定决策的标准。如果新成员不明确认识成员之间的关系，他们就不能真正地发挥作用，也就不能全力以赴地从事工作。如果群体不明确自己和它的界限，它就不可能真正地了解自己。

3. 对分层、鉴别影响力和权力标准形成共识。 在任何组织中，一个关键的问题是怎样分配影响力、权力和权威。每一个组织都必须确立它的内部等级，以及一个人如何获得、保持和失去权力的标准与原则，在这方面的共识，对于帮助成员控制侵犯性感情是非常必要的。观察这种过程最简单的办法就是研究一个刚刚发展起来的新组织。组织形成过程包括谁对他人有多大的影响力和谁将从别人获得多大的权力这样一个复杂的相互测试的过程。

4. 关于亲密、友谊和热爱等标准的共识。 同事关系和权力问题不同。同事关系和亲密性最终是由处理喜欢、热爱和异性感情的需要而产生的。沙因认为，人们在组织中处理同事关系的模式往往就是对待家庭成员的模式。但是，由于组织中成员的家庭出身和经历各不相同，因此开始时人们对建立怎样的同事关系的看法是各不相同的，从而导致彼此间产生分歧和冲突。因此，组织需要制定明确亲密关系、友谊关系以及性别角色的原则，促使群体在同事关系的标准方面形成共识。这样才能保证群体的团结和谐和组织的稳定发展。

5. 对奖惩标准形成共识。 组织为了发挥自身应有的作用，必须对服从或不服从规定的行为制定奖惩制度。特殊的奖励和惩罚条件以及执行办法构成一个新的组织最重要的文化特征之一。沙因认为，研究一个组织的文化，必须了解它的奖惩制度，因为它直接反映了这种文化的一些重要原则和基本假设。一旦一个人认识了哪种行为是"英雄的"行为，哪种行为是"有害的"行为，那么，他就能推断在这种评价背后所隐含的信念和假设。而后，奖善罚恶为这些基本假设提供了进一步的证据。

6. 思想意识和宗教信仰：对模糊性的共识。 每一个组织必然会面临一些它不能控制的问题，遇到一些在本质上是神秘而且难以预测的重大事件，它们对组织具有威胁性。在文化中把大量现象归因于理性和科学，认为一切都可以解释；只有神秘的现象没有得到解释。那么，在科学能解释我们所不能控制或理解的重大事件之前，我们需要一种替代基础，即解释已经发生的现象的理论。宗教信仰解释"不能说明的现象",并为怎样在模糊的、不明确的又有威胁的情况下采取行动提供信条。这样就创造了一种"思想意识",这种思想意识把有关人性、人际关系和社会自身的本质的各种假设结合成一个统一的整体。思想意识可以看作是一系列中心价值观。一个社会越是重视理性、合乎逻辑和科学化,那么,思想意识就越是具有非宗教的基础,并与宗教信仰明确区分开来。

以上便是组织行之有效的文化功能。任何组织都有内部问题和外部问题,研究如何处理这些问题,使他们的感性、理性认识和感情的反应形成了基本的文化。但是,文化不仅能够解决内部和外部问题,它还有利于减少人们在面临认识上的不确定或困难重重时的焦虑的基本功能。这就是说,对于上述每个问题,如果人们不能慎重地区别轻重缓急、先后次序来解决,那么,他们就会经受更强烈的焦虑感情。一旦人们学会了怎样考虑他们的基本工作,有了目标、方法和信息系统;一致同意怎样沟通、相互联系以及妥善处理日常工作,人们就能有条不紊、应付裕如,创造一系列处理问题的标准。

我们可以把文化假设看作是过滤器或透镜,有助于我们更好地认识环境的有关部分。缺少它们,我们会经受沉重的负担,不知所措。一旦我们有了文化这种灵丹妙药,就能轻松愉快、应付裕如。总之,文化不仅能解决外部生存和内部结合问题,而且一旦创立,就能减少在任何新的或不稳定的情况下产生的内在焦虑。

五、组织文化的内容与结构

人们对一些问题所形成的各种假设,有的比较肤浅,属于表层的假设,有的则比较深刻,属于深层的假设。作为文化的本质的基本假设就是属于深层次的假设。沙因认为,形成文化结构的基本假设由下列五个方面构成:

(一) 人与自然的关系

每个群体中都会形成根深蒂固的观念,譬如,自然是否能被征服和控制,这主要的是西方的传统观念;是否必须与自然界协调,这主要是许多东方宗教和社会的假设;是否必须顺从于自然,这是一些东南亚宗教和社会的假设。

一个组织创造的假设显然是它的战略导向最深层次的假设。在这种层次上,一个组织有"基本工作"、"中心任务"或"基本功能"的基本假设,无论它们是明显的还是潜在的。如果在这个层次上，组织对自己的假设与环境背道而驰，那么，它迟早会面临生存的问题。所以，在组织制定其战略时十分重视有关环境的假设，并尽可能地在决定目标和方法之前证实这些假设。

组织与环境之间的关系的假设不仅是征服环境或屈服于环境的问题，而且还有把重点放在哪方面的问题。就是说，组织必须考虑在环境因素中最相关的方面是什么，是技术、政治、经济还是社会文化。组织并非对环境中每一个因素都要一视同仁，需要特别重视影响假设形成并对塑造组织世界观具有关键性作用的因素，因此，它是组织文化的核心要素。[17]

（二）现实和真理的本质

文化第一个重要组成部分是对什么是"现实的事物"以及如何判断或发现现实事物的一系列假设。这关系到群体的成员怎么采取行动，他们如何决定哪些是适用的信息，他们什么时候有充分的信息来决定是否采取行动以及干什么等问题。

1. 关于现实的层次。所有的群体在下列方面都有不同程度的差异：

首先是外界自然的现实。按照西方传统观点，指的是那些在经验上由目标或"科学"检验可以判定的事物。但是，不同文化对构成外界自然"现实"的因素有不同的观点。在很多文化中，我们当作"精神世界"的现象可能被认为是客观现实。有些争论是不可解决的，因为没有目标或"科学"检验可以判定。

其次是社会的现实。沙因认为，社会现实就是指那些群体成员一致共识的事务，但在外界是不能检验的。很多政治主张，与有关对人、生命和"来世"本质的假设一样，也属于这一范畴。为什么经营决策往往难以制定，为什么管理是一种复杂的活动，其原因之一就是对一项决策的范围是属于自然现实还是社会现实缺乏共识。如果一个组织准备采取一致行动，即对哪些决策是科学的、可行的，哪些决策是基于大家同意的标准等这些问题有共同的假设——例如，"让最有经验的人决定"或"投票来决定"。要注意的是共识要建立在标准之上，而不必以决策的基本内容为依据。

其三，个人的现实。个人从经验中学到的因而对他具有绝对性的事物。但是这种真实性可能不为其他人所认可，除非我们能明确地阐述实际经验的基础

---

[17] 同上书，第96—97页。

是什么。沙因说,在实用主义和个人主义的社会,人们的态度就是要求"拿证据来"。总之,在这方面必须有一致的认识,否则群体就很难做到步调一致。

确定外部、社会和个人的现实本身就是社会学习的产物。所以,确切地说,这些都是某种文化的产物。但是,在自然现象领域,文化规范并不重要,它是由科学方法发现的自然规律发生作用。但是在社会领域文化假设却成为十分重要的问题。实质上,一种文化的主要内涵是与生存攸关的方面,这些方面无法进行客观的论证,因此社会性的定义就成为唯一正确的判断依据。

2. 关于真理。每个群体必须从真理的基本思想出发,对怎样实现真理形成共识。在一个以科学为基础的实用主义社会里,人们倾向于追求一种公开的意见表达形式和寻找客观的标准。如果这些都不能实现的话,那么,群体就可能用公开的辩论和争议作为解决争端的一种合法形式。只有那些经得起争论的意见或"客观事物"才被认为是"正确"或者有价值的。在一个集体主义倾向强烈的社会里,形成真理的过程则大为不同,一种观念只有在群体所有参与者,用整个群体的利益来检查这种事物的影响,以保证该行为对群体没有危害才被认为是"正确的"或"有效的"。[18]

3. 关于时间的假设。每一种文化都创造了有关时间本质的假设。对过去、现在和将来都有一种基本的态度。在美国,大多数管理人员把时间当作是一维的,时间是一条可以无穷分割的直线,它可划分为各种时期和部分。但是,在这里,一段时间只能完成一件事。时间是宝贵的财富,它一去不复返,它可以被消磨、浪费或很好地加以利用。与此相反,在南欧和中东的一些文化中,把时间当作"多维的"空间,即依据完成工作确定时间,在这里,能同时完成几件工作。而更为特殊的是亚洲的时间观念:把时间看作是循环式的,"生生死死,世代交替"。

一维的时间观念是与效率相联系的,它提醒人们必须尽量有效地利用时间,减少时间的浪费。一维时间观念在支配人类的行为,它非常适用于要求高度协作行动的环境。因为一维时间观念有利于促进行动一致,所以,很适用于大型系统的管理。而多维时间观念则比较适用于组织的早期发展阶段和较小的系统。在这种环境中,互相亲近、轻言细语保持环境清静,心情舒畅,而不是离群索居。此外,有的组织还存在着多元模式的时间观念。不过,关键不在于组织奉行哪一种时间假设,而在于群体成员必须明确在特定时间内使用哪一种时间观念较为

---

[18] 同上书,第100—101页。

合适。

群体成员需要达成共识的另一个时间问题是完成具体任务的时间长短问题。例如，企业的销售部门和研发部门的人员之间难以沟通的原因之一就是他们对时间的假设完全不同。他们各自的假设是基于各自的工作时间周期：对销售人员来说，完成一次销售的过程一般用天数或周数来衡量；而对于研发人员，一两年完成一项任务是很正常的。所以，尽管销售人员说，希望新产品的研发"快一点"，而研发人员也答应"快一点"的时候，其实，他们对"快"的理解还是不一样的。

再有一个重要方面是各个群体的时间导向问题。有的群体的文化主要倾向于过去（如传统中国），有的倾向于现在（部分地区美国人），还有的倾向于近期的将来（当代美国）。一个倾向于未来的管理人员向他的倾向于过去的部下建议一种新的工作方法，很显然，他们对行动方案很难取得一致意见，除非他们相互理解对方的假设，否则，就不可能明白彼此为何如此难以沟通。[19]

4. 关于对空间的假设。 空间具有自然和社会两层意义。为了互相配合进行社交活动，就必须对环境中实体布置有共同的认识，个人也必须明确在群体其他成员间如何摆正自己的位置。个人自己与他人的位置体现于社交距离和成员之间的关系。例如，在美国文化中，共同奉行四种"标准距离"：亲密距离、私人距离、社交距离、公众距离。在组织活动的的空间安排上也体现了关于空间的假设。不同的组织对空间可能会有完全不同的假设。有的组织会把空间位置直接作为地位的标志，将视野和位置好的办公室留给地位高的人；而有的组织则不突出地位等级和特权，把位置较好的空间留作会议室或其他公共活动场所。

群体成员用来确定环境和人际关系的地位和距离方面的暗示同样反映了深层的假设。除非对这些假设实现了共识，否则，群体成员就不知道怎样使自己适应环境和建立相互关系，这就会妨碍信息交流和协调一致的群体活动。[20]

（三）人性的本质

在每一种文化中，人性的含义、人的基本本能、什么样的行为是"非人性的"，

[19] 同上书，第103—106页。
[20] 同上书，第107—109页。

都成为群体中心假设的依据。在不同文化中,有的认为人性恶,有的则认为人性善,另一些文化则属于混合型或中间型,认为人不是善就是恶,二者必居其一。与此紧密联系的是对人性完善程度的假设:我们的优良品德或不良习性是天生的、只能任其自然;或者我们能够通过艰苦努力或坚定的信念克服自己的不良习性。

在每一种文化中,对个人与群体的关系也有中心假设。这基本反映在"自我"的观念中。在这个问题上,西方和亚洲的"自我"核心观念存在着显著的差别,亚洲人不太重视充分发展自己的才能作为形成个性的过程,而西方文化则重视自我和个性的发展。

沙因回顾了历史上关于人性假设理论的演变,从 X 理论到 Y 理论,从"理性—经济"型假设到"复杂"型假设,从社会人的人性假设到自我实现人性的假设的历史发展过程中,发现这些动机的更深层的假设。他指出,当前的大多数的理论是建立在另外一些的假设的基础之上,认为人性是复杂和可塑的,而且对人性也不能作普遍性的说明。因而,必须认识人的变异性。这种变异性是组织使其假设实现共识所必须的。如果这些假设不为组织成员所信奉,那就很难制定使组织团结一致全力以赴的制度。[21]

(四) 人类活动的本质

文化涉及对行为方式的不同假设,这些假设反映了人性和群体与环境的基本关系。沙因指出存在着下列几种导向类型:

第一种是行动导向型。这一类型和以下几点有密切联系:对自然认为能够控制和操纵;对现实具有实用主义倾向;对人类抱有完美性信念。这是美国最显著的倾向,它在一定程度上是美国管理人员的关键假设。"有志者,事竟成"这一观念是美国企业经营思想的中心。在这种思想的支配下,企业一有困难就群策群力,及时解决,决不让问题恶化。

第二种是存在导向型。这一类型奉行的假设是:自然是威力无比的,人类只能服从于它,这种倾向含有宿命论思想,认为人不能影响自然,只能逆来顺受,承认现状。存在这种倾向的企业特别重视眼前和现在,强调个人的享受和听天由命。

---

[21] 同上书,第 109—112 页。

第三种是生成型。这种倾向介于上述两极之间,称之为"适应存在型"。它的思想观念是,个人应不偏不倚,遇事多反省自己和控制那些能支配的现象(如感情和身体机能),必须实现与自然的和谐协调。这种倾向强调人的自我发展、自我实现和充分发挥个人的潜能。总之,这种类型强调把自身各方面的发展目标当作一个整体进行活动。这种类型的组织重视等级秩序、原则,明确地规定任务和其他有助于人们抑制和控制自己天生的冲动和欲望的方法,从而达到完美的境地。这种观点所隐含的人性论是:本能冲动是危险的,必须加以控制。[22]

(五) 人际关系的本质

每一种文化的核心都是有关个人与他人相互关系的正确方式的假设,以保证群体的安定和舒适。沙因认为,当这些假设还没有广泛地为组织成员接受时,组织就处于无秩序和无目的性状态。

这些假设必须解决下列问题:(1)权力、影响和等级制度;(2)亲密性、友爱和同事关系。这些假设反映了人性本质的更基本的假设。例如,如果我们假设人类天生是侵犯性的,那我们就将根据控制这种侵犯性和人际关系的假设来建立社交准则;如果我们假设人类天生具有合作精神,那么,对人际关系的假设会更加重视怎样协调合作,以实现外部目标。因此,对各种关系的假设将直接反映或配合对人性、外部环境的本质、真理和现实的假设。

世界上各种文化对人际关系的假设存在着显著的差异。如有些文化强调个人主义和个人竞争;有些文化则强调集体主义和团队合作。在企业这类组织中,不同企业的领导者,对人际关系往往持有不同的假设,这决定了他们的领导方式。例如,在有些企业中,领导者认为,管理的唯一方法是分配工作、明确职责,而在另一些企业中,领导者则重视与下属之间的沟通与合作。再如,有些组织的人际关系是充满感情的,另一些组织的人际关系则是非感情色彩的……

如果用"权力距离"作为变量来衡量,各个国家等级制度条件下的人控制别人行为的能力大小程度是不同的。在权力距离大的国家,人们感到在上下级之间的关系比权力距离小的国家更不平等。在有些国家,在非熟练工人和半熟练

---

[22] 同上书,第112—115页。

工人中的权力距离比专业人员和管理人员之中的权力距离要大。

从权力和控制的角度来划分领导与被领导的关系，有独裁式的、家长式的、协商和民主型的、参与和权利共享型的、授权型的和让位型的，等等。

组织要顺利发挥作用，必须对这些有共同认识，而这些范围的共识就成为文化的深层结构。[23]

沙因指出，组织理论大部分是分析人际关系的，它们都强调人际关系的各种要素。由此可见，人际关系是组织文化的组成部分。但是，这里必须注意两点：(1)文化比人际关系的假设要广泛得多；(2)人际关系的假设与人性假设、人类活动假设、现实的假设以及空间、时间和环境的假设都是相互联系的。[24]

沙因组织文化理论独创性地揭示了组织文化的本质、结构，及其形成、发展的规律，并且特别强调组织文化与组织领导的密切关系，指出，领导者所要做的唯一重要的事情就是创造和管理文化，领导者最重要的才能就是影响文化的能力。这些观点不仅对于各种组织的领导者起着良好的启示意义，而且把组织领导理论提高到一个新的层次。

---

[23] 参见同上书，第115—118页。
[24] 同上书，第120页。

第十六章　圣吉学习型组织理论的管理哲学

团队组织的质量,主要取决于组织不断学习和创新的能力。企业如何立于不败之地? 答案就是建立学习型组织。一个好企业必定是一个学习型组织。

——彼得·圣吉

一、九十年代最年轻的管理大师

彼得·圣吉(Peter M. Senge,1947-)1947年出生于美国芝加哥。1970年,他在斯坦福大学完成航空及太空工程学士学位;在斯坦福,圣吉还学习哲学。1972年,他获麻州理工学院社会系统模型理学硕士。1978年,他还在麻州理工学院斯隆管理学院获得了哲学博士。在这期间,他深深地被他的导师、系统动力学之父弗睿斯特(Jay W. Forrester,1918-)教授的研究工作所吸引。获得博士学位后,他孜孜不倦地致力于将系统动力学与组织学习、创造原理、认知科学、群体深度对话与模拟演练游戏融合,开发出一种被称为"学习型组织"的新理论,其代表作就是《第五项修炼:学习型组织的艺术与实务》。

圣吉声称,他在撰写这部著作时,深觉自己从许多睿智的前辈获益太多。这本书是"以一些不平凡的人毕生的成果为基础",[1],其中,他特别提到他的恩师弗睿斯特所开发的系统动力学对了解人类动态性复杂系统提供了全面性的研究方法。此外,他的研究工作还获得了一些大师级前辈的支持,其中包括质量管理大师爱德华·戴明(Edwards Deming,1900-1993)、组织理论奠基人阿吉里斯、

---

[1] [美]彼得·圣吉:《第五项修炼——学习型组织的艺术与实务》,郭进隆译,台北:天下文化出版公司,1994年,"中文版序"。

企业文化大师沙因以及同在麻省理工学院的反思理论专家唐纳德·舍恩(Donald Schon，1930－1997)等，这些管理学大师，加上一群有崇高思想的企业家，一起成为圣吉所主持的麻省理工学院"组织学习中心"的工作伙伴，共同为学习型组织的发展和完善作出贡献。

《第五项修炼：学习型组织的艺术与实务》这部巨著便是他们研究成果的结晶。该书于1990年出版，此后连续三年荣登全美最畅销书榜榜首。1992年荣获世界企业学会(World Business Academy)最高荣誉的开拓者奖(Pathfinder Award)，以表彰其开拓管理新典范的卓越贡献。在短短几年中，这本书被译成二三十种文字风行全世界，它不仅带动了美国经济近十年的高速发展，并在全世界范围内引发了一场创建学习型组织的管理浪潮。美国《商业周刊》也于同年推崇圣吉为当代最杰出的新管理大师之一。这一年，圣吉45岁，成为这个年代最年轻的管理大师。

圣吉在他的学习型组织理论中提出一套完整的管理哲学体系。他的管理哲学理念是一种人本主义的系统观。他的理论基础，来源于他的导师弗睿斯特提出的系统动力学。所谓系统动力学(System Dynamics)，就是对整体运作本质的思考方式，把结构的方法、功能的方法和历史的方法融为一个整体，其目的在于提升人类组织的"群体智力"，从而使人们在其中得以不断扩展创造未来的生命活力。"活出生命的意义"，这就是他所倡导的学习型组织的真谛所在。

圣吉的学习型组织理论既有高度概括的理念和原理，又有切实可行的操作规则和技巧，具有很强的实践性特征。其中，他特别强调，所谓学习，并非在于知道一些资讯，而是在于思想、观念的转变，最后落实到行为的改进。他所谓的"修炼"指的就是学习型组织的艺术和实务。"实务"(practice)的原意就是实践、操作。圣吉本人一贯重视在实践中运用理论、检验和发展理论。他一直是美国麻省理工学院斯隆管理学院组织学习中心的科学家和主持人。后来，组织学习协会(SOL)成立，取代了以前的麻省理工学院组织学习中心，他担任协会创会会长。他创立的中心和协会经常对一些知名企业，其中包括对一些国际知名企业，如微软、福特、克莱斯勒、壳牌、汉诺瓦、哈雷戴维森、杜邦等，进行创建学习型组织的辅导、咨询和策划。

他还和合作伙伴共同创办了创新顾问公司(Innovation Associates)发展与主持"领导与超越"(Leadership and Mastery)研习营，把在麻省理工学院所发展出的几项修炼，结合公司所发展出的建立共同愿景和自我超越两项修炼，推介给各行各业人士,至九十年代他的这本书出版时,已经有 4000 多名管理者参加过研习营。开始时他们将重点放在企业高级管理者上面,后来很快就发现,系统思考、自我超越、共同愿景等这些基本修炼,对于教师、公共行政人员、学生以及为人父母者都有用。因为,事实上,每个人都可以扮演领导者的角色。[2]

二、学习型组织的第五项修炼

圣吉提出的学习型组织的五项修炼如下:第一项"自我超越";第二项"改善心智模式";第三项"建立共同愿景";第四项"团队学习";第五项"系统思考"。

圣吉把《第五项修炼》作为书名,其目的是要突出第五项修炼即系统思考在学习型组织各项修炼中的核心地位。他明确指出,系统思考是本书中五项修炼概念的基石。如果没有系统思考,各项学习修炼到了实践阶段,就失去了整合的诱因和方法。所以,他刻意将第五项修炼先行介绍。

第五项修炼"系统思考"的要点是:新的思维方式—系统思考修炼的精义(心灵的转换;结构影响行为;动态性复杂)—新的语言—系统基模—杠杆点。

1. 新的思维方式。圣吉把系统思考称为一种"新的思维方式"。他说,系统思考是一套蕴含极广的原理,是从二十世纪到现在不断精炼的成果。它跨越繁多领域,如物理学、社会科学、工程、管理等。它是一套特定的工具和技术,出自两个来源:控制论的"回馈"概念与"伺服机制"工程理论。在过去三十年之中,这些工具用来了解企业、都市、区域、经济、政治、生态,甚至生理系统。

正如圣吉所说,当今的世界更趋复杂。我们的时代是经济全球化的时代,是信息爆炸的时代。在我们的四周到处都是"整体性故障"的例子,如《增长的极限》所说的环境危机、能源危机等,以及二十一世纪出现的全球气候恶化、全球性金融危机……其复杂性是空前的。事物的的复杂性破坏着人们的信心与责任感,有的人已经感到无能为力。而系统思考恰恰能对这个复杂时代的无力感起着振衰起弊的作用。

2. 系统思考修炼的精义。圣吉强调系统思考是一项"看见整体"的修炼。它是一个架构,能让我们看到相互关联而非单一的事件,看见渐渐变化的形态而

---

[2] 同上书,第 22 页。

非瞬间即逝的一幕。系统思考可以使我们敏锐觉知属于整体的微妙"搭配",就是那份搭配的不同,使许多生命系统呈现它们特有的风貌。

圣吉明确指出:"系统思考修炼的精义就在于心灵的转换——观察环状因果的互动关系,而不是线段式的因果关系;观察一连串的变化过程,而非片段的、一幕一幕的个别事件。"[3]圣吉还说,"所有的修炼都关系着心灵上的转换:从看部分转为看整体;从把人们看作无助的反应者,转为把他们看作改变现实的主动参与者;从只对现况作反应,转为创造未来"。[4] 总之,系统思考的精义就是要求人们重新构建自己的思维方式,从而用新的眼睛看世界。

"结构影响行为"是系统思考背后的中心原理。圣吉所说的系统思考,其对象主要的是"人类系统",即人及其组织的行为。他认为,和世界上一切事物一样,企业和人类其他活动,也都是一种"系统"。所有的系统都隐藏着一定的结构。正是这种系统的结构决定着人们的行为。系统思考是一项看清复杂状况背后的结构的思维工具。任何系统都是动态的系统。组成系统的各种因素环环相扣,呈现动态性的复杂现象。系统思考的修炼在于深入洞识系统深处的各种因素的互动关系,从而掌握"动态性复杂"的变化形态,预见事物的未来。

3. 以新的语言描述系统。系统思考是一项看清复杂状况背后的结构,以及分辨高杠杆解与低杠杆解差异所在的一种修炼。圣吉认为,为了达成这个目标,系统思考需要提供一种新的语言。

新语言从"回馈"(feedback,或译为"反馈")这个概念开始。"回馈"的含义指系统内各种因素是紧密联系、互为因果的。就是说,这种因果是互动的、环状的,而不是单向的、直线型的;是环环相扣的,而不是片断式的。圣吉指出,系统的回馈(环路)观点显露出人类语言的局限。真实世界是由许多因果环组成的。但是我们却往往只看到线段,使我们的思考支离破碎。其原因之一就是我们的语言。西方语言"主词—动词—受词"结构偏向于线段式的单向思维。如果要看整个系统的互相关联,我们需要一种新的语言描述系统、一种环状相连的语言系统,用以引导我们的思维。

圣吉提出的系统思考的语言,以"回馈"为基础,形成三种基本元件:

第一种:不断增强的回馈。这种环路的循环,形成滚雪球式的效应;其性质

---

[3] 同上书,第 105 页。
[4] 同上书,第 110 页。

可能是良性的，也可能是恶性的。

第二种：反复调节的回馈。通过不断调节、修正以维持稳定，达成目标的环路。自然界和社会的有机体组织都存在这种环路。

第三种：时间滞延。指行动与结果之间的时间差距，它会使人严重的矫枉过正，不是太过，就是不及。但如果人们能看清它们，并善加运用，也能产生正面效果。

4. 以简驭繁的智慧——系统基模。前面提到，圣吉把"结构影响行为"看作系统思考的中心原理。为洞识行动背后的结构，必须学会掌握系统的基模。系统"基模"（archetype，原意为原型、典型）指系统的基础模型，也就是一切系统最基本的结构形态。

圣吉在书中提供了下列九种系统基模，它们是：（1）反应迟缓的调节环路；（2）成长上限；（3）舍本逐末；（4）目标侵蚀；（5）恶性竞争；（6）富者愈富；（7）共同的悲剧；（8）饮鸩止渴；（9）成长与投资不足。所有的基模都是由前述系统思考的新语言"增强环路"、"调节环路"和"时间滞延"三种基本元件所组成。[5]

5. 从基模中找出"杠杆点"。在系统基模的构思中，圣吉反复叮嘱，要学会从基模中找出"杠杆点"。他说："系统思考的关键在于看出'杠杆点'。"[6]学会运用基模找出杠杆点，就是学会"综观全局掌握重点"。杠杆点就是引起结构重要而持久改善的点。杠杆点有高低之分，一旦找到最高的杠杆点，便能以少而专注的行动，创造最大的力量。"以简驭繁"的智慧，也就是"复杂中的单纯"之美。非系统思考的最大缺陷就在于它往往引导人们专注于最低杠杆点，就是说，眼睛只盯着改善压力最大处的症状。但是这样做，常常只是症状解，最多只能使事情得到暂时好转，而长期只会使事情更加恶化。

圣吉指出，系统基模在生物学、心理学、家庭保健、经济学、政治学、生态学以及管理上都一再重复发生。学习系统基模是组织开始将系统观点应用于实务的第一步。"对于学习型组织而言，只有当系统基模开始成为管理者思考的一部分时，系统思考才会发挥巨大的功效，使我们看清行动将如何产生一连串的结果，尤其是我们想要创造的结果。"[7]

---

〔5〕同上书，第132—184页。

〔6〕同上书，第187页。

〔7〕同上书，第135页。

三、学习型组织的其他四项修炼

（一）第一项修炼：自我超越

第一项修炼"自我超越"的要点是：创造的人生观—创造性张力—以人为核心的价值观—自我超越与系统思考。

1. 创造的人生观。圣吉提出的作为一项修炼的"自我超越"，是指突破极限的自我实现，其意义在于以创造，而不是以反应的观点，来面对自己的生活和生命。这项修炼融汇了东方和西方的精神传统。它体现了一种人生观、一种精神境界。能够"自我超越"的人，能够不断实现他们内心深处最想实现的愿望，他们对生命的态度就如同艺术家对待艺术作品一般，全心投入，不断创造和超越，因此，他有出自内心需要的学习动力，并且能够做到终身学习。

圣吉再三强调，学习的意思在这里并非指获取更多的资讯，而是培养如何实现生命中真正想要达成的结果的动力。它是开创性的学习。"自我超越"是学习型组织的精神基础。"除非组织里每个层次的人都学习自我超越，否则无法建立学习型组织。"[8]

2. 创造性张力。自我超越背后包含两项动作：首先，不断厘清到底什么对我们最重要；其次，不断学习如何更清楚地厘清目前的真实情况。当我们的"愿景"——人们为之奋斗希望达到的图景——与一个清楚的"现况景象"同时在脑海中并列时，心中便产生一个"创造性张力"（creative tension），一种想要把二者合二为一的力量。"自我超越的精义便是学习如何在生命中产生和延续创造性张力。"[9]

圣吉对高度自我超越的人所具有共同的基本特质做这样的描述："高度自我超越的人永不停止学习。他们把自我超越看作一个过程，一种终身的修炼。高度自我超越的人，会敏锐地警觉自己的无知，力量不足和成长极限，但这却决不动摇他们高度的自信。"[10]

3. 以人为核心的价值观。从组织的角度看，提倡自我超越体现了一种以人

---

[8] 同上书，第 222 页。

[9] 同上。

[10] 同上书，第 223 页。

为核心的价值与信念。圣吉援引了被称为"经营之圣"的日本京都陶瓷创办人兼社长稻盛和夫的名言说:"不论是研究发展、公司管理,或企业的任何方面,活力的来源是'人'。而每个人有自己的意愿、心智和思考方式。如果员工本身未被充分激励去挑战成长目标,当然不会成就组织的成长、生产力的提升,和产业技术的发展。"[11]个人的自我超越是组织生命力的泉源。自我超越层次高的人意愿也高,工作更有责任感,更主动,学习也更自觉。

4. 自我超越与系统思考。系统观点显示了自我超越更为深刻的几个方面,特别表现在:(1)系统思考重新整合理性与直觉;自我超越层次高的人,善于脑心兼用,而不会武断地在理性与直觉、脑与心之间做一条腿走路的选择。(2)看清自己与周围世界是一体的——这也是"自我超越"修炼系统观的一个重要部分。(3)同理心——当人们对于彼此如何互相影响会有更清楚的了解,再经由设身处地的为别人着想后,他们也自然会发展更多同理心;(4)对整体的使命感——当人类所追求的愿景超出个人的利益,这时便会超越自我,达到一个新的境界,便会产生一股强大的力量,远非追求狭窄目标所能及。

(二)第二项修炼:改善心智模式

第二项修炼"改善心智模式"的要点是:心灵科学的揭示—"把镜子转向你自己!"—心智模式的管理—反思与探询—心智模式与系统思考。

1. 心灵科学的揭示。圣吉指出,心灵(认知)科学告诉我们,每个人心中都有自己的心智模式。"心智模式"是根深蒂固于心中,影响我们如何去了解这个世界,以及如何采取行动的许多假设、成见以及图像、印象等。简言之,"心智模式"就是人们隐藏在心中的观念体系,它既反映人们对事物的看法,又影响着人们如何看待事物。[12]

但是,按照圣吉的看法,由于人们对于自己的心智模式及其对自己行为的影响往往是难以觉察的,且因未受检视,这些模式也就一直没有改变。当外部世界的事物改变了,原有的心智模式和真实情况之间的差距拉大,于是就导出反效果的行动。

2."把镜子转向你自己!"因此,圣吉认为,心智模式的问题不在于它的对

---

[11] 同上书,第129页。

[12] 同上书,第264页。

错,而在于不了解它是一个简化了的假设,而且它常隐藏在人们的心中不易被觉察和检视。所以,他提醒人们,"把镜子转向你自己!"这句话就像古希腊先哲苏格拉底的哲理名言"了解你自己"一样,要求人们把注视的焦点瞄准自己——检视你的心智模式,以此作为改善心智模式修炼的第一步。

3. **心智模式的管理**。圣吉认为,在组织中,心智模式必须而且可以管理。汉诺瓦公司正是在上述总原则之下,建立了一系列管理心智模式的信条。其中第一条是,强调领导者要自觉进行心智模式的修炼,做到以身作则。第二条,"不要把自己所偏好的心智模式强加在人们身上,应由人们的心智模式来决定如何做,才能够发挥最大的效果"。这一点很重要。改变心智模式,要以达到全体一致的想法为目标,但是不能强求一致。许多不同的想法可以同时存在,它们全都需要以未来的情况加以检验和重新考量。许多人发现不特意强调协议与一致,所得到的和谐效果反而出奇地好。

4. **反思与探询**。在管理组织的心智模式方面,圣吉特别推荐阿吉里斯"行动科学"所提出的关于"反思"和"探询"的技巧。所谓"反思"(reflection),就是检视自己的思维(心智模式)。用于放慢思考过程,使我们因而更能发掘自己的心智模式如何形成,以及如何影响我们的行动。而所谓"探询"(inquire),就是关于我们如何跟别人进行面对面的互动,特别是处理复杂与冲突问题的技巧。

5. **心智模式与系统思考**。圣吉说,系统思考如果没有心智模式这项修炼,它的力量将大为减损。这两项修炼会自然融合成一体,因为一个专注于如何暴露隐藏的假设(心智模式),另一个专注于如何重新架构假设以突显重要问题的真正原因(系统思考)。管理者必须学习反思他们现有的心智模式,直到习以为常地假设公开接受检验,否则,心智模式无从改变,系统思考也无从发挥作用。系统思考对于有效确立心智模式也同样重要。未来的学习型组织,将以组织对于互动关系与变化形态的共同心智模式为基础,来做关键性的决策。

(三) 第三项修炼:建立共同愿景

第三项修炼"建立共同愿景"的要点是:共同愿景的凝聚力—建立共同愿景是一种修炼—核心价值观是最高依据—系统思考与共同愿景。

1. **共同愿景的凝聚力**。这里所说的"愿景",指的是人们心中"愿望的景象"。共同愿景是组织中人们共同持有的意象或景象、理想、远景或目标。

圣吉说,"如果有任何一项领导的理念,几千年来一直能在组织中鼓舞人心,那就是拥有一种能够凝聚并坚持实现共同'愿景'的能力。……一个缺乏全体衷心共有的目标、价值观与使命的组织，必定难成大器"。[13]

人们之所以寻求建立共同愿景，就是他们内心渴望能够归属于一项重要的任务、事业或使命。共同愿景创造出众人是一体的感觉，并遍布到组织全面的活动，从而使各种不同的活动融汇起来。共同愿景孕育着无限的创造力。圣吉举例说，如果没有共同愿景，将无法想像 AT&T、福特、苹果电脑等是怎样建立起他们的成就。共同愿景提供强大驱动力。它以高远的目标，激发新的思考与行动方式。共同愿景是一个方向舵，能够使学习过程在遭遇混乱或阻力时，继续遵循正确的途径前进。共同愿景是组织的灵魂，缺乏共同愿景的组织等于没有灵魂。共同愿景对于学习型组织至关重要，因为它为学习提供了焦点和能量。缺少它，充其量只会产生"适应型学习"（adaptive learning），有了它，人们才会产生"创造型学习"（generative learning）。

2. **建立共同愿景是一种修炼**。组织的共同愿景必须建立在组织成员个人愿景的基础上。有意建立共同愿景的组织，必须持续不断地鼓励成员发展自己的愿景。否则，他们所能做的只能是附和别人的愿景，结果只能是顺从，绝不是发自内心的意愿。另一方面，原本各自拥有强烈目标感的人结合起来，才可以创造强大的综合效果。朝向个人和团体真正想要的目标迈进。"自我超越"是发展"共同愿景"的基础，这个基础不仅包括个人愿景，还包括忠于真相和创造性张力。而共同愿景能产生远高于个人愿景所能产生的创造性张力。从个人愿景建立共同愿景是一项领导艺术。学习建立共同愿景的第一步，就是必须放弃由上而下的制定愿景传统做法，这种愿景并非是从个人愿景中建立起来的，因而很难成为大家共同的愿景。

3. **以核心价值观为最高依据**。这里，圣吉特别强调价值观的核心地位。他认为，建立共同愿景实际上只是组织基本理念的一项，其他还包括目的、使命与核心价值观。组织理念需要回答三个关键性问题："追寻什么？"——追寻愿景也就是追寻一个大家希望共同创造的未来景象。"为何追寻？"——组织的目的和使命，是组织存在的根源。有使命感的组织有高于满足股东与员工需求的目的，他们还希望对世界有所贡献。"如何追寻？"——圣吉强调："在达成愿景的过程

---

[13] 同上书，第 13 页。

中,核心价值观是一切行动、任务的最高依据和准则。"〔14〕价值观反映出组织在向愿景迈进时,期望全体成员在日常生活中遵行的行事准则。以上三项基本理念合而为一,便是组织上下全体的信仰,它引导企业向前运作。

4. 系统思考与共同愿景。圣吉认为,系统思考与建立共同愿景密切相关。共同愿景为我们描绘出我们想要创造的事物,系统思考则揭示我们如何导致自己目前的情况。在笔者看来,共同愿景体现了共同的价值观,系统思考则是实现价值观的方法论,它使我们看到过去、现在和将来的联系。如果没有系统思考的配合,建立共同愿景的修炼就会缺乏重要的支撑。由于学会系统思考,能够更深层地了解塑造现实力量和影响这些力量的杠杆点,从而树立实现共同愿景信心。

(四)第四项修炼:团队学习

第四项修炼"团队学习"的要点是:团队智商远大于个人智商—集体思维和深度汇谈—消除习惯性防卫—系统思考与团队学习。

1. 团队智商远大于个人智商。圣吉非常重视团队学习,他的信念是群体比个体更有智慧。但是,他又提出这样一个问题:"在一个管理团队中,大家都认真参与,每个成员的智商都在一百二十以上,何以集体的智商只有六十二?"〔15〕为什么? 答案是,只有团队学习的修炼能够解决这种困境。他说,世界上不乏由有才能之士所组成的团队,其成员虽然暂时有一个共同愿景,却无法共同学习。但是,另一方面,正面的事例也比比皆是,在运动界、表演艺术界、科学界,甚至在企业中,有不少惊人的实例显示,团队确实能够共同学习。"团队学习具有令人吃惊的潜能;集体可以做到比个人更具洞察力、更聪明。团队智商可以远大于个人智商。"〔16〕

2. 集体思维和深度汇谈。圣吉认为,团队学习是一种集体思维活动,团队学习的修炼必须精于运用"深度汇谈"和"讨论",这是两种不同的团队交谈方式。"深度汇谈"(dialogue)是自由和有创造性地探究复杂而重要的议题,先暂停个人的主观思维,彼此用心聆听。它起源于古希腊的 dia-logos,原意是指在群体中让

---

〔14〕同上书,第 332 页。

〔15〕同上书,第 14 页。

〔16〕同上书,第 353 页。

想法自由交谈，用以发现远较个人深入的见解。透过深度汇谈人们可以互相帮助，觉察彼此思维中不一致的地方，如此集体思维才能愈来愈有默契。而"讨论"（discussion）则是提出不同的看法，并加以辩护。通过彼此的撞击"闪耀出思想的火花"。深度汇谈和讨论二者是一种互补关系，但是多数团队缺乏区分及妥善运用这两项交谈技巧的能力。

3. **消除习惯性防卫**。团队学习也包括如何避开阻碍学习的障碍。其中，圣吉特别重视阿吉里斯提出的"习惯性防卫"（defensive routine）。习惯性防卫是人们的一种根深蒂固的习性，用来保护自己或他人免于因为说出真实的想法而受窘，或感到威胁。深度汇谈要求亮出最深层的假设，而习惯性防卫却在它的四周形成一层保护的外壳；其根源就是惧怕暴露想法背后的思维。这是一种对说实话的恐惧。阿吉里斯说："防卫性心理使我们失去检讨自己想法背后的思维是否正确的机会。"[17]习惯性防卫将严重阻碍我们的学习。例如常常见到一些领导者，他们为了地位和权力，往往装作自己什么都知道，而掩盖自己无知的一面。

消除习惯性防卫所需的技巧，基本上与在"舍本逐末"结构中增强根本解的技巧是相同的，也就是反思和探询的技巧。个人应毫不隐藏地摊出自己的假设和背后的推理过程，并鼓励别人也这样做。一个忠于真相的团队，有勇气承认自己的习惯性防卫，则习惯性防卫就从一种团队学习停滞的信号，转变成为团队的一个亲密的战友。当你解开习惯性防卫的症结时，便可发掘出原先不曾注意的学习潜力。这种化阻力为动力的技巧，圣吉把它称为学习型团队需要演练的一种"特殊的炼金术"。

4. **系统思考与团队学习**。圣吉认为，系统思考的观点和方法对于团队学习极为重要。团队学习必须克服种种学习智障，这些智障包括局限思考、归罪于外、缺乏整体思考的主动积极、专注于个别事件等等。学习型团队必须学会以整体的即系统的观点来处理习惯性防卫。由于系统思考的中心信念是"我们的行动造成现况"，因此特别容易挑起自动防卫。系统思考需要一个真正成熟、能够深入探究复杂与冲突议题的团队，才能实行。如果我们只"在外面"找寻习惯性防卫，而未看清它们是"在里面"，那么我们愈是努力对付它们，就愈会激起强烈的防卫。

---

[17] 转引自同上书，第369页。

四、掌握修炼的进阶：对五项修炼的动态综述

关于五项修炼的进程，圣吉比喻说，五项修炼的学习就像三层楼的五角尖塔，其中每一项均可由三个不同层次来看，学习者可以自低而高，通过自我超越，依次提升：

进入底层——初始阶段。这一阶段重在演练，在于具体的练习。在"演练"的层次上，修炼的学习者把时间及精力专注在一些活动及其结果上。譬如，系统思考需要搭配系统基模的使用，等等。演练的功夫是每一项修炼最具体的部分。初学者必须具备严格的自我要求，才能专注和持久。

爬上中层——提升阶段。这一阶段重在原理，即指引的概念。原理的重要性在于它们代表演练背后的理论。例如，"结构影响行为"是系统思考背后的中心原理。必须在了解原理和笃实的演练这两个方面都下功夫。圣吉反复提醒："我们不要以为了解了一些原理，就自以为学成该项修炼，误将知识上的了解当作学习。学习必须产生新的了解和新的行为。"——这是学习修炼的唯一的目的，也是唯一的检验标准。

登上顶层——精熟阶段。本阶段重在掌握精髓，它表明修炼纯熟的人所达到的境界。这和前两层次不同。学习一项修炼，只有经过前两个阶段的磨练，再把努力的重点放在这些精髓上，则功夫作到家，"功到自然成"。这种体验，包括体认生命存在的意义；活出创造型的生命力；以及人对生命的一体感产生愈来愈强烈的体验，等等。

五、进入学习型组织的时代

本书所讨论的五项修炼是否可真正创造出学习型组织，关键在于是否能够把这些理念和方法，综合起来运用，落实到实践上，着重解决实践学习型组织所面临的如下课题：

如何组织内政治文化？如何广为分配责任，仍能保持全面的协调与控制？管理者如何创造学习的时间？如何兼顾工作与家庭？尚未真正经历前，如何自经验中学习？领导者的新角色为何？

下面就是圣吉对这些问题的说明。

1. "超越办公室政治"

如何组织内政治文化？这个问题实际上是指，如何消除组织内部的政争？圣吉主张，通过五项修炼来"超越办公室政治"。他认为，要对付内部政争，必须从建立共同愿景开始，如果没有真诚地建立共同愿景和价值观，就无法鼓励人们超越只图一己之利的私心。只有在超越私利动机之上，实现"自我超越"。在"自我超越"的修炼中，人们才会有一种追求较自我为大的目标的意识。当组织在孕育共同愿景时，会把成员导向较广阔的奉献和关怀。共同愿景会引导大家体认更大的梦想，从而摆脱一切内部政争的枷锁。

2. 无为而为的有机管理

如何广为分配责任，仍能保持全面的协调与控制？对于这个问题，圣吉的回答是实行"地方为主"。"'地方为主'是设计学习型组织的一个基本架构。"[18] "地方为主"的意思是：决策权往组织的结构下层移动，尽最大可能让当地决策者面对所有的课题。用我们的话说，就是权力下放。也就是"给人们行动的自由去实现他们自己的构想，并对所产生的结果负责"。[19] 在瞬息万变的时代，"地方为主"尤为重要。"地方行动者"所在的前沿位置，更适于处理因应改变所需要的不断调适的过程。

把问题集中起来，就是一句话：实行"地方为主"，怎么实行控制呢？圣吉回答说，"透过学习来控制。……五项修炼的价值是无以复加的"。[20] 通过学习达到控制，做到"无为而为的有机管理"，也即达到老子所说的"为无为"；所谓"有机管理"，就是做到像生物有机体一样，各个部分和器官能够对外界变化做出主动反应，无须一切都要通过中枢机构。

3. 不再与时间为敌

管理者如何创造学习时间？圣吉援引舍恩的看法，即管理者要成为一个成功的专业人士，他就必须发展"停下来研拟假说—行动—再停下来对结果进行反思"这种精益求精、不断循环改进的能力，就是学习的能力。任何学习都需要时间。但是许多管理者整天忙于各样事务，根本无法在行动中反思。他们常常将这种现象归咎于组织的压力。其实，真正的原因在于这些管理者对学习和反思的态度。如何进行时间与注意力的管理，高阶管理者的注意力，应当只限于复杂

---

[18] 同上书，第 429 页。

[19] 同上。

[20] 同上书，第 436 页。

的、陷入困境的"发散性课题",而把那些日常例行的"收敛性问题"放给下属处理。这样,他就会有较充分的时间进行反思。一个高阶管理者,无论他是花过少时间于前者,还是花过多时间于后者,都是管理工作欠佳的讯号。

4. 工作与家庭之间

如何兼顾工作与家庭?圣吉首先转述了1990年《财星杂志》的一篇标题为"为什么评分得A的主管却是评分得F的父母"的封面故事。有一篇报告把"成功主管,问题家庭"的问题尖锐地提了出来。据圣吉介绍,近年来,在"领导与自我超越"训练课程中,"如何找到自己工作与家庭的平衡点"也成为大多学员排在第一位的课题。

那么,为什么会造成工作与家庭的矛盾呢?用系统的观点加以分析,就会发现,在工作与家庭不均衡的背后有一个系统基模。这个基模称为"富者愈富"。要改善工作与家庭之间的不均衡,第一件事就是走出这个结构,诚实地自问兼顾工作与家庭是不是你的愿景。"学习型组织是无法建立在破裂的家庭与紧张的人际关系之上的。"[21]管理者必须关心这样的一个主题:让丰富的家庭生活与充实的工作生活两者相得而彰。应当建立二者的良性循环:一方面,扮演好父母亲的角色有助于成为善于学习的管理者,另一方面,善于学习的管理者也是为人父母的良好准备。唯有如此,管理者才可能不再过着双重标准的日子,而开始成为"一个人",即一个完整、和谐的人。

5. 微世界:学习实验室巡礼

尚未真正经历前,如何自经验中学习?这里所介绍的"微世界"(micro-world),实际上就是一个通过电脑模拟的简化并压缩了的系统动力实验。它能够使管理者与管理团队开始从实验中学习最重要的整体性课题。它们逐渐成为一种新型的管理团队实践学习型组织各项修炼的"演练场"。圣吉预言,在未来几年我们将会看到为管理者设计的微世界,在种类与性能方面都有重大的进展。在未来的学习型组织中,微世界将会像今天组织中的业务会议一样寻常。

6. 领导者的新角色

在学习型组织的时代,领导者应当充当什么新的角色?圣吉说,在学习型组织中,新的领导者所专注的是更奥妙及更为重要的工作,领导者是设计师、仆人和教师。他们负责建立一种组织,能够让其他人不断增进了解复杂性、厘清愿

---

〔21〕同上书,第464页。

景，和改善共同心智模式的能力，即领导者要对组织的学习负责。

领导者是设计师。这个被忽略的领导者角色就是轮船的设计师。一个伟大的领导者，是让大家在事情完成时说："是我们自己完成这件事情的。"[22]问题并不是被领导者"解决"了，而是被"化除（化解）"了。这便是有效设计的效果。学习型组织领导者的设计工作包括整合愿景、价值观、理念、系统思考以及心智模式这些项目；更广泛地说，就是要整合所有的学习修炼，使组织在学习上有所突破。

领导者是仆人。圣吉说，领导者是仆人的意思是指，领导者永远忠于自己的愿景。领导者的这种仆人意识，是从他对组织的最终目的和存在理由的理解，以及从他的生命意识和使命感，发展出来的与自己个人愿景的一种独特关系。[23]

领导者是教师。圣吉说，领导者能够从四个层次影响人们对真实情况的看法：事件、行为变化形态（趋势）、系统（整体）结构和使命故事。这里，问题的关键是，领导者应把重点放在哪里？现今的许多领导者都把重点放在事件和行为变化形态上面，这是何以当代的组织绝大多数只是反应，或顶多是回应，而很少有所开创的原因。学习型组织的领导者兼顾这四个层次，但重点应放在使命和系统结构这两个层次上。而其中，领导者又应把重点放在使命的解释，帮助组织成员树立明确的共同使命感上。因为它回答了这个组织为什么存在，它将迈向何方这类更高意义的问题。目的意识是人区别于物之所在。"目的对于人生就是人为什么而活着的问题，而对于组织就是组织存在的意义问题，这是组织的灵魂。"[24]当组织中人人都具有大于个人的目的意识，共同的使命感就是共同愿景，它将在人们当中产生巨大凝聚力和推动力。

一个扮演好角色的领导者，对他们核心工作的看法非常简单，那便是，"以创造性张力重振组织"。[25]领导者借此创造并管理这项创造性张力；不仅个人如此，整个组织也如此。总之，"这是领导者如何为组织注入活力的方式。那是他们的基本工作，也是他们之所以存在的理由"。[26]

---

[22] 这里，圣吉引用了《老子》："百姓皆曰：'我自然'。"

[23] 同上书，第 515 页。

[24] 同上书，第 530 页。

[25] 同上书，第 531 页。

[26] 同上书，第 532 页。

最后,按照圣吉的断言,学习型组织的时代已经到来,未来的领导者必须是真正的学习型组织的领导者。圣吉把所有问题归结到领导者和学习型组织及其修炼的关系上。他指出,"将系统思考、自我超越、心智模式、建立共同愿景和团队学习叫做'领导的修炼',和叫做'学习的修炼'同样恰当"。[27] 就是说,圣吉提供的学习型组织理念,既是一种管理哲学,同样也是一种领导哲学。精熟这几个领域的人,将是学习型组织自然的领导者。换个方式说,"谁是学习型组织自然的领导者? 那就是真正的学习者"。[28]

按照圣吉的断言,学习型组织的时代已经到来,未来的领导者必须是真正的学习型组织的领导者。圣吉说,我们正面临一个选择的时刻。"学习型组织的建立,必须有一群愿意全心全力献身于这项工作的人才能做到。能使我们汇聚出那种心力的,正是那份自我的选择。"[29]

彼得·圣吉提出的学习型组织理论包含着一种深刻的管理哲学思想,他赋予他的管理哲学以鲜明的人本主义色彩。正如圣吉所说,以系统思考为核心的五项修炼是学习型组织的必修的真功夫;它是一种以人为核心的价值观,其实质就是管理者和组织的自我管理,自我管理的核心在于自觉转变心智模式,其真正目的在于提升人类组织的"群体智力",实现个人与组织之间的和谐,从而使人们在其中得以不断扩展创造未来的生命活力。"活出生命的意义",最终促进人的发展和价值的真正实现。这就是他所倡导的学习型组织的真谛所在。

圣吉的管理哲学思想是古今东西哲学精华融汇的结晶。圣吉一直致力于将东西方古老智慧的结晶和现代管理科学,特别是二十世纪控制论、系统动力理论等最新科学成果相融合。他对老子的"无为而治"的领导哲学特别推崇。他所提出的五项修炼,有许多与儒、道、释三家思想非常相近。"修炼"这个术语包含着"修养"和"练功"的意蕴,很有东方哲学的韵味。他对中、西传统文化作了一些对比,指出:"中国的传统文化中仍然保留着那些以生命一体的观点来了解的、万事万物运行的法则,以及对于奥妙的宇宙万物有本源所体悟出极高明、精微而深广的古老智慧结晶。在西方文化中,我们倾向于看见的则是由一件件事物所组成

---

[27] 同上书,第 535 页。

[28] 同上。

[29] 同上书,第 536 页。

的世界；我们深信简单的因果关系，不停地寻找解释一切的答案。"[30]他在《第五项修炼》的"中文版序"中既提到中国的传统文化，又对中国的未来寄以殷切的希望，提醒我们勿重蹈西方人犯下的、随工业化进程而加剧的、把一切都分割得支离破碎的错误。

---

[30] 同上书，第 IX 页。

第十七章　霍金森以价值观为核心的管理哲学

> 管理哲学是对现代组织事物中的权力的一种理性理解并使之文明的企图，是对现代组织把效率和效用作为元价值而丧失了人的意义的彻底反思。
>
> ———克里斯托弗·霍金森

克里斯托弗·霍金森（Christopher Hodgkinson，1928－）是加拿大维多利亚大学哲学教授以及英国剑桥大学客座教授，高级研究学者。霍金森长期关注人类社会和组织的价值观问题，从 20 世纪 70 年代后期开始，他先后发表了三部研究著作：《走向管理的哲学》（1978）、《领导哲学》（1983）、《管理哲学》（1996），这些著作运用哲学、语用学、心理学、运筹学等方法，围绕着管理的价值问题这个核心，对管理的若干重要问题进行了深入的反思，其内容丰富、观点深刻，显示了作者霍金森的独创性见解和深厚的哲学理论功底，他的研究成果为管理哲学的发展作出了突出的贡献。

一、管理是行动的哲学

霍金森认为，人类社会中的组织和管理都是不可避免的。我们生活在组织中。我们出生在一个叫做家庭和民族国家的组织里。我们作为这些组织的成员死去。在生与死之间，我们不是管理者就是被管理者。人是群居的动物，有组织的动物。亚里士多德说得好，独自生活的要么是神，要么是野兽。我们出生在家庭里，在学校里接受教育，成年人生活在一个复杂的组织中，通过这个组织生活。现代官僚制影响和包容了从纯粹的家庭到民族国家、跨国公司和国际管理体制的全球影响的各种合作组织。我们每个人不仅是一个国家实体的成员，而且还是许多较小组织的成员。在所有这些组织中，通常只有一个特定的组织（或者至多是很少的组织），我们的经济生活和社会地位都依赖它。所以，说我们完全依赖管理是不为过的。

　　这种依赖性意味着，被称为经营者、管理者、领导者、执行官、官员和行政人员的各类人员对人类生活质量有着深远的意义。这一阶层的专业就是管理，因此，如果哲学是人本主义的，那么它就永远不能脱离管理这个主题。从那个远古的时刻开始，在统治者与被统治者、管辖者与被管辖者、领导者与被领导者的区别和分离中，管理就一直存在着。这种划分，无论如何表达，都隐含着两个方面：首先是实践、知识和理论，我们可以把它标示为"管理"，其次是对管理的反思、分析和批判，我们现在可以称之为"管理哲学"。因此，管理哲学是人类最古老的合作活动的反思。[1]

　　霍金森分析指出，如果按照一种学院式的解释，哲学包含有本体论、价值论、认识论几个部分，它们各自都和管理有着内在的关联：

　　首先是本体论。本体论或形而上学是研究现象或存在的本性的学问。20世纪末期，某些学院派遭到唾弃，并且这一类知识似乎对管理已没有任何直接影响。然而，这并不否认在很大程度上管理人员的行为模式可能是间接地、并非偶然地由其信仰体系所决定。事实上，正是这些假设往往决定了管理者的信念，而不必涉及管理者实际上的、可觉察的品德。

　　其次是价值论。对于价值的研究及其伦理学和美学的各个分支，更为直接地渗透到管理和组织的行为之中。管理的技术形式的真正本质就是价值。一般说来，价值的出现、通过合作行动的价值实现、管理过程中价值冲突的消除，以及在组织机构的政治舞台上价值之间的争论与他们相互之间的阻遏牵制——所有这些都是每日每时管理所经历的一部分。

　　最后是认识论。管理者们对认识论也表现出兴趣和关切。人们会提出这样的问题："怎样去认识？""什么是真？"等问题。认识论的分支逻辑学对经营与管理过程的主要方面都有影响。的确，人们甚至可以认为逻辑和理性构成了管理与组织的元价值。这是一种毋庸置疑的价值假设，它无需考察便不知不觉地进入全部价值过程。换句话说，人们都不会不按理性或不合逻辑地进行经营，充其量只不过是缺乏效率而已。这并不是说人们常常不会干些徒劳无功的事情。逻辑是管理的基本工具。它对争论做出评价，对报告、方案和计划中的错误不断进

──────────

[1] Christopher Hodgkinson, *Administrative Philosophy*, Oxford: Elserier Science Ltd., 1996, p. 3.

行检查,从而在管理者的工作中发挥作用,管理者的全部知识才能都在不断地起作用。[2]

霍金森总结说,他这本书所坚持的基本原则可以用一个命题来概括,即"管理是行动的哲学"。[3]

他坚持一种关于哲学的二元观点,就是把哲学一分为二,分为逻辑与价值两部分。逻辑研究事实、结构、一致性与连贯性、因果关系、解释系统等等。价值则借助于价值考察,研究从伦理道德中产生的各类复杂的动机中所有的价值问题。因此,它就包括了由于对人类精神进行深入分析所揭示的前理性和超理性因素。这两个知识领域合二为一就囊括了全部的组织行为。他说,基于这种理解的信念便是:管理艺术上富有成就的实际工作者必须尽可能对这两个知识领域有所了解。"在这里,行动哲学就意味着把价值转变成一个价值与事实相结合的世界。"[4]

另外,在语源上,"哲学"一词解释为"爱智慧"。苏格拉底为哲学研究进行过辩护,他好像说过,未经审视的生活不值得过。我们可以从中延伸出:"未经审视的价值不值得追求",也许还有"未经审视的管理不应该实施",[5]等等。在这些推论中,无论哪一个都意味着:在人们的反思、分析、综合与理智的活动中都存在着一种利益———一种实际的或重要的利益。智慧似乎必须为此而努力。这种利益通常不会无偿地恩赐给人们。"在此意义上,行动哲学便完全意味着实践的智慧或智慧的管理。"[6]

最后,从实践的含义上,有一种一般意义上的"哲学",它的作用是对政策进行系统的说明。关于政策科学,至少有一个事实确实无疑,即在政策制定方面不存在白板状态。政策制定者们各怀先入之见来进行讨论。"毫无偏见"就像"科学客观性"一样,只是一种神话。任何决策都包含价值成分,任何决策者都是一种价值综合体的象征。在政策的形成过程中,这样的事情是常常可见的,真实的联系大致是以逻辑的一贯性和决策者的经验准确性来加以描述的。在这种描述中,明确或隐含着一种推测,即一种使实际事态特点呈现出来的引申,这种描述

〔2〕[加]克里斯托弗·霍金森:《领导哲学》,刘林平等译,昆明:云南人民出版社,1987 年,第 5 页。

〔3〕同上书,第 2 页。

〔4〕同上书,第 6 页。

〔5〕同上。

〔6〕同上书,第 7 页。

和重建是出于价值的考虑。例如,管理人员经过对话和辩论,决定其组织的目标就该如此。总之,他们决定组织的价值综合体。那么,这就成为一种世俗的、普通的哲学。这种哲学依靠经营和组织行为转化为日常世界的现实和事件。"在这里,行动哲学便是对政策进行系统说明,是一种政策工具。""因此,从上述意义上,哲学就被认为是管理必不可少的组成部分,从而它更加确定了'管理是一种行动哲学'的定义。"〔7〕

既然哲学对于管理过程和管理行为来说是核心所在,而有关管理哲学的著作却如此缺乏,不免令人难以理解。霍金森对此作了如下解答:逻辑实证主义和一般的实证态度肯定一直影响着现代唯物主义的活力。基础理论与现实的社会基础结构的发展,例如计算机技术、控制论、合理合法的科层制(即官僚制)、一般系统论和实证主义的意识形态等,"从整体上说,可能使得哲学激情和与此相关的人道主义敏感陷于麻木状态"。〔8〕

不过,霍金森指出,这种激情也并非荡然无存。他摘录了两段引文,其中,一段是迪莫克写的,资料显示,迪莫克在 1958 年就发表了《管理哲学》这一著作。他在这段引文中有这么一段话:"管理就是管理者的事业。当强调人的本性与哲学洞察力的知识和技巧使得管理者的思想趋于一致时,他们就逐渐变得富于人性和具有哲学视野,能够制定满足人类需要与希望的现行方案。"霍金森说:"这段引文的正确性几十年后仍然有效。它所包涵的原则及所引起的反响依然起作用。……换句话说,管理艺术在人文科学中找到了自身真正的基础。迪莫克正确地指出这种情况。……管理在本质上是一群又一群人对于目标的控制。这是人的而不是非常复杂的动物或机器的有目的的行为。正因为这样,管理者必须自己学会研究哲学,而不是让别人去钻研,自己则不闻不问。"〔9〕

二、价值在管理中的地位

价值问题在霍金森的管理哲学中具有核心的地位。他的专著《管理哲学》的副标题就是:"管理生活中的价值和动机"。书中专门用一章的篇幅论述"价值理论"。

---

〔7〕同上书,第8页。
〔8〕同上。
〔9〕同上书,第9—10页。

为了说明价值在管理中的地位,霍金森先对管理行动进行深入的解析。他指出,经营本身就是管理的一部分,它对事实的态度非常突出。它的超集管理非常关注价值。那么,什么是价值呢? 事实与价值是否存在二分法? 一个人能从事实中获得价值吗? 什么是事实? 这些都是管理者或领导者直接感兴趣的问题。

可以从价值和事实开始作一些初步的区别。在这一点上,不要过分关注定义的语义细节问题,而只要把价值视为理想和事实的概念,就像维特根斯坦所说,一切都是这样。现在首先要注意的是,对于任何给定的事态,事实永远不会发生冲突,而价值观(假设有不止一套与给定的事态相关的价值观)则总会发生冲突。

价值和意义是同义词,但却是无形的。行动和经验的客观可见的对象不同于我们可能赋予它们的任何意义或价值。想一想你所生活的世界——所有人都真正生活在其中的世界。对你有什么意义? 比如说,你想要食物,或者你想约个时间或者见一个人。这都是意义——意义世界的不同意义。这是有形的还是无形的? 我看不出你怎么能说这种意义可以用感官触摸,或者用眼睛看到,或者用耳朵听到,或者用鼻子闻到,或者用舌头品尝。例如,钱对每个人都有意义。但是钱的含义是可触摸的还是可看见的? 它肯定不是任何感官的对象。作为感官的对象,它可以采取任何形式——纸、银、金、纸条或仅仅是信用——但其含义与可见的形式完全不同。有必要指出这一点,因为人们经常把一个物体和它的含义等同起来。[10]

首先,通过对管理静态的系统考察,可以发现,管理行动领域完全由五个层次的价值取向和价值功能所组成。这五个层次依次是文化的(民族精神)、亚文化的、立法(组织)的、群体的和个人的。这五个层次的价值导向从微观到宏观,也即从个人到民族精神分别用 V1 到 V5 来标志。其中,占主导地位的民族精神(V5)并不直接对组织发生影响。而是通过亚文化这个中介对其加以调节,每一种亚文化(V4)对于属于这种亚文化的结构的社会习俗和道德规范都发生影响,而不论这种历史的时代精神可能是什么。这样,历史和地理作为意识的时空决定因素就在一定的场合结合起来了。[11]

---

[10] *Administrative Philosophy*,p.110.

[11] 同本章注[2],第23页。

其次，从动态的角度考察管理。霍金森认为，可以把管理过程划分为两个大的阶段：管理（administration）与经营（management）。管理属于政策制定阶段，经营则是政策执行阶段。"管理更多地涉及全部行政功能中的思考的、定性的、人文的和战略的方面；而经营则更多地涉及行动的、定量的以及物质的和技术的方面。"[12]

管理又包括哲学、计划和政治三个小阶段。组织的价值是通过哲学过程（论证、对话、逻辑、修辞与价值阐明），由最高层次的管理所明确的。这就是观念层次。这种发端于第一阶段的观念必须转化为某种计划，使之成为书面的、长久的、可以转达给他人的形式。然后，必须使这种形式进入不同派别的政治过程中。这就是权力、资源控制和政治活动为生产要素的土地、劳动力和资本。霍金森指出，"这是一个关键性的阶段。形象地说，这一阶段包含了一次从管理阶段转入经营阶段的齿轮'换挡'。这一阶段是联结决策的哲学与经营的科学之间的居间阶段。在这一阶段，各部分就联成一体，哲学通过人们的政治行为，从观念的王国进入事实、行动与事务的王国"。[13]

经营包括动员、处理和检查三个小阶段。假定在这个转变时期检查、分配与动员都已完成，那么还需要每日的、短期的和长期的经营。这就是处理阶段。最后是检查阶段，其中包括监督、审计、会计和考核。霍金森认为，这些活动是为管理决策提供信息的活动，而它是作为哲学模式出现的。考核循环表明，最后阶段与管理回环相关。这是一个从决策到实施，然后通过检查、反馈，再到新的决策、再实施、再检查、再反馈，……一个循环往复的过程。也是观念的王国和事实、行动的王国相互转化的循环往复过程。所以，在这里，霍金森说，"循环考核就是哲学意义上的真实考核"。[14]

霍金森强调指出，对管理过程的划分，是管理理论逻辑上所要求的充分必要的条件。但是，在现实中，人们不进行哲学思索而作出计划，躲开、逃避或暗中破坏检查阶段；甚至可能从事无经营的管理或无管理的经营。"但是逻辑规律性依然存在并且最终由'秩序支配世界'。"[15]就是说，客观规律是不可违背的，违背规律的行动将会受到惩罚。

---

[12] 同上书，第 24 页。
[13] 同上书，第 25 页。
[14] 同上书，第 26 页。
[15] 同上。

根据上面的分析,霍金森着重阐述两件事情:其一,管理过程中决策的关键所在;其二,管理事业的一般价值渗透:好与坏,对与错,利润与成本,效率与效用等等观念。他认为,上述两件事是相互关联的。决策不可缺少的三要素是:事实、可行性和价值。价值要素在作为行动哲学的活动中应当起着相当显著的作用,并且它不断地在观念、人和事务三者之间发挥作用,这是毫不奇怪的。

三、价值范式

霍金森创造性地提出一种关于"价值范式"的见解。他认为,价值是主观的,因为它属于概念范畴。它不得不涉及愿望的现象学。这些东西是很复杂的。不过,尽管如此,只要我们具有实践哲学的观念,由于实践的简捷有效,我们仍能理解和懂得那并不简单的见解:"价值是关于愿望的概念。"他提出一个价值观念的分析模型,用以帮助人们走出价值混乱的海洋。该模型如下表所示:[16]

表 17.1 霍金森价值范式表

	价值类型	价值根据	心理官能	哲学取向	价值层次
对	Ⅰ	原则	意志、欲望	宗教、直觉、存在主义	Ⅰ
	ⅡA	结果	认知理性思维	功利主义、实用主义人道主义	Ⅱ
	ⅡB	舆论		民主主义、自由主义	
好	Ⅲ	偏爱	情感、情绪感觉	后现代主义、行为主义实证主义、享乐主义	Ⅲ

霍金森认为,一个客体、一次行动或一起事件被认为是好的或对的,对于这个问题可能有四种也仅仅有四种回答。这就是价值评判的四种根据或理由:原则(Ⅰ型)、结果(ⅡA型)、舆论(ⅡB型)和偏爱(Ⅲ型)。

现在我们从Ⅲ型说起。价值Ⅲ型是这样一种价值,它纯粹而简单的基础在于:客体或行动受到主体的喜爱或偏爱。这种类型没有什么道理,正如人的口味是没有道理的一样。问:"为什么喜欢这个?"回答只能是:"我喜欢这个是因

---

[16] *Administrative Philosophy*,p. 115;《领导哲学》,第35页。

为我喜欢它。"现实状况就是如此。这种偏爱是从来就有的。霍金森说,因此,商业推销员和政治说客费尽心机利用一切机会来改变他们听众的Ⅲ型偏爱构架中的情感。

Ⅱ型价值包括两个子集:ⅡA型和ⅡB型。两个子集都证明是依赖于一般理性作为基础的。它首先以舆论(ⅡB型)的形式出现。以堕胎为例:当人们发现堕胎是错误的(不好的)时候,便是因为存在一种公开的社会舆论,这种舆论又体现为如此宣布过的一定法令或法律的形式(而这些大概是由某种理性过程,例如对公众意见的估价和通过议会与立法系统的解释而达到的)。这里所谓的"个人偏爱"是公众的,因而成为一种舆论。

接着,Ⅱ型价值还有另一个子集:ⅡA型。对此,霍金森评论道,在理性过程的更高层次上,人们建立基于一种把握它的后果分析的价值。于是就有ⅡA型价值。他举例说,杀人是错误的(不杀则对),因为不受阻遏的凶杀放纵的后果会使人不快。换句话说,关于不杀人的伦理是有益的,可以减少对于警察、监狱、税收等等的需要。另外,诚实是对的,因为它有助于形成一个更好的、更有效益的组织或社会联系。对于价值判断或价值行为的检验在于它的后果。许多伦理道德的研究都致力于这一类分析思考。

最后是Ⅰ型价值。Ⅰ型价值是超理性的,它超出常理之外。它们包含着一种信念、意图或意志的行动,因为它体现于信仰一种原则。尽管这种原则可能常常得到理性论述的保护,但是它们本质上起源于形而上学或属于形而上学。[17]通常它们源于(或者据说它们源于)难以从理性上加以把握的良心和直觉一类现象学的实体。对于这一类型的价值,他举例说,通奸是错的,因为这被刻在摩西从西奈山上拿下来的石版上。从某些圣人或先知的道德看,贫穷、贞洁和服从是好的等等。霍金森提醒道:人们可能具有或不具有价值Ⅰ型,但是人们诉诸原则的主张,通常乃是为了保留向最高的和最终的法庭进行申诉的权利,以期论证一种价值,使它具有坚实的基础。

以上就是三种价值范式的基本分析。霍金森认为,就这种范式所表明的每一种价值类型和价值层次来说,存在着一种相应的心理学和哲学的一致性。在心理方面,Ⅲ型价值根源于情绪、情感,Ⅱ型价值运用认识—理智官能,Ⅰ型价值

---

〔17〕其实,有的信仰、信念是建立在对社会发展规律深刻的理性认识之上的,霍金森可能把这种认识归入"形而上学"。

则求助于意志方面。意志自由程度对于采取具有责任感的行动来说是必要的，甚至可以说是绝对必要的。而这种责任感的行动对于信奉和坚持某种原则来说也是必要的。

另外，图示还表明每一类型价值都有它相应的哲学取向。逻辑实证主义者倾向于把全部价值归结为情绪情感，这样就把它们都归结为Ⅲ型。而行为主义者通常则倾向于站在决定论的立场上观察世界。在另一个极端（Ⅰ型层次），存在主义者以及他们哲学上的同盟者极力强调意志自由、承担选择责任以及伴随着选择的极端痛苦。那些具有宗教世界观的人也具有这种倾向性。霍金森认为，一般说来，管理者的标准层次是层次Ⅱ（Ⅱ型价值）。在这一层次上，管理者可以完全表明哲学倾向是实用主义和功利主义。这里，我们可以先撇开哲学名词的争论，看看其实际含义是什么。他是这样说的："大多数的管理人员由于角色的特点不知不觉地就会具有某些立法方面的偏见，这是可以理解的。因此，不言而喻的是，在权威和权力的领域中，处理事物应讲求实效，全力以赴，利用一切可能的手段。"[18]这种看法是很实在，很理性的，肯定受到广大管理者的认同。

这里，还必须评介一下霍金森对实证主义的批判。他提醒读者"一定要仔细考虑这一哲学学派对管理理论和管理科学的影响"。[19] 在价值问题上，实证主义者主张所有的价值分析到最后都可以归结为情感或情绪。用我们的术语来说，就是说仅仅存在着Ⅲ型价值，而其他的假定层次则是错误思考或头脑中某种其他的哲学错误的产物。霍金森举了一个"经典性的例子"：如对待生命的价值或杀人的问题，逻辑实证主义认为，这归根到底是一种个人的偏爱或情感结构的东西。"我不喜欢杀人"或者说"哎唷！杀人！"，反对杀人的律令和关于谋杀罪的规定便成为一种高层次的（ⅡB型）"情感表达"，但也表达了一种由国家的法律机构所表达过的"集体情感"、一种对杀人的厌恶和憎恨。进一步说，如果这种价值得以证实或是根据后果（ⅡA型）的基础，例如，会导致把生命看作手段，导致险恶、野蛮和残暴，那么在某种程度上，这也仅仅是"情感的表达"。最后，我们碰到了非实证主义者的最后一个堡垒，即诉诸某种原则（Ⅰ型层次）中的信念或信仰。杀人是错误的，因为是西奈山所昭示的，或者因为"良心"是这样告诉我们的，或者因为我们选择了这种态度并坚定不移于这种选择行为。但是，实证主义

---

[18] 同本章注[2]，第33页。

[19] 同上书，第39页。

者说,这是形而上学的根据,是无法证实的。他们认为,信仰的逻辑是不存在的。在信仰的领域中,人们信仰何物是自由的,人人都有自由意志,所以某一价值和任何其他价值相比都是一样的。此外,人的信仰无疑只不过是人的"情感结构和情绪气质"的反映。这样,我们又回到了层次Ⅲ,即价值Ⅲ型。

总之,在逻辑实证主义看来,人和动物没有什么不同,因为显然动物也具有价值Ⅲ型。这样一来,人之作为人的本性、人的尊严和意义,被他们一概抹煞。在他们眼里,人的特别之点仅仅在于人具有一种"伦理幻觉"——似乎在宇宙中存在某种伦理原则,存在着一种作为某种义务强加于人类而其他动物却不具有的"应该"范畴。

霍金森指出:"这就是逻辑实证主义的病症,它是难以克服的。"[20]为什么难以克服?因为它的病根就在于离开了哲学固有的人本主义精神。所以,霍金森郑重声明:"本书(指《领导哲学》)不属于实证主义一派作品。本书试图既超越实证主义态度,又将其包摄在一种完整的价值范式之中。"[21]

霍金森指出,管理价值范式具有一定的深远意义。这既包括解决价值冲突的问题,也包括价值理论和哲学价值论的形成。例如,这意味着价值问题是人类状况的一个固有的普遍的特征,这是由存在于具体放纵的下维度和自我挫败或克制的上维度之间的紧张关系所定义的。每个人,除了圣人、超人和精神病患者之外,都会经历这种辩证的张力。普通人过着内心冲突的生活,他们在没有道德规范的情况下,暴露在道德规范的冲突中,暴露在价值维度之间的内在压力中。这种冲突不仅仅是理想与理想的冲突,而且也可能发生在两个或多个愿望之间。我们必须在"对"和"好"之间作出选择。连同组织行为所固有持续的"利益相互作用",这种价值复杂性证实了巴纳德的说法,即复杂的道德和创造性地解决道德冲突是领导的主要特征。[22]

四、权力、权威和领导

管理是一种和人类一样古老的实践。领导也是如此,因为组织一直是(并将永远是)层级分明的领导者和追随者的权力结构。这就是从柏拉图的《理想国》

---

[20] 同上书,第 40 页。

[21] 同上。

[22] *Administrative Philosophy*, p. 121.

和《法律》,到文艺复兴时期马基雅弗利,再到当代中国的"厚黑学",总是承认权力现实的原因所在。[23]

管理寻求目标——集体目的的实现。这些目的导出从政策制定以及经营技术提供实现目的的手段。其中,最根本的手段就是权力。权力可以说就是实现目的的能力。对于管理者/领导者没有权力就无能为力,对于他们来说,没有比无能更糟糕的状态了。[24]霍金森认为,管理的特别之处如同政治,在于它是一种基于权力的事业;在管理中,决策是对他人做出的,管理所关注的问题在于权力和权威的确立、维持和增强。管理的作用绝不允许削弱,而必须不断地通过组织目标概念和组织责任感使之合法化。[25]

权力对于管理和管理者都是根本性的。权力是管理实现目的的根本手段;权力对于管理者来说甚至被看作运作的目的。人们可以说,历史就是权力冲突的记录。这种冲突不仅存在于经济和行政管理领域中,而且存在于思想领域、意识形态的王国中。同时,管理的权力总是为了集体目标的实现,因而总是掩盖着个体目标,这样,从领导者的个人野心到最低层的追随者的个人利益都被遮蔽了。这里,一个更加本质的问题是,它意味着对被支配者的权力的被悬置、减弱、颠覆。这就是说,一个人的权力是另一个人的无力,一个人的意志压制了另一个人的意志。可见,管理权力的冲突隐含着价值的冲突,权力问题的本质就是价值问题。

霍金森认为,组织生活是人类生活的基本形式,但是在这种形式中存在着一种天然的矛盾,即组织统一与个性自由、组织成长与个人成长的矛盾。这也就是管理实践所面临的一个主要矛盾:管理的权力越大,成员个人就愈受束缚,组织规则越统一,成员的个性就越受到压抑。从生存的角度来说,组织集体必须是有效的,组织管理者必定是崇尚权力的,因而组织整体的意志和组织成员个体的意志必然会经常发生冲突。当组织意志和组织权力进入实施的时候,每个成员都会感受到压迫。

当今,我们的社会比以往任何时代都更加组织化,这意味着管理更加重要,更具权威和更加渗透到整个社会之中。于是,管理成为有权力的人们的事业,而权力也带来了威望和不断腐败的可能性。组织是权力的中心,是权力、财产和地

---

[23] 同上书,第 69 页。

[24] 同上。

[25] 同本章注[2],第 27 页。

位的贮藏地。因而和组织相比,个人只能显得渺小、不合理、软弱。[26]

从价值的角度看,组织和个人之间的冲突在本质上是在组织利益和个人利益之间的冲突,一与多的冲突。这种冲突,不仅存在于个人与组织之间,另一方面还存在于组织与环境之间。这就是任何管理都要面临的基本矛盾。管理者的中心和永远的任务就在于协调组织利益和个人利益,这就是它在人类价值的全部历程中所发挥的作用。从这一角度说,管理是一种协调组织的利益与个人利益之间冲突的哲学。[27] 这些冲突所存在的人文基础和价值的普遍性,使人们确认管理是一种艰难的艺术,并且,作为一种艰难的艺术,它同时可能又是一种最高尚、最古老和最基本的职业。

那么,权威是什么? 权威和权力是什么关系? 霍金森认为,权威是合法的权力。它的地位来自组织语言使用规则。它也来源于组织的利益,来源于为组织及其宗旨提供支撑的复杂价值观。这一目的决定了其成员之间的权力分配。最明显的例子是战争。如果民族国家认为其利益迫使战争,那么征募公民并实施暴力在行政上是合法的;该组织的管理者不仅有权力,而且也是决定流血、牺牲和死亡的权威。由此也可看出,权威问题的深处受着价值观的制约。

霍金森认为,权力转化为权威取决于两个方面的因素。从背景层次方面看,渗透着社会的精神和道德状况的社会政治文化对这种转化有着决定性的影响。从组织的层次方面看,受到社会政治文化制约的公共意志或组织意志则对这种转化起着直接的推动作用,它将权力的主导转化为闪光的权威。这就是通常所说的"权力加光环"。意志是很容易通过媒体沟通的控制来进行操纵的。对于这一点,成熟的管理者和领导者自然是深知并且善于运用的。[28]

霍金森说,现在是时候把一直隐含的东西说清楚了。管理就是领导。领导就是管理。因为,领导和管理都是通过一个组织系统让人们朝着目标前进。这可以做得很好,或者做得很差,或者做得很平淡,但是不做根本不可能。为什么会对这一命题提出质疑呢? 也许是因为在语言的表达上隐含着某种情感的内涵,以至于认为,管理倾向于中立或消极,而领导则倾向于积极。霍金森反复强调,不论领导还是管理都是人们通过组织系统朝向目标的运动。"管理"和"领

---

[26] 同上书,第 65 页。

[27] 同上书,第 21 页。

[28] *Administrative Philosophy*, p. 71.

导"这两个术语合并成为同义词。在任何组织中,不可能同时存在这样的现象:领导活动是好的,而管理活动则是坏的;或者反过来,管理活动是好的,而领导活动是坏的。简而言之,好的领导意味着好的管理,坏的管理意味着坏的领导,不管成功与否,领导所做的就是管理的工作。因此,管理哲学也总是领导哲学。[29]对此,霍金森宣称:"本书注重的核心就是管理者—领导者,即在组织中代表组织实行领导的人。"[30]

他最后总结道:"权力和权威现在不是来自逻辑,而是来自价值。权力、权威和领导围绕着价值凝聚在一起,并由价值综合而成。"[31]他还说,"管理哲学是对现代组织事物中的权力的一种理性理解并使之文明的企图,是对现代组织把效率和效用作为元价值而丧失了人的意义的彻底反思"。[32] 这就是霍金森所阐述的管理哲学的精神所在。尽管他的论断和论证使人感到缺少管理实践的例证而显得晦涩,但是,无论如何,他的见解的独创性和理论功底的深厚度,是值得人们赞扬和学习的。

霍金森将现代管理哲学的基本问题集中到一点,即对现代组织管理中,把效率、效用作为元价值,而造成人的价值的丧失这问题进行彻底的反思。这就是结论,也是本书——《解读西方管理哲学》的结束语。

---

[29] 同上书,第78—79页。

[30] 同本章注〔2〕,第191页。

[31] *Administrative Philosophy*, p. 82.

[32] 同本章注〔2〕,第13页。

西方管理哲学主要原著书目

1. ［美］F. W. 泰罗：《科学管理原理》，胡隆昶等译，北京：中国社会科学出版社，1984 年。
2. ［法］H. 法约尔：《工业管理与一般管理》，周安华等译，北京：中国社会科学出版社，1998 年。
3. ［德］马克斯·韦伯：《经济与社会》（上卷），林荣远译，北京：商务印书馆，1998 年。
4. ［英］奥利弗·谢尔登：《管理哲学》，刘敬鲁译，北京：商务印书馆，2013 年。
5. ［美］玛丽·福列特：《福列特论管理》，王晓波译，北京：机械工业出版社，2007 年。
6. ［美］梅奥：《工业文明的社会问题》，费孝通译，北京：商务印书馆，1964 年。
7. ［美］C. I. 巴纳德：《经理人员的职能》，孙耀君等译，北京：中国社会科学出版社，1997 年。
8. ［美］赫伯特·A. 西蒙：《管理行为》，詹正茂译，北京：机械工业出版社，2016 年。
9. ［美］彼得·德鲁克：《管理的实践》，齐若兰译，北京：机械工业出版社，2010 年。
10. ［美］彼得·德鲁克：《管理：任务、责任和实践》，刘勃译，北京：华夏出版社，2008 年。
11. ［美］克里斯·阿吉里斯：《个性与组织》，郭旭力等译，北京：中国人民大学出版社，2007 年。
12. ［美］道格拉斯·麦格雷戈：《企业的人性面》，韩卉译，北京：中国人民大学出版社，2008 年。
13. ［美］亚伯拉罕·马斯洛：《马斯洛论管理》，邵冲等译，北京：机械工业出版社，2013 年。
14. ［美］威廉·大内：《Z 理论》，朱雁斌译，北京：机械工业出版社，2007 年。
15. ［美］埃德加·薛恩：《组织心理学》，余凯成等译，北京：经济管理出版社，1987 年。
16. ［美］埃德加·H. 沙因：《企业文化与领导》，朱明伟等译，北京：中国友谊出版社，1989 年。
17. ［美］彼得·圣吉：《第五项修炼——学习型组织的艺术与实务》，郭进隆译，台北：天下文化出版公司，1994 年。
18. ［加］克里斯托弗·霍金森：《领导哲学》，刘林平等译，昆明：云南人民出版社，1987 年。
19. Christopher Hodgkinson, *Administrative Philosophy*, Oxford：Elserier Science Ltd.，1996.

图书在版编目(CIP)数据

解读西方管理哲学/谢庆绵著. —上海:上海三联书店,2020.2
ISBN 978-7-5426-6881-3

Ⅰ.①解… Ⅱ.①谢… Ⅲ.①管理学-哲学-研究-西方国家
Ⅳ.①C93-02

中国版本图书馆 CIP 数据核字(2019)第 258684 号

解读西方管理哲学

著　者 / 谢庆绵

责任编辑 / 黄　韬　宋寅悦
装帧设计 / 徐　徐
监　制 / 姚　军
责任校对 / 张大伟　王凌霄

出版发行 / 上海三联书店
　　　　　(200030)中国上海市漕溪北路 331 号 A 座 6 楼
邮购电话 / 021-22895540
印　刷 / 上海肖华印务有限公司

版　次 / 2020 年 2 月第 1 版
印　次 / 2020 年 2 月第 1 次印刷
开　本 / 710×1000　1/16
字　数 / 250 千字
印　张 / 15
书　号 / ISBN 978-7-5426-6881-3/C·594
定　价 / 68.00 元

敬启读者,如发现本书有印装质量问题,请与印刷厂联系 021-66012351